人物叢書

新装版

浅《あさ》井《い》氏《し》三《さん》代《だい》

宮島敬一

日本歴史学会編集

吉川弘文館

浅井長政肖像（高野山持明院蔵）

浅井久政肖像（高野山持明院蔵）

はしがき

戦国大名浅井氏は、織田信長《おだのぶなが》と姉川《あねがわ》で戦ったことで有名なのか、それとも信長の妹お市《いち》を貰ったことで知られているのだろうか。どちらにしても、信長に大きな影響を与えたことは間違いない。北近江《きたおうみ》三郡の小さな浅井氏が、戦国期をどのように生き抜き、どのような「力」をもったのか、その三代の歴史は興味深い。

浅井氏初代亮政《すけまさ》は、一五二〇年代に忽然と現れ、国人《こくじん》・国衆《くにしゅう》を糾合して、主家の守護《しゅご》京極《きょうごく》氏を陵駕《りょうが》し、南近江の守護六角《ろっかく》氏との同盟・抗争のなか、領国を形成した。二代久政《ひさまさ》は六角氏の攻勢に耐え、国衆を固め、三代長政《ながまさ》は六角氏から独立して領国支配を進展させるが、織田信長と戦い、滅亡する。また、「下剋上《げこくじょう》」した存在でありながら、越前朝倉《えちぜんあさくら》氏との盟約を重んじ、信長の野望の前に敗れたと語られてきた。戦国という歴史舞台において、浅井氏三代は、東国の武田信玄《たけだしんげん》、上杉謙信《うえすぎけんしん》、西国の毛利元就《もうりもとなり》などと比べても、その存在・活動において引けを取らない。

ところで、戦国大名のイメージは、下剋上・「国盗り」の乱世を智略と「富国強兵」で勝ち抜いた、強烈な個性をもつ武将・覇者の姿であろう。壮絶な家督争いを乗り越え、有力国人や守護を打倒し家臣団を統制し、また、分国法《ぶんこくほう》の制定、検地や新田開発、城下町整備、職・商人の編成など領国経済圏を作り、強力な領国支配を展開する、と。

私は、戦国大名のすべてが領国拡大（国盗り）・覇権意識をもったとは考えない。また、領国支配・経営あるいは地域の振興・発展（富国強兵）を戦国大名に求めることも正しくないと考える。これらの見解は、後世の人々の願望によって脚色されたものである。

それは、日本各地に戦国大名が登場し、近世の藩に繫がることで、地域の主人公が登場し、さまざまな物語が身近に起こり、語り継がれたからである。また、国や企業の統治・経営にとっての「勝者」の理想像として求められたからであり、「立身出世」・英雄が賛美されたからでもある。これらの根底にある歴史観は、何ら近世の「軍記物」と変わらないと言える。

同時に、これまでの戦国大名像は、東国の武田・北条・上杉氏、また西国の毛利氏などいずれも当時の後進地域の大名の研究によって作られたものである。先進地域であった畿内近国の戦国大名のイメージは薄い。同じ戦国大名と括っても、その存在基盤・社会が大きく異なることに注意するべきである。たとえば、領国経営や支配の政策の基底にある村落の姿をとった場合、一五・六世紀に、自治村落・惣村《そうそん》があったのは先進地域の畿内近国だけである。日本が経済・文化の均質な社会、等質の発展を遂げたと考えるのは、現代の社会・歴史認識の病理とも言える。

また、戦国大名は戦乱を生き抜いたとされる。その戦国の合戦は現代人が理解している戦闘・戦争とは異なる。日本の合戦は、戦国最末期に織田信長の登場によってこれまでとは別の様相、すなわち、負けた一族・領主は滅亡し、領国が盗られる討滅戦となり、また「雑兵《ぞうひょう》が主役」として、「乱取《らんどり》」（奴隷狩《どれいがり》など）が行われた東国や九州の「戦場」のあり様が、大規模合戦のなかで持ち込まれた。これは、「裁判（自力救済）の論理」の延長上にある中世・戦国の合戦のあり様（「作法」）とはまったく異なる。

ところで、戦国大名とは、戦国期の社会が生み出した存在である。当時のどのような社会が戦国大名を作りだしたのか。このことの追究が戦国大名を捉え直すことになる。現代のわれわれが求める英雄や理想的経営者として戦国大名を作り出すのではなく、その時代が何であったのか、現代とは別の戦国時代の「社会の論理」を探し求めることに意味があると考える。

私は、これらの問題を抱いた時、北近江の社会が生んだ戦国大名浅井氏の考察が不可欠と考える。その際、これまでのような「軍記物」による叙述は無意味となる。古文書による地味で丹念な考察を進める必要がある。ここには合戦物語の面白さはないが、新たな戦国期社会と戦国大名像が浮かびあがるはずである。

なお、本書の成立は『東浅井郡志』（全四巻、東浅井郡教育会、一九二七年、七一年復刻）があってのことといえる。同書は現在でも、最高の浅井氏研究書である。それは、「軍記物」・編纂物の虚構を、博捜した古文書（第四巻）とその的確な読みで排しており、歴史学（書）の手本である。本書は、新たな文書の発見とその解釈、戦後の歴史学の研究動向・成果、そして私の歴史観をもって、同書と「対話」したものである。

ところで、浅井は「あさい」と訓じる。近時、辞典類にも「あざい」とあるが、承平《じょうへい》年間（九三一～八年）成立の『和名類聚抄《わみょうるいじゅうしょう》』に「あさい」と訓じてある。また、古代・中世に

「浅井」以外の表記はなく、本来「浅」を「あざ」と訓ずることはない。近世になって濁ったようで、古本の『節用集《せつようしゅう》』（黒本本）に記載はなく、近世に流布した『節用集』（易林本）に「あざい」とあるが、そこでは朝倉も「あざくら」とする。両『節用集』に内容の大差・誤記があることは周知のことである。なお、『東浅井郡志』は慶長《けいちょう》一八年（一六一三）の伊豆神社（湖北町）の鰐口《わにぐち》銘「呰部郡」を「あざい」の初見とするが、これは出雲《いずも》国からの寄進物である。ちなみに、浅井の語源は、郡内に朝日郷があり、「あさひ」の転化と考えられる。

二〇〇七年一二月三日

宮島敬一

目次

口絵

挿図

挿　表

第一　浅井氏の登場

——『江北記』の世界——

一　浅井氏の出自

浅井氏の登場

浅井氏が歴史の舞台に登場するのは、亮政《すけまさ》の時代、大永《たいえい》三年（一五二三）の京極《きょうごく》氏の後継問題（「梅本坊《うめもとぼう》の公事《くじ》」）の時からとされる。亮政以前の浅井氏およびその出自についてはおよそ不明である。史料・文献の揃わない辺境の戦国武将ならいざ知らず、村落にまで文書がある先進地帯の浅井氏が、その出自に謎をもつとは、まったく不思議なことである。

浅井氏の出自について、これまで(1)三条公綱落胤《さんじょうきんつならくいん》説、(2)物部守屋《もののべのもりや》後裔《こうえい》説、また橘や藤原姓につなげる説などがある。

三条公綱落胤説

(1)三条公綱落胤説は、『続群書類従』の系図部にある「（三条）公綱—重政《しげまさ》—忠政《ただまさ》—賢《かた》政《まさ》─亮政─久政《ひさまさ》─長政《ながまさ》」をもとにする。公綱は、京都正親町三条実雅《おおぎまちさんじょうつねまさ》の長子で、嘉吉《かきつ》年間（一四四一～四四）に「勅勘《ちょっかん》」（天皇からの咎め・勘気）により近江《おうみ》の守護京極氏に預けられ、その所領であった浅井郡丁野郷《よおのごう》で土地の娘との間に一子をもうけた。公綱は間もなく赦されて京にかえったが、その子重政は、京極氏に仕え、浅井氏を名乗ったという。

この説は、『浅井三代記』『浅井物語』で流布したが、『東浅井郡志』（第二巻）が『公卿《くぎょう》補任《ぶにん》』や公家の日記『師郷卿記《もろさときょうき》』や『建内記《けんないき》』『康富記《やすとみき》』を挙げて否定する。すなわち、公綱は文安《ぶんあん》三年（一四四六）に参議、兄実種《さねたね》の猶子《ゆうし》となり、宝徳《ほうとく》二年（一四五〇）に内大臣、そして文明《ぶんめい》三年（一四七一）閏八月一〇日に没しており、(イ)勅勘をこうむったことはなく、嘉吉から文安年間（一四四一～四九）は京において上卿《しょうけい》（上級貴族）として活動していること、(ロ)没年に違いがあること、(ハ)三条家の所領に丁野郷はなく、坂田郡《さかたぐん》にある加田庄《かたのしょう》がその所領であることなどを指摘する。この見解は妥当で、三条公綱落胤説はよくある貴種流離譚であり、後世に作成されたものといえる。ただ、浅井氏が亮政に近い時期に外部から来たとすること、丁野郷との関わりには、注目したい。

物部守屋後裔説

(2)物部守屋後裔説は、『浅井三代記』が引く「敏達《びだつ》天皇の皇子・守屋太子の末裔・藤原忠次《ただつぐ》が武家にくだり、俊政《としまさ》より亮政まで二七代」とすることによる。『諸家系図纂』

などにあるが、『東浅井郡志』がすでに荒唐無稽としている。なお、『浅井三代記』『浅井物語』は物語であり、信頼性に疑問がある。史料価値は低い。

史料にみえる浅井氏

『東浅井郡志』は、これらの説を批判する一方で、鎌倉時代以前からの浅井氏の名をこの地域の史料に求めた。承平《じょうへい》元年（九三一）作とする『竹生島古縁起《ちくぶしまこえんぎ》』に、奈良時代に浅井直《あたい》馬養、平安のはじめに「浅井磐稲」・「浅井広志根」等が存在したことを指摘する。また、鎌倉時代、伊香郡余呉町《いかぐんよごちょう》上丹生《かみにゅう》の源昌寺の木造薬師如来立像の寄進銘に「浅井氏敬白／建保《けんぽ》三年（一二一五）四月二七日」があること、また同郡富永庄《とみながのしょう》の円満寺の梵鐘銘に「寛喜《かんき》三年（一二三一）三月四日／於富永庄円満寺鋳之／本願主沙弥教西／浅井氏／嫡男右馬允《うめのじょう》生江盛助…／結縁衆浅井東西伊香三郡氏人等」があることを指摘し、浅井東・西、伊香三郡にかなり力をもった浅井氏が存在していたと想定した。

鎌倉期浅井氏の没落

さて、ここから、三条公綱落胤説がいう「嘉吉年間にはじめて浅井という苗字（名字）が生まれた」とする理解が誤りだったことは証明された、としてよいのだろうか。近時の研究者はこの『東浅井郡志』の見解を支持しているが、私は、前代に浅井氏を名乗った者がいたことを重視しない。鎌倉時代の初めに浅井氏が存在しても、その前後には没落したと考える。現に、その後、文献・史料に浅井氏の名字はなく、戦国期の浅井氏に繋がる証明はない。

名字の地

そもそも、浅井氏の出自が不明なのは「名字の地」がないことによる。武士の名字は大半が地名であり、そこから出自がたどれる。しかし、浅井という地名はない。郡名を名字とすることは一般にはあり得ないからである。

浅井氏が再び文献・史料上に登場するのは、文明年間（一四六九～八七）である。問題なのは、戦国期に浅井氏三代（亮政—久政—長政）とその前後の世代が郡名の「浅井」を名字としたことである。私は、ここに浅井氏の「自己主張」、その後の発展・展開の「意志」を見つける。

二　文明～明応期の浅井氏

浅井氏の登場

浅井氏が登場する文明年間の文献・史料とは、『清水寺再興奉加帳《きよみずでらさいこうほうがちょう》』で、文明一二・三年頃のことである。ここに同じ近江の近隣の井口経慶《いのぐちつねよし》（伊香郡）、上坂治部《こうさかじぶ》（坂田郡）等と並んで、「柱一本二十貫　江州《ごうしゅう》浅井蔵人丞《くろうどのじょう》直種《なおたね》」の名が見える。また、この浅井蔵

浅井蔵人

人を『江北記《ごうほくき》』は次のように記す（原漢文、抄出）。

文明一四年、下坂《しもさか》庄代官職が多賀《たが》大成《たいせい》（宗直《むねなお》）に与えられた。下坂秀維は復活を望んだが、果たされなかった。この時、「浅井蔵人、今の備前守《びぜんのかみ》の親」が合力してくれ、「下坂屋敷」を攻めた。これで多賀方より返付が約束されたが、だまして実行されなかった。そこで、下坂の「私宅」を夜討ちして焼き落とした。文明一八年四月二八日の夜のことである。下坂与一《よいち》は浅井蔵人の聟である、と。

ここから「浅井蔵人、今の備前守の親」、すなわち浅井蔵人直種は浅井備前守亮政の親ということ、また浅井蔵人直種は下坂氏の庶家（秀維）の与一を聟にしていること、下坂秀維に合力し、屋敷を攻めたり、夜討ちをかける武力・行動力をもつことが分かる。

船田・城田寺の合戦

その後、明応《めいおう》五年（一四九六）の美濃《みの》の「船田合戦《ふなだかっせん》」（岐阜市）の後半戦・城田寺《じょうでんじ》の合戦を記した『船田後記』に浅井氏が見える。この合戦は、美濃国の守護土岐《とき》氏の守護代斎藤利国《としくに》の家臣石丸利光《いしまるとしみつ》・利高《としたか》が起こした反乱で、美濃一国にとどまらず尾張《おわり》・近江・越《えち》前《ぜん》・伊勢《いせ》を巻き込んだ大規模なものであった。ここに、五月一〇日、佐々木政高《まさたか》（京極政経《まさつね》、『東浅井郡志』は高清《たかきよ》とする）は弥高山《やたかやま》（米原市）に陣したが、浅井氏と三田村氏の両軍を鵜飼《うがい》（岐阜市）に派遣した、また六月三日に浅井・三田村は凱旋した、とある。

この浅井氏と三田村氏は、『江北記』によれば、文亀《ぶんき》元年（一五〇一）六月、京極高清の執政の上坂家信《いえのぶ》を除こうとして京極材宗《きむね》をたて、今浜（長浜市）で戦っている。そして、ここで討ち死にしたとする（『東寺過去帳裏書』）。この船田・城田寺の合戦、また今浜の陣の「浅井」を、『東浅井郡志』は浅井直種とする。

竹生島弁財天への寄進

一方で、明応九年三月一二日付で、浅井後室慶集《けいしゅう》と浅井井三郎直政《なおまさ》の連署による、高島郡川上庄と海津《かいづ》庄内の田地六反三六歩の竹生島弁財天への寄進状がある（竹生島文書）。浅井井三郎直政は、翌一〇年二月九日にも浅井郡田河庄《たがわのしょう》丁野郷内三反の田地を丁野陽徳院住持比丘尼《びくに》惣充《そうじゅう》と竹生島弁財天へ寄進している（同前文書）。

この浅井井三郎直政と浅井直種とは、直を通字とすることで、同じ家であることが窺える。とすると、浅井亮政とはつながらない。『東浅井郡志』は、浅井氏惣領家はこの直政であり、直政に男子がなかったので嫡女蔵屋に、庶家直種の子の亮政を夫として迎えたとする。また、同書は、慶集は直政の母で、直政の父は早世したとする。なお、慶集は天文《てんぶん》年間（一五三二〜五五）に徳勝寺（もと小谷城内、現長浜市）で授戒しており、この時期まで生存した（同寺『授戒帳』）。

これらから、一五世紀後半、浅井氏が京極氏の許にあったのは確かである。

三　京極氏の根本被官

『江北記』

『東浅井郡志』がいち早く、『江北記』に見える「根本当方被官之事」の記載から、浅井氏は京極氏の「根本被官」としてきた。

『江北記』は、文明二年から大永三年（一五二三）の間に起きた京極領内の紛争の概略を主に記述するものである。太田浩司氏によれば、京極氏家臣の下坂氏の編纂にかかり、天文七年（一五三八）から同一一年の間に成立し、信頼に足るものとされる（「戦国期の京極家臣団」）。

根本当方被官

さて「根本当方被官」は、『江北記』の京極氏家臣のなかで「一乱初刻御被官参入衆事」・「近年御被官参入衆之事」とは区別されている。後者の「一乱初刻」・「近年」とは文明二年の京極持清《もちきよ》の死の前後および一六世紀初頭を指し、その時に「御被官」に参入した者を指すと言える。

それでは「根本当方被官」とは何か。ここには次の諸氏が上げられている。

今井。河毛《かわけ》。今村。赤尾。堀。安養寺《あんようじ》。三田村。弓削《ゆげ》。浅井。小野八郎。河瀬九郎。

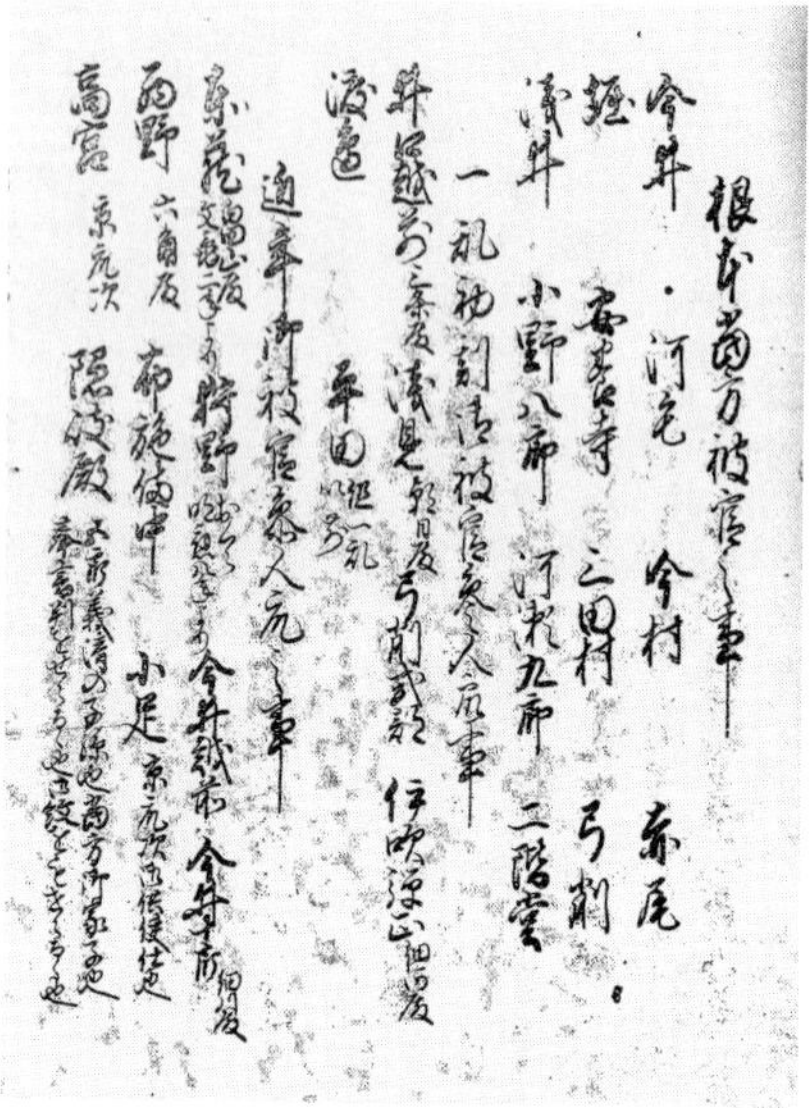

『江北記』（写本，東京大学総合図書館蔵）

二階堂。

ここから今井・河毛・今村氏等も京極氏の「根本被官」となる。京極氏の家臣と言えば、侍所《さむらいどころ》所司代《しょしだい》になった多賀氏がおり、他に上坂・下坂氏、さらに奉行人奉書《ぶぎょうにんほうしょ》を出した家臣には大津・山田・黒田氏がいる。彼らとの関係はどうなるのだろうか。また、「根本被官」とは何であろうか。

『大館常興書札抄』

ところで、室町将軍に近侍し武家故実をよくした大館常興《おおだちじょうこう》の『大館常興書札抄《しょさつしょう》』の「諸大名被官少々交名《きょうみょう》之事」の項目には、

京極殿内。隠岐《おき》。多賀。若宮。下河原。赤田。箕浦《みのうら》。

とあり、ここには京極氏「被官」のなかに「浅井」の名はない。「少々交名」とあるか

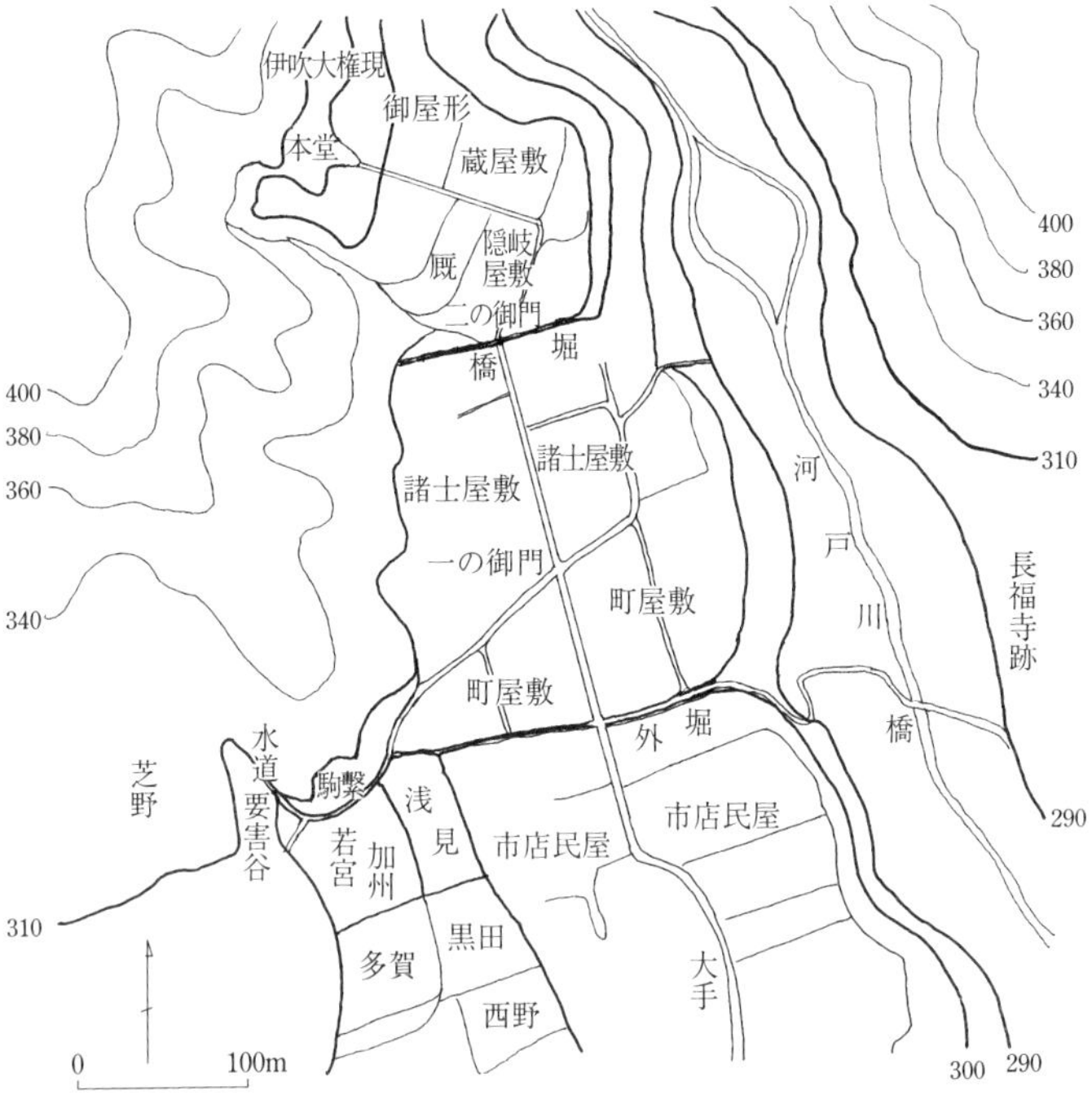

京極館周辺（重臣屋敷・町屋）地図

ら書き漏らした可能性もあるが、少なくとも『大館常興書札抄』が成立した時期（一五世紀後半～一六世紀初め）には、浅井氏は重要な「被官」とはみなされていないようだ。一方で、ここに見える隠岐・多賀・若宮・下河原氏は、応仁《おうにん》・文明以前に活躍した（いわば前期の）京極氏の重臣・奉行人である。これらから、『江北記』にいう「根本被官」とは京極氏の文明二年以前からの「被官」あるいは重臣を示すものとは考えにくい。同時に、隠岐氏を除く、多賀・若宮・下河原・赤田・箕浦氏は、「根本当方被官」また「御被官」には見えない。

代々の家臣にあらず

ここから、『江北記』の「根本当方被官」とは、京極氏の「代々（根本）」の有力家臣・重臣を上げたものではないと言える。このことは、他の「御被官」との比較でも証明される。

一乱初刻

「根本当方被官之事」に続く「一乱初刻御被官参入衆事」は、

井口越前三条殿。　浅見朝日殿。　弓削式部。　伊吹弾正《だんじょう》細川殿。　渡辺。　平田但し一乱以前。

「近年御被官参入衆之事」とは、

東蔵《とうぞう》畠山殿文亀二年より。　狩野《かのう》おくら（小倉）明応八年より。　今井越前。　今井十郎細川殿。　西野六角《ろっかく》殿。　布施備中《びっちゅう》。

小足京衆次御供使仕也。　高宮京衆次。　隠岐殿五郎義清の子孫也、奉書判をせらるゝ也。　一円《いちえん》殿道誉《どうよ》御舎兄の流れ、御家の子御紋せらるゝ。　慶増《けいぞう》

大同名、春拯《しゅんじょう》（照）殿庶子、
原御家の子の御紋せらる、。

である。

ここに記されている者は、ともに「御被官」とあることから、明らかに「根本当方被官」とは異なる上位の階層・身分にあるといえる。また、後者（「御被官」）二つの違いは被官になった時期（「一乱初刻」と「近年」）であろう。

近年御被官

さらに、後者には被官になった時期や背景が詳細である。隠岐・一円・慶増氏は京極氏一族であり、近年「御家の子」（御家・京極氏の被官）となったとする。さらに、東蔵は畠山殿から文亀二年（一五〇二）に、狩野は小倉《おぐら》氏から明応八年（一四九九）になどと、三条・朝日・細川・六角氏など他家の家臣であった者が京極氏の「御被官」に参入したことが分かる。なお、「京衆」とは室町幕府奉公衆を示すと考えられる。彼らはいずれも北近江の有力国人であり、前者（「根本被官」）より上位の階層・身分である。

浅井氏の位置づけ

と同時に、この『江北記』の記述からは、京極氏の家臣団編成が一六世紀初頭まで進められていると理解できる。このなかで、「根本被官」と浅井氏とはどのように位置づけられ、応仁・文明の乱後の北近江の戦国社会をどのように生きたのだろうか。

四　戦国期の京極氏と北近江

『江北記』の主題

『江北記』は浅井氏を京極氏の「根本被官」と記したが、北近江の戦国期の史料として活用されて来た。同書は初めに「当方御代々次第」として京極氏累代を書き上げ、次に先の「被官」「御被官」の後、「文明二年庚寅当国初乱之事」の記事となる。ここの二〇項目が文明二年（一四七〇）から大永三年（一五二三）の間に起きた京極氏領内の紛争の記事であり、同書の主題である。また、他に京極持清と多賀氏との関係（四項目）、京極氏と公《く》方《ぼう》（将軍）との儀礼関係（一二項目）などがある（後述）。これをもとに、戦国期の京極氏領国の社会秩序、家臣の動向、国人の存在形態をみてゆこう。なお、同書は『群書類従』（巻三八七）に収録されている。

京極持清の死

文明二年の京極持清の死は、北近江に政治的に大きな混乱をもたらした。持清には四子があったが、嫡子勝秀《かつひで》は応仁二年（一四六八）に没しており、その子孫童子丸《まごどうじまる》が家督（出《いず》雲《も》・隠岐・飛驒《ひだ》守護と近江の浅井・坂田・伊香三郡）を継ぐが、翌文明三年に早世する。『江北記』は「環山寺《かんざんじ》殿宗意《そうい》（京極高清）、当国初乱（文明二年）より御家督を持たれ候」とする。

下坂氏は東軍であったが、黒田政光《まさみつ》が高清を擁立したことで西軍になったとする。高清が勝秀の子で正統であると考えたようであるが（『東浅井郡志』）、京極氏の内訌が顕在化してくる。なお、『大乗院寺社雑事記《だいじょういんじしゃぞうじき》』の記事（文明四年正月）では、

東軍――京極孫童子丸、京極政高《まさたか》、多賀豊後《ぶんご》守高忠《たかただ》、六角政信《まさのぶ》

西軍――京極（黒田）政光（政高の弟）、多賀出雲守清直《きよなお》、六角亀寿《かめじゅ》（のち高頼《たかより》）

となっている。

斎藤妙椿の支援

文明三年に続き四年に多賀高忠が北近江まで侵攻してきたが、美濃の斎藤妙椿《みょうちん》が援護し、京極政光と多賀清直は持ちこたえた。この前後、下坂秀維は清直と「国の儀を成敗した」が、間もなく両者は対立したので斎藤氏が和解させたという。

京極氏系図

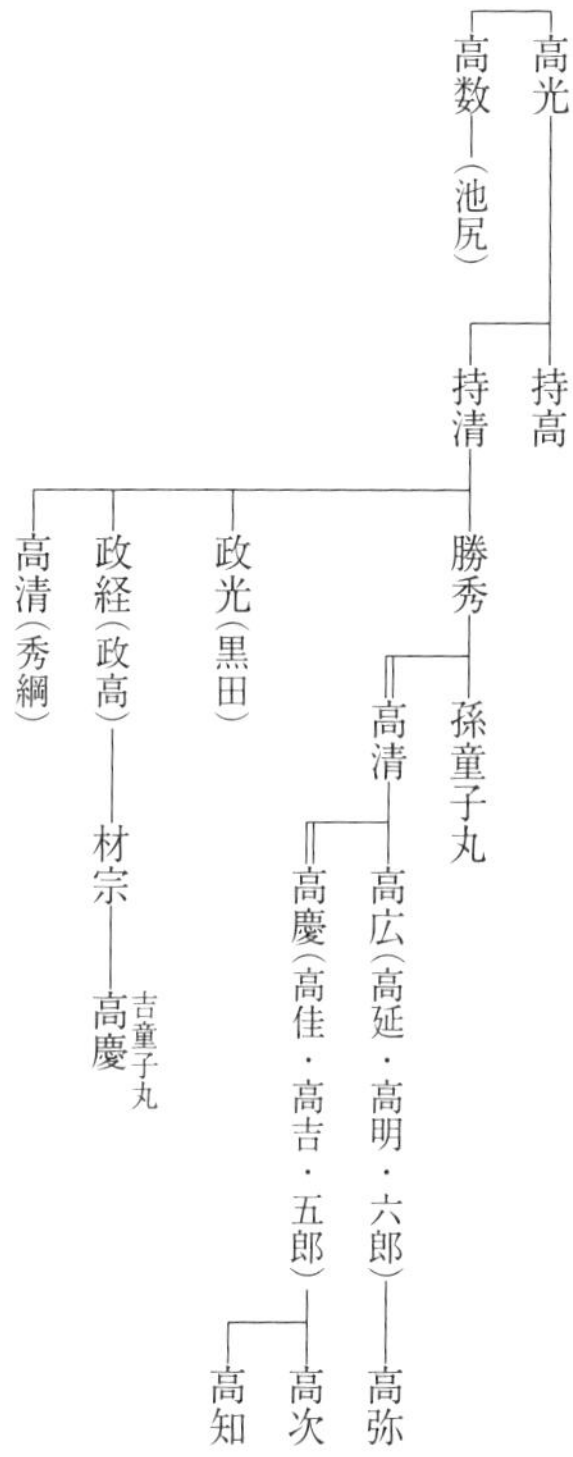

文明四年一二月、黒田政光が死去し、翌五年、近江全郡の守護職は京極政高に与えられたが、江南は六角高頼、江北は多賀清直が京極高清を擁して押さえていた。同七年に幕府は多賀高忠に西軍方を討たせたが、美濃斎藤妙椿の援軍があり、大敗した。

京極氏の家督

文明九年に東西両軍の衝突は終焉し、京極氏の家督は、政高（のち政経《まさつね》）が出雲・隠岐の守護、高清が近江半国と飛驒の守護と定まったと『東浅井郡志』は推定している。

同一三年前後に、多賀清直の死去による多賀氏の内訌、また下坂氏の内訌、そして同一七年には佐々木庶子の慶増父子の争いと続き、高清は永源寺（東近江市）へ遁世している。この時、「国衆が悉《ことごと》く参集し、種々申して」説得し、敏満寺（犬上郡《いぬかみぐん》）に帰還させている。

この間、多賀宗直（大成）が実権を握り、文明一八年、京極政経・経秀《つねひで》（材宗）父子と結んで反乱した。高清は甲賀郡三雲《みくも》にのがれ、およそ二ヵ月後に勝利した。宗直は、翌長享《ちょうきょう》元年（一四八七）に美濃より再起したが、国友河原《くにともがわら》で高清と戦い、敗死した。

将軍義尚の六角征伐

長享元年九月、将軍足利義尚《あしかがよしひさ》が六角征伐に出陣する。京極高清は当初より参陣して、諸所に転戦した。北近江の奉公衆は、一番に大原政重・尚親《ひさちか》、二番に土肥《とひ》民部少輔《みんぶのしょう》（米原市）、三番に朝日彦三郎（湖北町）、熊谷《くまがい》弥次郎直清《なおきよ》（西浅井町）、四番に小串《おぐし》下総守《しもうさ》貞秀《さだひで》

（長浜市）、彦部《ひこべ》松寿丸《しょうじゅまる》（虎姫町）、五番に大原成信《なりのぶ》、宇賀野《うかの》九郎（米原市）、熊谷孫次郎直茂《なおしげ》（湖北町）があった。

この権門・大寺社が旧領回復を求めた将軍の近江在陣は、次の将軍義材《よしき》までの明応元年（一四九二）におよび、北近江の土豪・地侍・国人《こくじん》による荘園への違乱・侵害が糺されている（浅井氏と大覚寺《だいかくじ》領田川庄丁野郷については本章七で後述する）。

京極政経と高清

この間の長享二年八月、京極政経が松尾まで侵攻したが、敗退している。延徳《えんとく》二年（一四九〇）八月、幕府は京極高清の退治を政経に命じ、佐々木惣領職《そうりょうしき》に任じた。ここに上坂家信・浅見長忠・磯野弾正忠らが参陣したので、高清は祇園《ぎおん》（長浜市）から余呉、さらに敦賀《つるが》、また坂本に落ちて、およそ四年、「牢人《ろうにん》」した。その間、政経は材宗を置いて北近江を支配させた。

京極高清と朝倉・斎藤氏

ところが、明応元年（一四九二）一二月、幕府は六角虎千代に近江半国を、高清に京極惣領職を与え、政経を討つことを命じた。翌二年九月、高清は美濃の斎藤利国《としくに》（妙純）の援助を得て復帰した。その美濃で、同四年、石丸利光が斎藤利国に反した。利国は援助を京極高清と朝倉貞景《あさくらさだかげ》に求めた。高清は利光についた六角高頼を討たんとし浅井郡宮部《みやべ》（虎姫町）で敗れ、多良《たら》（米原市）に逃れた。しかし、利光を撃った朝倉教景《のりかげ》の援助で、一八日後、復帰した。

石丸利光の反乱

翌五年、石丸利光が再び活動し、斎藤利国はまた京極氏と朝倉氏に援助を求めた。利国が樋口（米原市）で六角高頼に敗れたので、高清は海津に落ち、四年間「牢人」した。ここに六角高頼は幕府より赦免されたこともあり、北近江にも支配権を延ばした。なお、この石丸利光の反乱を書いた『船田後記』に、浅井氏と三田村氏とが美濃に派遣されたことが見えることは既述のごとくである。

今浜の高清

同八年七月、京極高清は上坂治部丞家信《いえのぶ》（大鈞斎政道《だいちようさいせいどう》）の援助により、海津から復帰する。これに従ったのは井口越前守経慶、浅見長忠、狩野将監《しょうげん》、その外馬廻衆《うままわりしゅう》であったとする。この後、高清は上坂家信の居城の今浜にあって、大永初年（一五二一）頃まで、彼に政務を任せ、領内は安定していたとする。

京極高清と材宗の抗争

この間の文亀元年（一五〇一）六月、京極材宗が美濃揖斐《いび》より今井館（米原市）へ出張し、今浜の高清を攻めたが、敗れた。「その元は、浅井、三田村、河毛、渡辺玄、堀その外の衆が上坂を背いた」ためと『江北記』は述べている。なお、ここで浅井（直種）が戦死したことは既述した。また、六角高頼は高清を援護したとされる（『室町家御内書案』）。

同じく、同二年、江南で伊庭貞隆《いばさだたか》が六角高頼に反したことと関連して、京極高清と六

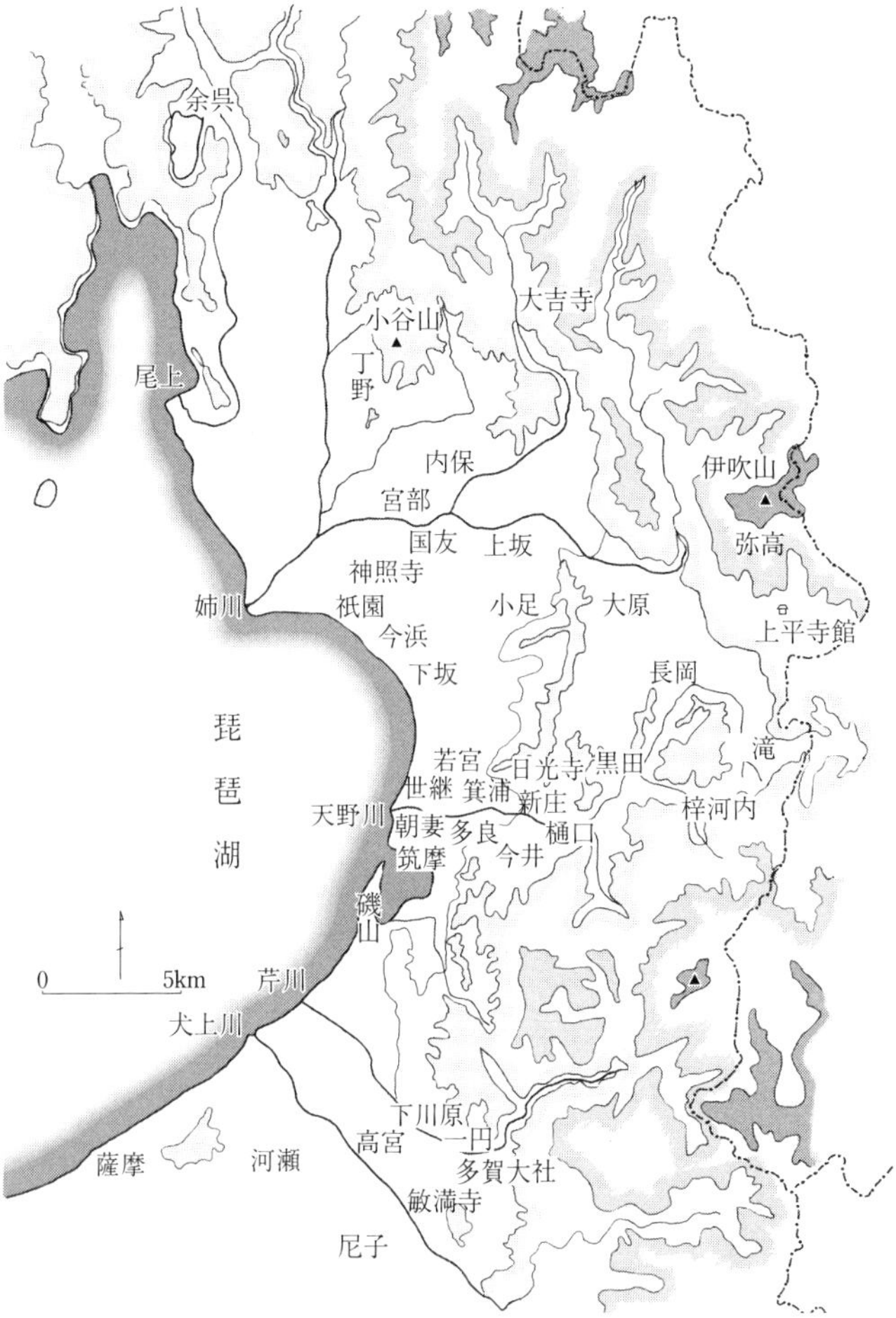
余呉
尾上
小谷山
丁野
大吉寺
内保
宮部
伊吹山
国友
上坂
弥高
神照寺
姉川
祇園
小足
大原
今浜
上平寺館
下坂
長岡
琵琶湖
若宮
日光寺
黒田
滝
世継
箕浦
新庄
梓河内
天野川
朝妻
多良
樋口
筑摩
今井
磯山
0
5km
芹川
犬上川
下川原
高宮
一円
薩摩
河瀬
多賀大社
敏満寺
尼子

京極氏関係地図

角高頼とは乖離し、高頼は京極材宗に高清を攻めさせた。さらに、永正《えいしょう》二年（一五〇五）にも京極材宗を北近江に侵攻させた。美濃斎藤彦四郎の援助で高清はこれを凌いだ。

家督相続の争乱終結

この時の和睦は箕浦（米原市）の日光寺で行われた。江南でも六角氏と伊庭氏とが和解し、文明二年の京極持清の死去による家督相続の争乱は、三六年におよんで終焉したとされる。なお、京極政経と材宗父子は永正四・五年に相次いで死去し、家督は吉童子丸（高慶《たかよし》）に譲られた。

これをもって、『江北記』は「是（永正二年）より一五年（間）無事」とする。享禄《きょうろく》元年（一五二八）の内保《うちぼ》合戦までのことと考えられるが、この間も平穏ではなかった。細川家の内紛にともない、将軍足利義澄《よしずみ》が近江に移動し、伊庭氏と結ぶからである。

将軍義尹の出陣要請

永正七年、将軍義尹《よしただ》（義稙《よしたね》）が北近江の諸氏に出陣を求める（『昔御内書符案』）。佐々木加賀政勝、黒田宗清、尼子《あまご》刑部少輔《ぎょうぶのしょう》、岩山四郎、鏡兵部大輔《ひょうぶのたいふ》、多賀勝直昌運《しょううん》、若宮秀種、河瀬弾正左衛門家加《いえます》、河瀬右馬丞、市村備後守、藤堂九郎兵衛、上坂治部政道宛である。また、草山又次郎・彦次郎、土肥美濃入道、熊谷次郎直房にも宛てられ、高清の指示に従うようにとある。

浅井亮政の登場

なお、江南では六角定頼《さだより》が永正十五年に還俗《げんぞく》して継ぎ、上坂家は家信が大永初年に死去し、治部丞信光が継いだ。そして、大永三年（一五二三）三月九日、大吉寺梅本坊での「公事」により、浅井亮政が登場する。

応仁・文明の乱後の北近江

以上から、応仁・文明の乱後の北近江の状況は、次のごとく読み取れよう。

(1)文明二年（一四七〇）の京極持清の死後、約五〇年間合戦・争乱が途切れることなく続いていること。その原因は、(a)京極氏と六角高頼との対立、(b)京極氏の家の内紛（高清と政経・材宗）、(c)諸氏（多賀氏および上坂氏、また下坂氏など）の惣領と庶子との対立であり、これらに(d)京極氏と周辺諸国諸氏（美濃斎藤氏や越前朝倉氏）との繋がり方、また、(e)幕府の動向（守護職・佐々木惣領職、高清追討令など）も加わったこと。

(2)文明二年以降、京極高清が基本的に北近江を領国として支配していたが、何度も「牢人」し、長くは四年間も不在としていること。同じく、諸氏も「牢人」しながらも、復活・回復し、滅亡することはなかったこと。

(3)京極高清の領国支配は、実質的には有力家臣（多賀清直・宗直《むねなお》、また上坂家信・信光）が担ったこと。しかし、大きな転換点（慶増父子の争い、高清の復帰）では「国衆」「国の面々」の判断が大きく働いたこと。

(4)これらの合戦・戦乱がありながら、領国（北近江の社会）が解体されたとは考えられず、領国の「秩序」、社会的枠組は維持されていること。その「秩序」の枠組の一つは将軍と守護、また守護と国人の主従関係ではあるが、京極高清が守護に任命されることによって保障されるものではないこと（守護でない時期でも高清は領国を統治・支配していたこと。本章五・六参照）。

京極氏の領国支配

これらの背景は、京極氏のいわゆる領国支配が「排他的・一円的所領」ではなく、「国衆」それぞれの「所領・所職」に京極氏が直接介入・干渉することがない、といういわば中世的な「所有・支配」の観念（「所領・所職」）が危うい形で存続していたことによる。これは、国盗り物語が前提とする「所有・支配」の観念とは別であり、無論、近代の所有・支配観とも異なる。守護職も含めた中世の「職」とは何か、を議論しなければならないが、その観念・秩序のもとで「国衆」諸氏は分裂し、交代し、京極氏および周辺諸氏を巻き込んだ不安定な北近江の社会状況を生んだと言える。ここに、浅井亮政が登場してくる。

次に、『江北記』の下坂氏と下坂代官職の事例から、戦国期の北近江の「国衆」いわゆる土豪・地侍また国人の「所領・所職」の現実を見よう。

五　京極氏と「国衆」の「所領・所職」

下坂氏

『江北記』は、文明二年以後の京極氏の歴史が本題なのではない。編纂者は下坂氏であり、京極氏の政争のなかで、下坂氏が「下坂庄代官職」をどのように確保したのかが述べられたものである。「下坂庄代官職」の経緯は次のごとくである。

「下坂庄代官職」

下坂秀維が、文明三年（一四七一）に多賀豊後方になったことで「下坂庄代官職」を給ったと本文「文明二年庚寅当国初乱之事」を書き初める。そして、西軍に移り、文明四年か五年の時分、秀維と多賀清直とが「国之儀」を取ったが、対立し、明くる年の三月まで梓河内《あずさかわち》猪鼻《いのはな》（米原市）にいたとする。

その後、下坂氏惣領太郎左衛門尉の弟注（住）記が詫言して、「下坂庄代官職」を懇望したので、文明一四年まで「私」に申し付けた。この年、下坂秀維は中郡甲良《こうら》上郷《かみのごう》（甲良町）のことで中郡へ出張した。同一七年には、秀隆は宇治《うじ》（宇治市）に引き籠もった。その時は、弟の与一を名代として御屋形様（高清）へ出頭させた、とする。

さて、既述のごとく、文明一四年、下坂秀維が中郡に出張した時、注記は解任したが、多賀宗直が「下坂庄代官職」を与えてしまった。この返却を望んだ時、浅井蔵人（亮政の親）が合力して下坂屋敷を攻めた。そこで、多賀方より返却が約束されたが、「だまして」実行されなかったので、文明一八年、下坂「私宅」へ夜討ちを入れ焼き落とした。「次郎注記が右馬丞の時」のこと、とする。

文明一八年の多賀宗直の反乱の時、下坂秀隆が宇治より出て、高清にお供したので、「下坂庄代官職」を知行することになった。一方、三田村氏は宗直一味だったので「牢人」した、としている。

下坂氏系図

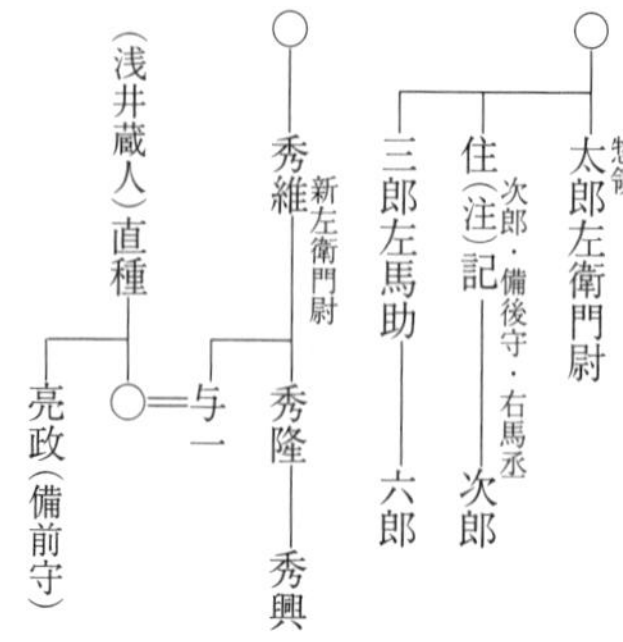

また、延徳二年（一四九〇）の京極政経の出張があり、高清は坂本で四ヵ年「牢人」したと記すが、これは下坂秀隆の「牢人」も意味している。明応二年（一四九三）九月、高清が斎藤利国の合力を得て美濃より入国した時、秀隆はお供したので「下坂庄代官職」を知行することとなったとある。

次に、明応四・五年の石丸利光の出張、樋口合戦を記す。この年、下坂右馬丞が「下坂庄代官職」を懇望したので、下坂秀隆は「牢人」した。これは、樋口合戦で、京極高清が斎藤利国に合力し「牢人」となり、四年間海津にいたことによる。そして、秀隆は樋口陣以後、真木島《まきしま》（宇治市）に引き籠もっていたが、文亀元年（一五〇一）六月の京極経秀が出張した今浜陣に出頭し、合戦に忠節したとする。

文亀二年、京極経秀が再び南より出張し敗退したが、それ以後、下坂三郎（「今の六郎の親、左馬助」）が上坂家信の所に走り入り、抱え置かれた。秀隆は「下坂庄代官職」の給与を述べたが、上坂家信は聞き届けなかったので、今浜方に与力したとする。

そして、大永三年（一五二三）三月九日、大吉寺梅本坊での「公事」による浅井氏らの上坂氏への反乱では、秀隆は美濃巻田（牧田、大垣市）へ退き、秀興は高清をお供して小野江（尾上・湖北町）に行った、とする。年代記の部分はここで終わる。

京極氏と国衆

以上から「所領・所職」を媒介とした京極氏と家臣（「国衆」）との関係が分かる。下坂秀維・秀隆父子の「下坂庄代官職」係争相手は、下坂惣領（太郎左衛門尉）の弟注記の家と三郎左馬助の家である。それを、京極氏の内紛（高清・政経）と京極氏の南近江六角氏および美濃斎藤氏との対立・協調のなか、そして多賀宗直と上坂治部家信との関係において確保して来たと言える。

「下坂庄代官職」は京極高清に従うこと（従軍・主従関係）で給与（安堵《あんど》）されるのであり、

高清が「牢人」すれば下坂秀維父子も「牢人」し、他（惣領家など）に給与されてしまう。また、下坂氏は何度か「牢人」したが、また回復（給与・安堵）された。先に京極氏自身が何度も「牢人」したごとく、「下坂庄代官職」（所領・所職）を失っても下坂秀維父子は存続しえた。江戸時代の浪人のように流浪・没落したのではないということである。

中世の所有意識

さらに、失った所領・所職と回復した所領・所職とが同じ（「下坂庄代官職」）であることに注目しなくてはならない。所領・所職が一方的に大名から与えられるというのは、近世の認識、あるいは辺境戦国大名の場合と考えられる。「領地を拡大し、国を盗る」というのは、特異な状況・発想である。中世の権利認識・所有意識では、「所領・所職はその一族のもの」というのが基本である。この所領・所職（「代官職」）は、近代的な所有観念とは異なり、「公」のもの（公有・公共物・物件）といえる。いわば、排他的独占的な所有物というより、その職に誰が任命されるかであり、ある意味では「公共」物の管理（者）と考えた方がよかろう。

ただ、このような所領・所職のあり方は安定したものではない。このことが北近江の「国衆」を戦国の騒乱に導いたといえる。さらに、下坂氏が『江北記』を書き終えた大永期以降に衰退したごとく、「国衆」は一様ではなく、分裂し、新たな勢力と確執・交代してゆく。その一方で、所領・所職は百姓・村落との関係によって規定されるが、この点は本章八に述べる。

複数の所領

なお、下坂氏は、坂田郡下坂（長浜市）を唯一の本拠、所領・所職としたのではなく、「梓河内猪鼻に拵え引き籠る」「中郡甲良上郷へ罷《まか》り越す」「宇治へ引き籠もる」「真木島に引き籠もり」など、梓河内や甲良上郷（甲良町）は京極氏の膝元としても、西は宇治市、東は大垣市の範囲を出入りする。彼らは複数の所領・所職の所有者であり、交流のない閉鎖的な領域観で中世を考えるのは、辺境での設定である。

六　京極氏の「家」・領国秩序

「家」の記録

『江北記』は、京極氏の「家」また諸「家」について記録する。このことは、編纂者の下坂氏がこのことに興味を持っていた、記録する意義を感じていたことを示す。ここには京極氏とその家臣による正統性・社会秩序の論理が窺える。

文頭の「当方御代々次第」に京極氏の代々の当主（家督）の系譜を上げるが、ここでは京極政経・政光父子は当主として承認されていない。幕府が彼らを承認し、高清を追討するように命じていてもである。

加賀家の成立

同じく、加賀家の成立について、(1)京極高数《たかかず》は高光の舎弟で、持清の伯父であり、ここから始まったこと、(2)高数には子息がなく、美濃揖斐の池尻（教久《のりひさ》）殿を養子にして相続させたこと、(3)池尻殿子息左馬助《さまのすけ》（政宗《まさむね》）殿の舎弟五郎（政数《まさかず》）殿は一枝軒と申して、左馬助に子息がないので継ぎ、長岡に隠居した。その子息当五郎勝成《かつしげ》が入ったことなど、詳述する。それは、京極持高が幼少の時、高数が家督を継ぐことを将軍足利義教《よしのり》が承認したが、嘉吉の乱（嘉吉元年〈一四四一〉）で義教とともに高数が死んだことから起こる、「家督の正統性の論理」に繋がるからである。『江北記』は、以後の池尻殿の家督相続と、持清の相続の対立を詳述する。

また、多賀氏等の系譜をも詳述するが、これは下坂氏に直接かかわる「家」の正統性が問われているからである。

京極家の儀礼

次に「御家分かりの事」とあるのは、京極家の儀礼（秩序）のことである。第一には、「御一家」と「御家子」と、また「御紋の人々」との違いが述べられる。六角殿、大原殿、その外一円殿は道誉の御兄弟であるが、子細があって京極氏の家臣である「御家子」になった。しかし、公方様（将軍）の役には、当方の名代として召される。御家子であるから、御屋形様は「御送り」にはお出ではない。お座敷での「御あしらい」はおよそ「御一家」と同じで、ただ「御送り」がないだけである、とする。

京極氏と家臣

その次は、京極氏と家臣（「国衆」）との関係（作法）である。二月朔日より毎月朔日に御屋形様御祝の時は、「面々」（「国衆」）参上して御肴などいただきに参る。この時は「御盃、人を指され下さる。お座敷の次第はない」。「毎月朔日の事」は「御盃を心懸けられる」などこれも具体的である。

京極氏と将軍家

続けて、京極氏と将軍家との関係を記載している。「二月朔日に公方様へ御屋形様が御礼申すのは、月廻りに正月の御服を給るお礼である。千疋参る。御相伴の者へは何れも御服を遣わされる。折（織）物・小袖を給った時は着ることなく参る。五月朔日より同四日まではすずしの御袷にて出仕する。六月朔日には高宮細着を二端進上する。将軍へ出仕の時のお供の数は三騎で、一人は剣、一人は御進上の太刀取り次ぎ、一人は笠の役とする。椀飯《おうばん》の時は六騎とする」など。

さらに、「面々」の内者（被官）が御屋形様御前へ召し出さることは、将軍への出仕の時と椀飯を勧める時より外はないことなど、が述べられている。

金吾騒動

また、応永期（一三九四～一四二八）の京極高詮の舎弟五郎左衛門殿（秀満）が家督を望んだ「金《きん》吾《ご》騒動」を記して、「召し出すべきは……惣領の筋」と述べる。

これらが京極氏内の「家」格あるいは領国内での「家」秩序であり、応仁文明の乱後の北近江の武士（「国衆」）の「社会論理（儀礼・秩序）」である。このなかに浅井氏もいたのであるが、その社会がどのように浅井氏を承認してゆくのか、浅井氏がこれをどう乗り越えてゆくのかが、本書の主題である。

七　浅井氏と丁野郷

浅井郡丁野

浅井氏に関わる伝承・書物の多くが本拠を浅井郡丁野《よおの》（郷）とする。研究者の多くも、浅井氏は浅井郡丁野（湖北町）の土豪、地侍としてきた。論拠は、先の明応一〇年の浅井直政と比丘尼惣充との寄進地が「田河庄丁野郷内三反」ということ、また比丘尼惣充が「丁野陽徳院住持」であったことなどである（本章一参照）。

これに加えるならば、『江北記』には、「（下坂）与一は浅井蔵人聟也、然間、従三雲御出張候間は、丁野に令住宅者也」とあることを指摘できる。これは「京極秀綱（高清）が甲賀郡の三雲（甲南市）から北郡に出張する時は、浅井氏のいる丁野に住居する」とのことである。

浅井氏の本拠

さて、これらから、浅井氏は丁野を本拠とする土豪・地侍としてよいだろうか。浅井直政の寄進状のもう一つは先に上げたごとく、高島郡川上庄と海津庄内の田地である。それは丁野の倍の六反三六歩であった。また、土地を寄進したからといって、広く百姓層にも売買が行われている近江では、買得地を寄進した可能性があり、そこを本拠としたとは必ずしもいえない。逆に、亮政が当初後継者としたのは娘聟（正室蔵屋との子・鶴千代）の田屋明政《たやあきまさ》であり、田屋氏は高島郡海津を本拠にした。少なくとも浅井氏惣領家・直政系にとって、高島郡との関係は深い。

丁野郷

丁野（郷）とはどのようなところか。古代の丁野郷で、中世には田川荘の郷名となるが、建武《けんむ》三年（一三三六）に東大寺に寄進され、応永《おうえい》二六年（一四一九）には大覚寺門跡領となっている。

応永年間

この地は高時川を用水とする（第四—五、用水地図参照）が、応永年間（一三九四〜一四二八）、たびたび用水相論が起きている。応永七年の丁野郷「八日市場清水」に対する速水・青名・今村の「沙汰人《さたにん》・地下人《じげにん》」の押妨、また同年の富永庄の新井の構築による耕作不能（室町将軍家御教書《みきょうじょ》、丁野郷百姓目安状、東大寺文書）、さらに同二八年の「下古井《しもふるい》」（加子井《かこい》）を巡る争いが起きている（井口日吉神社文書）。これらは、応永年間には、村が纏まりを持ち始め物村へと展開し、しかも土豪・地侍等が「沙汰人・地下人」として登場することを示している。

文安・宝徳期

同じく、少し時代が下がった、文安《ぶんあん》二年（一四四五）、そして宝徳《ほうとく》三年（一四五一）の菅浦庄《すがのうらのしょう》と大浦庄の村民間の紛争には、「西野、八木公文《くもん》殿、安養寺殿」「塩津熊谷殿・今西熊谷・山本浅見」など浅井郡と伊香郡の土豪・地侍や国人の多数の名が見える（菅浦文書）。しかし、浅井氏の名はない。浅井氏が鎌倉時代以来の有力在地領主・国人層であるならば、あるいは土豪・地侍でも、これらにその名があってもよかろう。

土豪・地侍

ところで、「土豪・地侍」という表現は便利で分かったようであるが、その実態・存在形態は不明確である。およそ、鎌倉時代以来の地頭職などの確固たる所領・所職を持つ有力な武士である国人（領主）とは区別されるところの、室町時代に出現する下級の荘官層、侍身分を持つ村落指導者層で、小領主・村落領主とされる。また、彼らは、一村一郷を基盤として、再生産機能（山野河海の用益、水利、祭祀など）に深く関与し、直営地を経営し、地主として土地集積を進め、下人・所従を持ち、また小百姓と小作関係を作り、一方で国人の家臣・被官であったり、また村・郷の利害を代弁して国人に対峙したりする多様な姿をとる、とされる。

私は、土豪・地侍あるいは小領主・在地領主とすることで浅井氏を理解できるとは考えない。それは右のごとくその実態や理解（位置づけ）が研究者によって異なることもあるが、その「像」は後進地域・「辺境」で作られたものであり、惣村が形成され村民間で紛争が起きる北近江の「国衆」、また浅井氏には当てはまらないと考えるからである。

浅井氏と京極氏

『江北記』が「京極高清が北郡に出張する時は、浅井氏のいる丁野に住居する」とのことからは、浅井氏と京極氏との関わり、他地域や近世の被官、地下被官とは異なる「被官」の役割が窺える。京極氏や国人は「公」と「私」の住居を持っており、浅井氏は京極氏に住居を提供、あるいは京極氏の住居を管理する立場が考えられる。丁野には京極氏の「住居」（公の屋敷）があって、浅井氏は「被官」としてそれを管理していたのではないだろうか。

井関氏

さて、これまで活用されていなかったが、「井関《いぜき》文書」（京都大学文学部写本）には大覚寺領田河庄丁野と浅井氏との関係史料がある。

寛正《かんしょう》三年（一四六二）九月、「丁野郷代官職」は井関氏に宛てられている。井関氏代々は、この時期前後から、大覚寺門跡領雑務奉行職や清涼寺目代検断職《もくだいけんだんしき》を持ち、山城《やましろ》国桂口関・嵯峨《さが》小渕《おぶち》庄・西口関や播磨《はりま》国小宅《おやけ》庄・吉住上保、丹波《たんば》国豊富庄・六人部庄など畿内近国の所領を管理する「代官」であった。

丁野の不知行

文正《ぶんしょう》元年（一四六六）八月一九日、丁野郷の「要脚反銭《ようきゃくたんせん》」が納入されなかったようで、室町幕府は井関氏にその執行を安堵している。また、幕府は、文明一〇年一一月に、多賀高忠に宛てて、大覚寺の雑掌《ざっしょう》に知行を引き渡すように命じている。そして、寺社本所領の回復（荘園領主の権利）を目的とした足利義材の六角氏親征にともなって、延徳三年（一四九一）九月二九日には、京極政経の「被官人の押領停止」「年貢諸公事」の納入を命じ、同年一〇月二三日には「号先納、年貢難渋」することを止めさせている（いずれも室町幕府奉行人奉書）。大覚寺の「不知行」（年貢などの納入、現地管理ができないこと）が続いたと言える。この時期の文書には浅井氏の名は見られないが、これら年貢の難渋・反銭の押領などを現地丁野郷で働いていた一人は浅井氏と考えてよかろう。それは、次の時期の文書で浅井氏の名が出てくるからでもある。

井関氏と浅井氏

その後も大覚寺の丁野の「不知行」は続いたようで、井関氏は浅井氏に年貢収納を計っている。年代不詳の書状ばかりであるが、一六世紀中葉の亮政・久政の時代である。そこでは、井関氏は浅井山城守（虎夜叉《とらやしゃ》・正悦《しょうえつ》、久政の弟）などに宛てて、「備州（亮政）」

への「御公用米三石」の運上の「執り成し」を頼んでいる。そして、浅井亮政は井関氏に宛てて、「御本所様より巻数《かんず》（祈禱目録）頂戴しました。例年のごとく年貢の運上を致します」と答えている。一一月一〇日、霜月（一一月）一五日付の亮政書状も同じ内容であり、浅井久政書状も「当郷の運上米は、例年のごとく、拾俵申し付けます」と約束する。

さらに、関連して井関氏に宛てた浅井氏一族の文書が残る。浅井亮頼の書状は「丁野郷御公料拾疋」の上納を知らせ、一一月一九日政種書状では「御公用のこと、当年は風損が『過分』にあったので、来年には百疋を進上します」とする。

これら史料には内容的に偏りがあるので確定できないが、浅井氏は大覚寺を「御本所様」（荘園領主）と仰ぐ、その意味では、一六世紀中葉の久政の時代まで、浅井氏は荘園制の枠（土地所有・「職の体系」）を崩してはいない。ただ、亮政・久政の時代、「御公用米」「運上米」の納入の判断・決定権は浅井氏にあり、その一族・家臣（亮親・政種）が現地の代官として派遣・任命されたと考えられる。それは先進的な自治村落・惣村の典型とされる近隣の菅浦（村）でも戦国末期まで荘園年貢を納入し続けていることと繫がるが、これらの実質的収納先は浅井氏およびその一族・家臣「国衆」と考えてよかろう。この

「矛盾」が、先の所領・所職の問題とともに、この地域の不安定な社会を作り出している背景の一つと考える。

さて、浅井氏はどのように丁野郷に臨んだのだろうか。それは、浅井氏をいわゆる土豪・地侍あるいは国人として捉えることへの疑問提示であり、浅井氏の歴史的性格（存在形態）を新たに問い直すことになる。

八　浅井氏および「国衆」と村落

国衆と村落

浅井氏、また北近江の「国衆」はどのように農民・村落と向き合ったのか。具体的・詳細な例として、浅井郡の大浦下庄の代官松平益親《ますちか》が、寛正四年（一四六三）に大浦下庄の百姓と起こした事件（訴訟）の史料がある（大浦下庄七村御百姓等訴状および松平益親陳状、菅浦文書）ので読み込もう（宮島『戦国期社会の形成と展開』第二章）。

荘家の一揆

この事件は、享徳元年（一四五二）閏八月二日、大浦下庄の百姓等が「政所《まんどころ》」に押し寄せ代官を殺害しようとしたことが発端で、同月六日に「返り忠」（寝返り・密告）により、百姓二人が殺され三人は逃亡した。そして、その者たちの「名田《みようでん》」（所有田地）が没収され

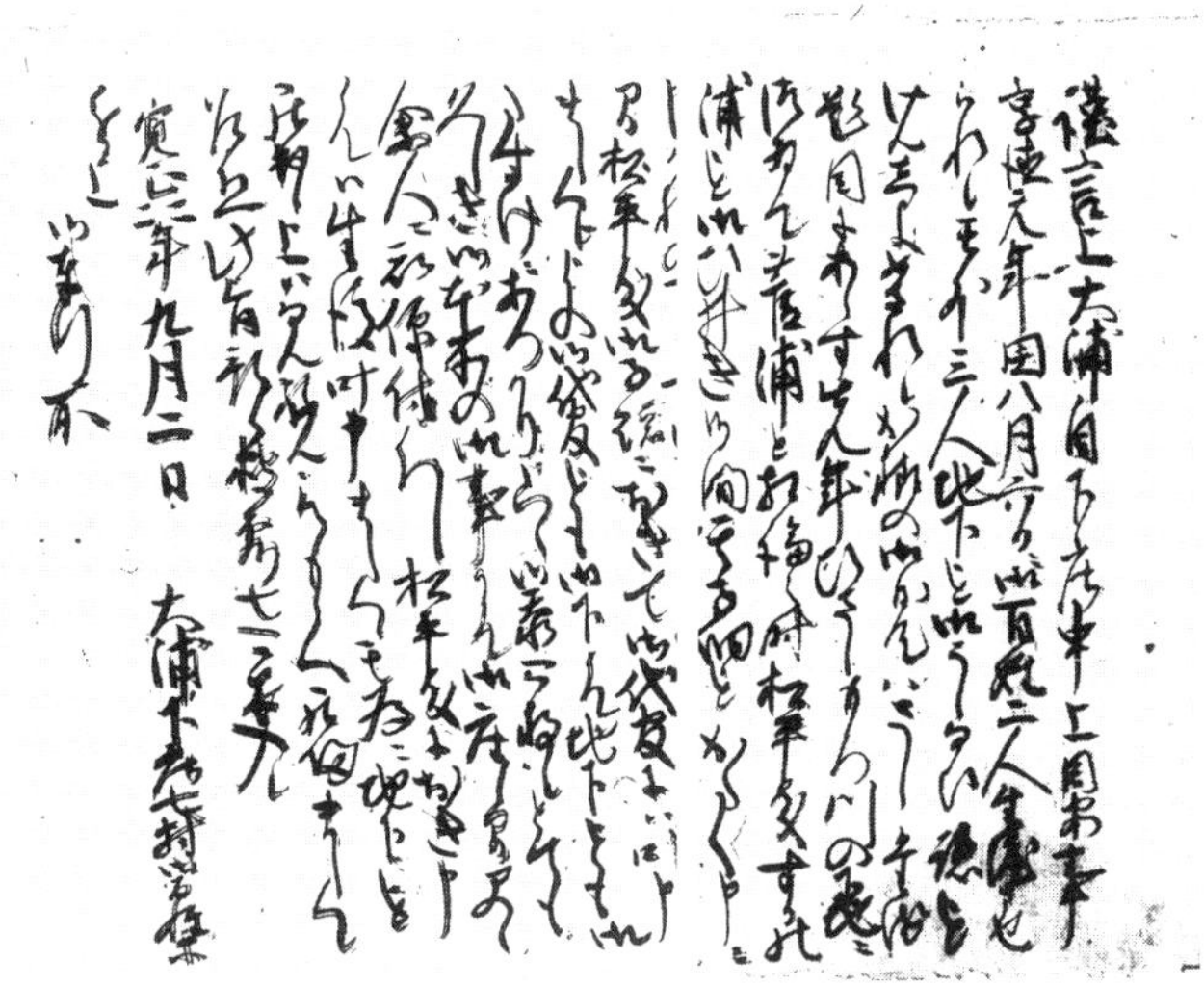

大浦下庄七村御百姓等訴状（文頭・文末部，菅浦文書，滋賀大学蔵）

たことで、代官の排斥・交替を要求して訴訟（「荘家の一揆」）となった。

この史料（訴訟文書）は長文で、一四の争点があったが、およそ六つに整理できる。まず、(1)名田《みょうでん》と散田《さんでん》の問題では、代官が罪科人跡の名田を没収して散田にすることは百姓側も納得している。ただ、百姓側は代官がそれぞれの子孫に安堵せず、永く没収したままでいることを問題としている。名田は名主・百姓の田地であり、没収しても子孫に安堵されると考えられていたといえる。一方、散田は領主の田地で、代官が管理し、百姓等に請け負わせ（小作）、請け料をとることができるが、それ以外の「公事」の賦課と請け料の額が問題とされている。

代官手作

人夫役・年貢公事

次に、⑵代官手作（直営地）経営については代官も基本的には否定している。ただ、代官側は寛正三年の飢饉で百姓の過半が減少し「耕作放棄田の回復」を名目とし、百姓に米一升や間食を支払っており、労役としていないとする。また、⑶人夫役については、代官が申し付ける回数・数値とが問題にされている。なお、⑷代官は年貢公事の賦課・納入方法の不当性については答えていない。

山野の用益

そして、⑸山野の用益権では、村人は、代官が木柴の採取を不可能にし、牛馬の放牧を咎め、違反者を村追放にしたと訴える。代官は、山の木は井溝修理用なのに村人は販売し、修理時には材木を購入しているとする。また、「エリ」（琵琶湖における固有の漁法）の権利は、五所八幡社の「神事用途」として「名主中」の所持であったが、代官が没収し、祭礼も途絶えたとする。これに対して、元は代官の進退であり、村が掠め取ったのであり、隣郷のエリで百姓が所持する所はなく、神物（神事）である証文を提出せよとする。炭に関しても同様の両者の主張がある。

代官の中間父子殺害

最後に、⑹百姓・村方による代官の中間《ちゅうげん》父子殺害の問題では、中間父子は村に派遣されて「家」を作り、村人を「雅意に任せて」働かせたからとする。また、代官の中間の管理・処置が「情けない」ためともとする。代官は、被官人らが百姓に少しでも「不義の振る舞い」があれば注進により堅く成敗すると申しおいたのに、百姓が代官にことわりなく中間を殺害したのは「無礼至極」であるとしている。ここに、百姓・村方の武力と自分たちの「成敗・検断」権（自検断《じけんだん》）の主張が窺える。

主張の当否

これら両者の主張の当否は、訴訟文書であり、しかも裁定状が残らないので判断しかねる。しかし、そのすべてにおいて代官の行動・判断が百姓・村落の権利・権益の侵害（「恣意」）と問われており、代官による在地領主的展開と百姓・村落との軋轢（対立・緊張関係）が指摘できる。

地域の慣習と法

百姓は「地下《じげ》（村）の失墜」「地下人迷惑」「御百姓のなけき」「人民のなけき」、また「御百姓の大儀」「当所にかきらさる太法」「地下の法」「計会の法」という論理を全面に出し、さらにまた「支証」「証文」を提出して、代官の「奸訴・奸謀・私曲・曲事・雅意」と対決している。代官は百姓に対して恣意的な賦課・課役はできず、契約・先例が重要であり、数値によって確認され、賦課・課役はそれをもって明確に限定されている。また、両者にとって、他所・隣郷との比較、すなわち地域社会での慣習・法・論理に従うことが正統・正当とされており、それぞれの主張・論理がこの地域に広く承認されていたかどうかが問われたと言える。

百姓と代官

ここにあるのは、村を排他的・一円的に支配する在地領主（土豪・地侍あるいは国人）の姿ではない。百姓・村落側に何でも要求できる領域支配関係は存在しない。相互がそれぞれの「社会」（組織・論理・秩序）を持っており、「在地領主・代官」と百姓・村落とは別の「社会」に存在したといえる。惣村・自治村落が成立している地域社会における「在地領主・代官」の姿が、ここにある。

松平益親の行動

それでは代官とは在地領主ではないのか。代官松平益親は徳川氏の先祖に繋がる三河の松平氏であるが、村落へ軍事行動を行っている。同じ寛正二年の『菅浦大浦両庄騒動記』（菅浦文書）には「松平遠江《とおとうみ》守（益親）を大将ニて、塩津・熊谷上野守・今西……。松平殿勢には三河よりも上る。……朽木《くつき》勢等、数万騎引率して」と、三河よりの軍勢を含め「数万騎」をもって、菅浦（村）へ進攻したことが記されている。松平氏は在地領主への方向性をもつ存在といえる。しかもその行動は単独ではなく、周辺地域の土豪・地侍あるいは国人層との緊密な関連をもっていた。

新しい領主制

しかし、代官松平氏はその後姿を消す。在地における生産関係や経営に関与し、百姓を恣意的に支配し収奪する在地領主制的展開に「失敗」したと考えられる。右の『騒動記』にも見える熊谷氏等鎌倉・南北朝以来の国人・守護代層、また土肥氏等近江国の奉公衆は、戦国期、応仁・文明の乱後、おそくとも長享・延徳の乱後には、地域での領主としての力を失い、没落していったとされる（太田浩司「湖北における奉公衆の動向」）。

また、右の『騒動記』にも見える近江の代表的な国人に朽木氏がいるが、その戦国期の動向は「在地領主の地主化」（藤木久志『戦国社会史論』総論第二章）、あるいは「一円的な所領支配を確立していない」新たな（在地）領主制の形成（藤田達生『日本中・近世移行期の在地構造』第一部第二章）と指摘されている。

前述のごとき「国衆」の所領・所職の不安定さの一つはこの百姓・村落のあり方から来るものであり、彼ら国衆は新たな「領主」への道を模索し、新たな権力体系の構築、新たな地域社会の秩序の形成のために浅井氏を登場させたと考える。

戦国大名と惣村

ところで、戦国大名と惣村・自治村落との関係（支配のあり方）は大きな研究テーマであるが、その題材として右の大浦庄の隣の菅浦（庄・村）と浅井氏との関係が論じられて来た（以下、菅浦文書）。

村落の自治

数多くの研究を整理すればおよそ二つで、村落自治が維持されていたとするものと、それを否定するものとである。後者は、たとえば永禄《えいろく》一一年（一五六八）一二月一四日付の菅浦の「一六人の長男・東西の中老二〇人」(村執行部)の「壁書」(「掟」)から、惣村の掟を破った四人を処罰できなかった、「守護不入、自検断之所」を維持できなかったとする(赤松俊秀「戦国時代の菅浦」『古代中世社会経済史研究』、石田善人「郷村制の研究」など)。また、その背後には、村人の貧富の差が拡大し、一部のものが運営するようになること、村の「借銭・借米」による経済的破綻、またそれによる村共有地の売却、そして、村人の土豪・地侍への被官化による共同体(意識)の分裂、および被官化した者の村への帰還を承認させられたことなどを指摘する(小和田哲男『近江浅井氏』第三章、湯浅治久『中世後期の地域と在地領主』第九章)。

浅井井伴の年貢請負額

しかし、私はそうは考えない。この菅浦において、浅井氏一族の浅井井伴が天文一三年(一五四四)から浅井氏滅亡の元亀《げんき》四年(一五七三)まで年貢米請取状を出すが、その額は二〇石二〇貫文である。これは、菅浦が応永年間(一三九四~一四二八)より請け負ったと主張する(文明三年菅浦惣庄置文《おきぶみ》案)額であり、浅井氏もこの額を受け入れ、増徴していない(宮島前掲書第五章、田中克行『中世の惣村と文書』第二部第三章など)。

浅井氏と菅浦

ここで、浅井氏と菅浦との関係を一、二あげると、村の「借銭・借米」に関しては、天文一二年にはその減額交渉に家臣の中島・雨森氏を遣わしている(なお、阿部浩一氏は、大浦上庄と菅浦は一体と見なされており、中村儀が上庄の代官、中島・雨森は彼の手代・又代官的存在とするが（『戦国期の徳政と地域社会』第二部第二章）、私はそうは取らない）。また同一一年には亮政よりの公事船の無沙汰について詫び言をして、同一六年に浅井井伴に「認可」を得ている。ここには「そのときの代官、判を加える」として彼の花押がある。

同じく、浅井氏家臣の中村儀が被官を殺害され、その報復に菅浦の家を放火したとの指摘があるが（小和田前掲書など）、当時、中村氏は浅井氏の家臣ではなく熊谷氏の家臣であり、被官は大浦上庄の百姓に殺害されたのであり、それで大浦の家を放火したのである。文書が菅浦へ宛てられたのは、大浦と対立する菅浦の村人にこのことの協力・理解を求めたからである（七月二二日付菅浦惣中宛中村儀書状）。

菅浦四足門

浅井氏の代官派遣

さて、村と土豪・地侍「国衆」との「対立」はたやすいものではないが、浅井氏はどのようにして菅浦に代官を送りこんだのか。これまで、応仁・文明の乱後の菅浦の代官（年貢請取者）は安養寺・山本・西野・中村氏など近在の土豪・地侍が入れ替わると指摘されて来た。彼らは、京極氏また塩津の熊谷氏の家臣と考えられる。右の事件の中村儀、また享禄二年（一五二九）正月二三日付で書状を出した直房は浅井氏の配下のものではない。

結論的に言えば、浅井氏は菅浦の村落「自治」を否定・解体させたのではなく、公事船の徴発や新たな料足などを設定したが、右の寛正四年の大浦下庄の事件（訴訟）に見たごとく、村落の自治機能・能力（村請け）を前提にした「代官」支配をしたと考える。時期としては、浅井氏の菅浦への代官派遣は井伴が年貢請取を出す前後、天文五年頃からと考えられているが、それはこの地域での浅井氏と京極氏との勢力の交代時期を示そう。ここで、天文三年の浅井氏による京極氏の小谷饗応《おだにきょうおう》（第二―五）を念頭においてもよかろう。

権力編成の原理

重要なことは、本章四・五で述べた京極氏領内の状況、殊に京極氏と下坂氏の関係（代官職）の問題にもどして、浅井氏が代官任命の実権を握ったことや浅井氏の家臣団編成の時期を指摘することではなく、浅井氏が村落に対してどのように臨んだかであり、どのような家臣を代官として派遣したかと言う問題（農政と権力編成の論理）である。

地域の治安維持者

右に指摘したごとく、浅井氏は、「借銭・借米」あるいは土豪・地侍「国衆」の恣意・暴力を否定した、地域の「治安維持者」として立ち現れることである。菅浦に宛てて「理不尽なことを申す者は、去々年の（浅井）亮政の折紙（書状・命令書）のごとく、承引しない」（赤尾清政書状）としている。また、亮政が出した大浦上庄の「所務」に関する「条々」では、「代官で非分（道理にあわないこと）の族があれば注進（報告）せよ。今遣わしている者は終始の代官ではない」ともしている（年未詳一二月一五日付）。それは、浅井氏が徳政を度々行うこととも関係するし、第四で述べるごとく直接村落宛に文書を出すこと、村落間の用水相論の裁定にも共通する立場・性格である。そしてこの村・地域の状況を理解・把握していることが、浅井氏に新たな地域社会支配の「正当性」を持たせた一因であり、これにより浅井氏は新たな地域秩序を形成できたと私は考える。

なお、菅浦は、浅井氏の支配下でも一貫して年貢請取状など文書を管理している。また、経済的には戦国期に油実・綿の栽培に成功したことが注目されている。一つ加えると、中世の菅浦の田地は四町五反と把握されているが、近世初頭の慶長《けいちょう》七年（一六〇二）「検地帳」（滋賀大学所蔵）では田地積は変わらないものの（なお、中田と下田である）、畠地は荒畠を除いても約五一町歩ある（宮島「菅浦庄の『惣』について」）。

第二　浅井亮政の時代

一　亮政の登場

上坂家信の死

大永《たいえい》元年（一五二一）、長らく京極《きょうごく》氏の執権としての立場にあった上坂家信《こうさかいえのぶ》の死去で、子の信光《のぶみつ》が継ぐが、京極氏の継嗣問題と連動して、江北の政治状況は不安定になる。『江北《ごうほく》記《き》』に「大永三年三月九日、大吉寺の梅本坊《うめもとぼう》の公事《くじ》故、浅井、三田村、堀、今井、其外前より牢人《ろうにん》衆、浅見に申し談じ、小野江の城に籠り候」とある。

京極氏の継嗣問題

大吉寺は長浜市野瀬《のせ》にある古刹で、梅本坊はその塔頭《たっちゅう》である。現在は廃絶している。「公事」とは訴訟・裁判などのことで、京極高清《たかきよ》の後継者またその後見人の決定（裁定）に関わるものと考えられる。

京極高清には、六郎高延《たかのぶ》（のち高広《たかひろ》・高明《たかあき》）と五郎高慶《たかよし》（高佳・高吉）との二人の子がいた。高清は高慶を後継者と考えていたとされる。高慶は永正《えいしょう》元年（一五〇四）生まれで、大原氏の故地河内城《かわちじょう》（米原市梓河内《あずさかわち》、中山道の要衝）を与えられ、大原五郎と称した。本来、そこは大原政重を継いだ大原高保《たかやす》（中務大輔《なかつかさたいふ》、六角高頼《ろっかくたかより》の次子）の領地である。大永元年には、高清の名代として義晴《よしはる》の将軍御代始の賀に出席している（『蜷川親孝日記《にながわちかたかにっき》』）。しかし、「高広と高慶、数年牆（垣根）を閲す」（『幻雲文稿』）とあり、兄弟の仲に隔たりがあったようだ。

小野江城立て籠もり

ここで、浅井亮政《すけまさ》、堀元積、今井越前守《えちぜんのかみ》等などの「牢人」衆が、浅見《あさみ》氏に相談して、小野江（尾上、湖北町）城に立て籠もったとする。浅井氏等が、高清が高慶を後継者とすることに反対し、浅見氏を担いで反旗を翻したことになる。浅見氏は尾上の城主で、室町幕府奉公衆朝日氏の代官であり、京極氏の被官になったことが、『江北記』の「一乱初刻御被官参入衆」の記載から分かる（第一―二）。

浅見方の攻勢

『江北記』は続けて次のごとくその後の経緯を語る。京極・上坂方は今浜（長浜）から出陣して、安養寺（長浜市）に陣を敷いたところ、浅見方が攻撃して来たので、上坂方は「随分の衆、数多《あまた》打ち死に」してしまい、今浜は落ちた。環山寺《かんざんじ》殿（京極高清）と上治（上坂信光）とは同心していたので、「国衆」はことごとく上平寺城へ参集し、刈安尾《かりやすお》城（米原市）を攻めた。高清と高慶とは尾張《おわり》に脱出し、六郎殿（京極高広）は刈安尾城に残った。

「国衆《くにしゅう》」はことごとく参集して、上平寺城を焼きくづした。高広は国衆とともに神照寺（長浜市）へ御出になった。やがて、浅見氏が、高広を小野江城へ迎えた、と。

京極氏の執権浅見氏

こうして、京極高清・高慶と上坂方は浅見・浅井・三田村氏等「国衆」方に敗れて尾張に逃れ、高広が京極氏を継ぎ、浅見氏の小野江城に入った。浅見氏が上坂氏に代わって京極氏の執権《しっけん》となったのである。

国衆の総意

この当主（および執権）の交代劇は、「国衆」の総意（「ことごとく」・「一揆」）として実力行使（クーデター）によって執行・解決されたといえる。この例は、文明《ぶんめい》一七年（一四八五）に、「慶増《けいぞう》親子公事義（儀）につきて、環山寺殿山上へ御遁世候。国衆悉《ことごと》く参集、種々申より、敏満寺《びんまんじ》（多賀町）まで、御帰りなされ候事」（『江北記』）がある。慶増氏の跡目相続について、「国衆悉く参集」して、その解決が果たされていた。

浅井亮政の動向

ここに登場する「浅井、三田村、堀、今井、其外前より牢人衆」は、文亀《ぶんき》元年（一五〇二）、京極材宗《きむね》が高清を攻めた時の「上坂を背いた浅井、三田村、堀、河毛《かわけ》、渡辺、堀、その外之衆」（同前書）とおよそ一致する。彼らはこの時点から「牢人」していて、再び「梅本坊の公事」を契機に、反上坂氏として国衆を結集させたと考えられる。

ここでは、浅井亮政が必ずしも中心ではないが、浅井氏等が組織し、結集する国衆

（牢人）の存在（分裂）が窺われる。下坂氏では、秀興《ひでおき》を残して京極高広を守らせ、秀隆《ひでたか》は美濃《みの》巻田に逃れたとある。また、今井氏では、被官の島氏は京極高清方であった。

『東浅井郡志』は、浅井亮政が六角定頼《さだより》に約を通じて事を起したとするが、確証はない。大永三年一〇月から翌年四月にかけて、永源寺の江北三郡の所領安堵《あんど》の執行を磯野・安養寺氏に命じた文書を出していることは、必ずしもこのことを示してはいない。

京極高広の権限

この国衆のクーデターにより、京極高広と浅見貞則《さだのり》が江北の主権を握った。京極高広の文書の初見は、大永四年三月二六日付の勝楽寺宛の直状《じきじょう》である。勝楽寺（甲良町）は京極氏の歴代の菩提寺《ぼだいじ》で、その住持職《じゅうじしき》を安堵したものである。

ただ、これ以後、高広に直状はなく、書状だけの発給となる。直状（書下《かきくだし》とも）は、本人が花押《かおう》を据え、「状如件《くだんのごとし》」で結び、年月日を記入する、武家文書の基幹文書の様式で、所領・所職の宛行《あてがい》など主従制（関係）に使われる。書状は、いわゆる手紙で、本人が花押を据えるが、月日だけで、「恐々謹言」で結ばれ、礼状・感状《かんじょう》などに使われる。このことは、当主の権限が制約され、直状を出せなくなることを示している（第四―一参照）。高広は、当初は権限をもっていたが、浅見氏が実権を握っていたことを示そう。

ちなみに、江南の六角氏の場合も同じである（宮島前掲書第四章）。

浅見貞則は、『東浅井郡志』では、『浅井三代記』が忠厚勇略の良将とするのを批判して、尋常一様平凡の人とされる。これはさて置き、浅見貞則の文書には次の二点がある。⑴大永三年一一月晦日付菅浦《すがのうら》惣庄中宛（菅浦文書）、および⑵同一〇月四日付竹生島《ちくぶしま》年行事宛（竹生島文書）である。⑴では、「牢人衆」（上坂氏方の者）が買い取った田畠山屋敷等について、特別に菅浦の詫言を認めている。⑵では、早崎村人足を尾上城の造作のために使う、というものである。ここには、一定度広域的な統治・支配権を行使していることが窺え、浅見氏が京極氏の執権（代行者）となったといえよう。

二　亮政の台頭

北近江の情勢急転

大永五年（一五二五）になると北近江《きたおうみ》の情勢は急展開する。浅井亮政が、浅見氏からその地位を奪取する。この年と推定される神余昌綱《まさつな》が諸国の状況を述べた書状に「江州北郡、浅井・上坂治部《じぶ》以下の牢人、出張せしめ候。京極中書《ちゅうしょ》（高清）も尾張《おわり》より打越され候」（六月二六日付長尾能景《ながおよしかげ》宛、上杉古文書）とあり、浅井亮政と上坂信光等「牢人」が出陣し、高清が尾張より帰国することが見える。浅井亮政が上坂氏と和解した上で、京極高清を担いで、浅見氏を追ったのである。

高清を迎え入れる

浅井亮政は、先の大永三年の「梅本坊の公事」に関わるクーデターでは浅見氏に京極高広を取られて、主導権を握られてしまった。これを奪回するために、仇敵の上坂氏と結び、京極高清を帰国させたと考えられる。また、『東浅井郡志』は、このクーデターの準備に、浅井亮政は小谷城《おだにじょう》を建設し、高清・高広父子を迎え入れる京極丸を設けたとする。

浅井亮政への政権交代

ところで、この浅見氏から浅井亮政への交代、あるいは京極高清の帰国は、亮政の独

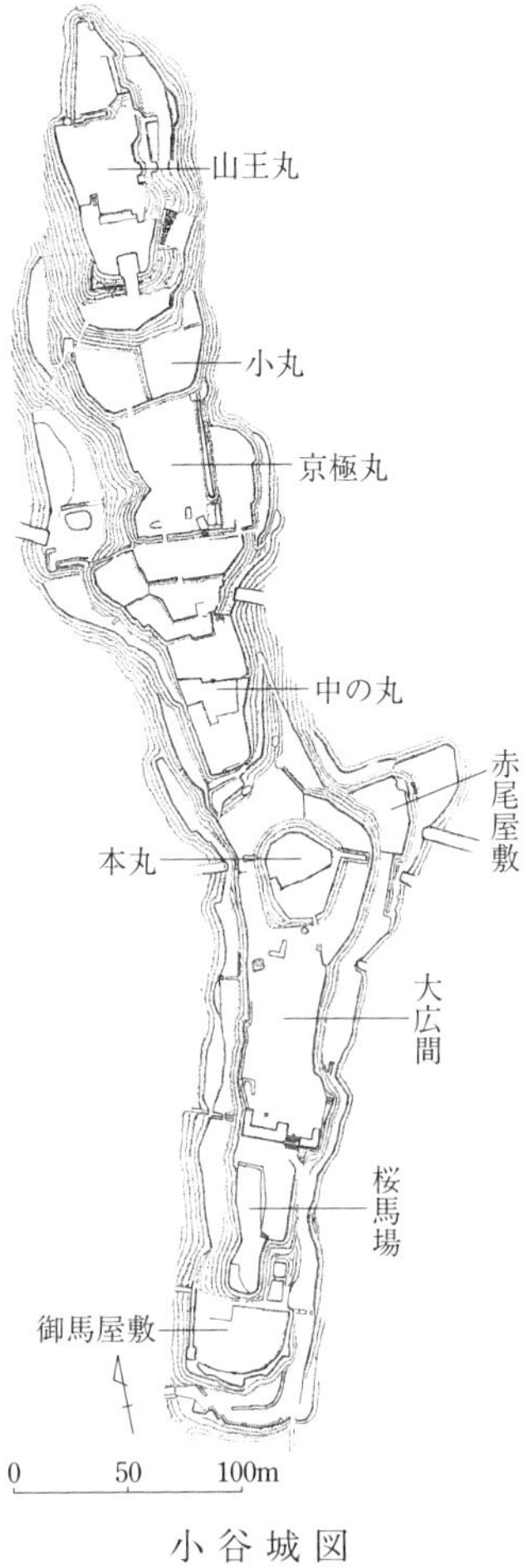

小谷城図

断・単独行動によって進められたのであろうか。京極氏家中での当主および執権の交代は、既述のごとく「国衆」の総意（参集）に拠っていた。今回はそれが見られない。また、先の上坂氏から浅見氏への交代と同様に、江南の六角氏との勢力バランスを崩すことは必至である。

右の神余氏の書状は、続けて「然かる間、去月二四日、六角殿出陣、北郡近辺磯山（米原市）と申す地に、陣居られ候。未だしかじかと合戦はこれ無く候。定めて近日一途あるべく候哉」とする。六角氏が北郡に出陣したが、まだ合戦は行われていない。

亮政と斎藤氏

一方、浅井亮政は、美濃の斎藤氏に書状を出して、「急な一戦に及べば、果てることになる」と訴えている（六月一九日付亮政書状、河毛文書）。亮政の独立・高清の帰国の背後には、美濃の斎藤氏があったことが窺える。特に、京極氏と斎藤氏との関係は、既述（第一―六）のごとく、深い。

六角方の侵攻

果たして、六角定頼は軍を進め、姉川《あねがわ》から下草野、三田村に侵攻し、三田村氏の一部が六角方に降りた。ここで、亮政は、三田村氏惣領の小法師の与力・同名衆に対して「このたび敵へ罷り越され候者の跡の配当の事は、そちらが抱え置かれ、忠節の次第に配分するべきである」と書き送っている（一〇月一七日付三田村又四郎直政宛、三田村文書）。同時に、「今度敵へ行かる人衆」として草野中方・三田村伊賀方など一二名が書き上げられている（同前文書）。

六角軍は進んで、下西村、西村、高山から上草野、野瀬の大吉寺を焼失するに至った（享禄《きょうろく》二年「同寺造営疏《ぞうえいそ》」）。さらに、七月一六日、尊勝寺（長浜市）に陣を移し、小谷城攻撃へと進んだ（七月一八日付朽木《くつき》宛永田高弘書状、朽木文書）。

『二水記』の記述

大永五年八月二九日の『二水記《にすいき》』（権中納言鷲尾隆康《わしのおたかやす》の日記）の記事には、

> 去る暁、細川（高国）被官人江州に合力、諸勢出陣と云々、中書（京極高清）被官アサイ（浅井亮政）城、この間、六角少弼《しょうひつ》（定頼）これを攻める。しかれども今に至るに城堅固なり。結句、国中一揆蜂起す。よって六角難儀におよぶの間、近日たび〳〵合力の勢出陣する也、但し、未だ海を越えず、陣は大津辺にと云々

伊庭貞説の乱

とある。六角定頼は浅井の小谷城を攻めたが、城は堅固で攻めあぐねた。あげくに、六角氏の膝元では「一揆」（伊庭《いば》貞説の乱）が起きた。そこで、細川高国に援軍を求め、高国は波々伯部《ほうかべ》兵庫介《ひょうごのすけ》らを援軍に差し向けたが（『実隆公記《さねたかこうき》』八月一三日条）、大津に留まっているとする。この伊庭貞説の乱は七月半ばに起きたようで、八月五日には六角軍が岡山城（近江八幡市）を攻めている。しかし、岡山方の九里《くのり》氏が杉山氏の奮戦で討ち取られ、九

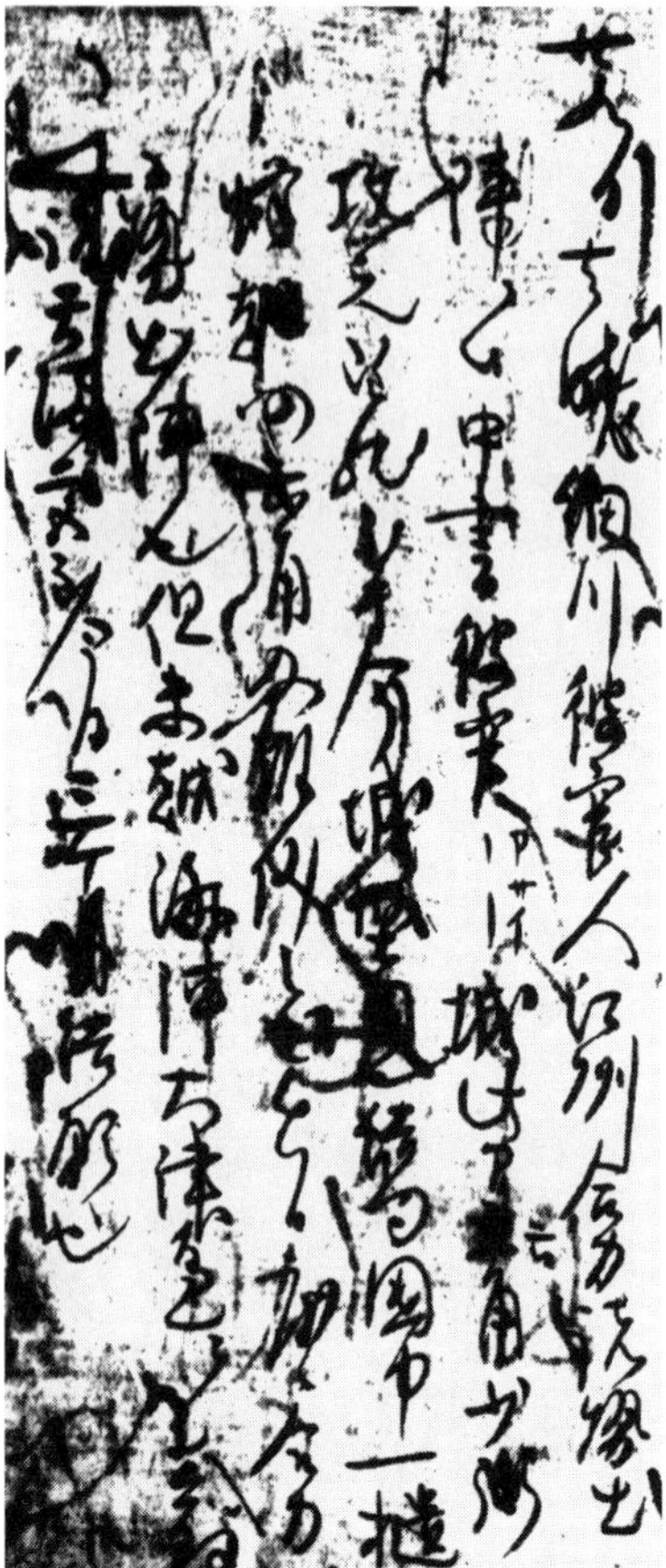

『二水記』大永五年八月二九日条（国立公文書館内閣文庫蔵）

月一六日には貞説は敗れた。

江州南北の和睦

この間、同じく『二水記』は、九月六日「伝え聞く、江州南北和睦すと云々、但し、京勢は未だ陣を開かず」。また、『実隆公記』九月三日条にも「伝え聞く、江州陣落居と云々」とある。六角氏は伊庭貞説の乱によって背後を攻められたことで「江州南北和睦」（京極・浅井方と六角方との和議）・「江州陣落居」（決着）が図られた。『寺院雑要抄』九月四日条に「江州アサイは朝倉太郎左衛門（教景《のりかげ》）手えアツカ（扱）って、これを取る」とあり、越前の朝倉氏の調停・仲裁によったことが分かる。

と同時に「上坂は降参、南方者クノリ（九里）父子は生害（生涯）と云々、ことごとく落居、珍重之由、申事也」（『同前抄』）と、上坂氏は降伏し、伊庭氏の家臣九里氏父子の戦死（九月三日付六角定頼書状、『古証文』）ということで決着したとある。

京極・浅井氏の美濃落ち

ここから、京極・浅井方には上坂氏の復帰があり、彼らは江南の伊庭氏および九里氏と連携して活動していたと考えられる。その連携は美濃の斎藤氏と繋がり、一方で、六角氏は細川高国《たかくに》と繋がっていた。

ちなみに、この和議は仮のものだったようで、「伝え聞く、江州南北郡事、一旦和睦せしむの様、相談すると雖も、遂げるにもってしかるべからず、中書一家（京極高清）は悉くもって没落」（『二水記』九月一九日条）することとなった。

なお、この時、浅井亮政は三田村氏に宛てて軍忠状を出している（九月一九日付、三田村文書）。三田村氏は京極・浅井氏の美濃落ちに際して、殿《しんがり》にあたったと考えられる。

六角定頼は帰陣するが、江北に政令を敷くこととなる（第四—四）。この時期、浅井亮政にとって、北近江を維持することはとても厳しいことであったと言える。

浅井氏と朝倉氏

右に『寺院雑要抄』の記事から、京極・浅井方と六角方の「南北の和睦」は朝倉教景《のりかげ》（宗滴《そうてき》）が仲介したとした。しかし、一般に、この時の朝倉教景の行動は浅井氏支援の出陣とされる。また、教景は小谷の地形を見て、南端の一角に陣し、ここを教景の官途《かんと》・左衛門尉の唐名をもって金吾丸《きんごまる》としたとする。さらには、「以後、朝倉・浅井両氏の同盟関係は強く結ばれ、信長の攻撃で両氏が滅亡するまで、ゆるぐことはなかった」とされる（『東浅井郡志』、水藤真『朝倉義景』）。そして、この浅井氏と朝倉氏との関係が、殊に姉川合戦をもたらす浅井長政《ながまさ》の織田信長《おだのぶなが》裏切りの伏線（理由）として広く理解されている。この理解は正しいものなのか。

教景来援説

「朝倉宗滴の浅井氏来援」説の典拠となったのは、近世の軍記物である『朝倉始末記《あさくらしまつき》』である。しかし、近年、これとは正反対の「朝倉氏は六角氏に味方し、浅井氏の小谷城を攻撃した」との見解が、佐藤圭氏より出された（「朝倉氏と近隣大名との関係について」）。

教景は浅井を攻撃

より信頼できる『朝倉宗滴話記《そうてきわき》』には「四十九歳（大永五年）、江州北の郡大（小）谷七月十六日城責有之」とあり、『朝倉家伝記』には「宗滴為奉行、為六角合力ノ、江州北郡浅井小谷城攻之、浅井以扱出城、越兵掃陣也」とする。また、『古文状』の六角定頼の朝倉勘解由左衛門《かげゆざえもん》（三反崎氏）宛書状写を、大永六年のものとして比定して、「去年（大永五）の教景の長期江北出陣を感謝」しているとする。朝倉方の史料から、教景は六角氏に合力して浅井氏の小谷城を攻めたことが分かる。

これらから、越前から出陣した朝倉教景は、戦法として和議を得意としていたようで（水藤前掲書）、六角氏方にあって仲介の役を任されたと考えられる。

『東浅井郡志』の誤読

なお、『東浅井郡志』はなぜか、その後、朝倉教景（宗滴）が「調停」を求めて、亮政を追って美濃に至ったとする。しかし、同書が引用する朽木文書（九月二六日付香庄貞信書状）の「濃州の儀」により六角定頼が「高野瀬《たかのせ》城（豊郷町）に滞陣」することなどからは、朝倉教景は和議に失敗し、亮政が再来襲することを危惧して美濃に追ったと考えられる。朝倉氏は浅井氏を支援に来たとする前提から導かれた誤読と考えられる。

三　亮政の復帰

奉行人奉書の再開

大永五年の戦闘で敗れた浅井亮政は美濃に逃れるが、京極高清とともにまた復帰する。翌年の大永六年（一五二六）七月七日には、京極氏の奉行人奉書が朝日郷名主《みょうしゅ》百姓中宛に出され、山本金光寺《こんこうじ》領が安堵されているが、これは一六年振りに出された奉書で、以後、

最初の浅井亮政文書

浅井亮政夫妻像（徳勝寺蔵）

継続的に出される（第四―一参照）。

また翌八月二九日には同じく同寺領の安堵を約束した亮政書状が出されている（ともに山本金光寺文書）。両者は同じ内容の文書（安堵状）であり、ここに、京極氏の文書に加えて浅井亮政の文書が必要だったとすれば、亮政の力量・政治力を評価しなければならない。さらに、朝日郷が対象となっていることに興味を引かれる。朝日郷は、斎藤朝日氏の代官の浅見氏が支配していたと考えられるが、上述のごとく、浅見氏は大永三年に浅井氏等により擁立されたが、同五年には亮政が取って代わっていた。なお、浅井氏の文書の初見は同五年からと考えられる（第四―一参照）。

同じく、忍海庄《おしのべのしょう》（長浜市）の代官職を預かる今井氏（秀信）が、大永五年五月からの中断の後、大永六年から「この方知行」としている（『島記録』）。この中断の時期は、右の六角定頼の江北侵攻の時期と考えられる。これらは大永六年に、京極高清・高広父子と浅井亮政が一つの「安定」を得たことを物語ろう。

江南と江北の緊張

一方、大永七年になると、将軍足利義晴《よしはる》は江南長光寺（近江八幡市）にあって、帰洛を目的として、近江の和与《わよ》（和睦）を図る（七月一三日付細川高国宛『室町家御内書案《ごないしょあん》』）。細川高国は、高清に直接に、また多賀《たが》豊後守《ぶんごのかみ》（貞隆《さだたか》）や美濃の土岐《とき》頼芸《よりなり》をもって働き掛けたが、うまく行かなかった。それは、高国が先の伊庭貞説の乱の時に定頼に援軍を送ったからであるとする（『東浅井郡志』）。この説は当を得ていよう。逆に言えば、大永五年の江北侵攻で、六角氏は勝利して帰陣したと理解していたが、必ずしもそうではなく、緊張が続いていたのである。

内保合戦

上坂信光は、大永五年に六角定頼に「降参」していたが、再び京極高慶に与《くみ》したようで、享禄《きょうろく》元年（一五二八）八月兵を挙げる。高慶は河内《かわち》城（米原市）にあったと考えられるが、姉川の北、内保《うちぼ》河原（長浜市）にて、京極高広と対峙する（内保合戦）。この戦いで、高広方では多賀政忠《まさただ》等が没し、高慶方では若宮藤右衛門尉が鐙傷を被り、配下の者（「手の衆」）が討ち死にしている（九月一一日付高慶書状、若宮文書）。

京極高慶の活動

なお、京極高慶は、同三年一二月二〇日付で、大原観音寺（米原市）の本尊への正月節会の寄進安堵状を出している（同寺文書）。これは六角定頼の意を受けたものと『東浅井郡志』はするが、高慶独自の奉書である。

奉行人奉書の広がり

その一方で、京極高清父子は、享禄二年四月五日、奉行人奉書をもって、竹生島の訴えを認めて、鵜飼いに関わる「安養寺より早崎への道の堀切り」を禁止している（竹生島文書）。また、同年一〇月二日奉行人奉書は、長福寺の坊地を上平寺に安堵している（上平寺文書）。この時点で、京極高慶が支配していたのはごく限られた地域だけだったのではないのだろうか。

四　箕浦での敗北と再起

将軍義晴の下に亮政を派遣

享禄四年正月下旬から、京極高清父子は、細川晴元《はるもと》の誘いにより、浅井亮政を将軍足利義晴がいる高島郡に派遣した（『二水記』『若狭記《わかさき》』）。これにより、義晴は、朽木から葛《かつら》川《がわ》、さらに滋賀郡堅田《かただ》を経て坂本に移った。これは、六角定頼が義晴方であることへの対抗であり、細川氏の内紛（晴元と高国）とも関わることとなる。大永五年に細川高国が定頼に援軍を出したことも背景にあろう。

細川晴元による三月七日付の安養寺・渡辺・小之江氏等に宛た書状（感状）があることから（小江神社文書）、高清は、亮政ばかりではなく、彼らも晴元の援軍として出したと考えられる。

箕浦合戦の敗北

そして四月六日、「箕浦《みのうら》合戦、浅井氏は敗北し、六角定頼が勝利を得た」（『長享年後畿《ちょうきょうねんごき》内兵乱記《ないへいらんき》』）とある。箕浦（米原市）で、浅井氏と六角氏との合戦があったことが分かる。

記事はこれだけだが、翌五月、将軍義晴は、福井千代松に宛てて「去月六日、三浦（箕浦）の今井館に於ける合戦のとき、構口において数人鑓付く」として感状を出している（五月一日付御判《ごはん》御教書《みきょうじょ》『室町家御内書案』）。

また、六角定頼の家臣・後藤高雄が杉山藤三郎に宛てて「昨日六日、箕浦河原御合戦の事、敵一人を討ち取り、頸進上」したとして、定頼からの感状が下されるとある（四月七日付後藤高雄書状、『古証文』）。さらに、同じく定頼から、蒲生《がもう》藤十郎《とうじろう》定秀《さだひで》へ「昨日（六日）箕浦河原、同名・被官人が数輩討ち死にしながら、敵を追い崩し、北河又五郎を討ち取った。この外、頸二九が到来したので、太刀一腰を与える」としている（興敬寺《こうきょうじ》文書)。

これらから、箕浦合戦は激戦であったことが知れる。日野町の摂取院『過去帳』に「享禄五年四月六日、北郡における当方合戦討ち死にの蒲生手分」に三〇名が上げられていることでも裏付けられる。

それは、浅井氏方の史料でも窺える。浅井亮政の四月一二日付書状で、三田村直政が手を尽くした功名と数か所の鑓疵をこうむった名誉を称賛し、さらに小法師丸が幼少であることから、三田村一族の結集を求めている(三田村文書)。

高慶の安堵状

ところで、京極高慶が、後(閏)五月七日付で、若宮氏宛に長沢関(米原市)の安堵状を出している(若宮文書)。『東浅井郡志』は、安堵文言の後に、「成敗、北に於いて遣わすべく候」とあることから、高慶が坂田郡南部の統治権を掌握していること、それは六角方に属して勝利の分配にあずかったと推定している。若宮氏がこの時期も高慶方であることも指摘する。

ただ、安堵状の根拠・権限が六角方から与えられたとは考えにくい。この表現を書き加えたのは、関などの統治権は守護が握るのが当然であることからくる、高慶の自己主張と考えられる。

なお、『東浅井郡志』は、この享禄の箕浦合戦について、『浅井三代記』や『浅井軍記』が「地頭山合戦」として説くことを、架空のもの「虚構の小説」として批判している。両書の説は「人口に膾炙している」とするが、近年ではその読者は少ないと考えられること、『東浅井郡志』がしっかり論じていることから、ここでは再論しない。

亮政が六角方に下る

京極高清および亮政は、箕浦合戦で敗北したが、やがてまた回復する。『羽賀寺年中行事』の天文《てんぶん》二年（一五三三）条に「江州南北六角殿・京極殿、天文二年春和睦之義、浅井南へ出頭スト云々、六郎殿（高広）御舎弟五郎殿（高慶）ハ出雲《いずも》国へ御下向ト風聞アリ」と、南北の和解があり、浅井亮政が南（六角方）に下ったことが窺える。この時の状況（和睦条件など）は不明であるが、京極高清・高広父子のもとで江北に安定・「平和」秩序が回復したといえる。

『東浅井郡志』は、「戦うごとに敗れながら、対内的には戦うごとに次第に地歩を占めて来たことは、注意すべき現象なり」としている。興味深く、また鋭い指摘である。そして、同書は、亮政が「巧みに江北諸士の敵愾心を利用して、己の統一の業になした」ことによるとする。組織論として、対外的な緊張は、その組織への結集力を高めることは周知のことであろう。

浅井氏は巧みで不思議な存在

浅井亮政花押

これまでの経過から、浅井亮政は、京極高清・高広父子に従いながら、江南の六角定頼、また美濃の斎藤氏、越前の朝倉氏、さらに将軍義晴、細川氏等の「力関係」のなかに存在したことは事実である。と同時に、当時の合戦のもつ意味（第一―四～六）と「国衆」領主（代官）と地域社会（百姓・村落）との関係（第一―七・八）とを再考・再構築して、当時の社会秩序・論理のあり方から、この浅井氏の巧みな・不思議な存在を捉えるべきであると考える。端的に言えば、それは「地域」（国衆）の論理を浅井氏が体現したということになろう。

亮政、京極家の執権となる

それはさて置き、『東浅井郡志』は、亮政が「名実ともに京極家の執権として江北の庶政を専らにしたのは、天文三年の頃」とする。その論拠は、まず亮政の発給した文書に関してである。これ以前の文書は戦陣に関するものか、私事に関するもののみで年号がないが、この年から安堵状が出るとする。その例として、⑴天文三年一〇月一一日付玉村大蔵坊宛、⑵同年一二月一六日付成菩提院《じょうぼだいいん》宛、⑶同日付大原観音寺宛を上げる。

また、成菩提院（米原市）の『年中雑々 並《ならびに》 法度同校割』の天文三年の「歳末巻数《かんず》之事」の記載に注目する。ここに御屋形（京極高清）、錦織殿（「近年は大津右京亮《うきょうのすけ》〈秀澄《ひでずみ》〉」とともに、山城殿（箕浦山城守）と浅井殿へは添状をもって、しかも浅井氏には奏者（浅井弥十郎）へも「巻数」（祈禱《きとう》目録）を送っていることを指摘する。同じく、「正月礼之事」では浅井と山城に二〇疋が遣わされている。成菩提院は坂田郡の有力寺院であり、浅井氏はその存在・社会的地位を承認されたといえよう。

さらに、同年に亮政が発給した大浦上庄の「条目」、および京極高清・高広父子を迎えた「小谷での饗応」をあげる。なお、この『東浅井郡志』の見解は、研究者の間でも、およそ受け入れられている（横山晴夫「戦国大名の支配権力の形成過程」）。

五　小谷の饗応

高清父子を饗応

天文三年八月二〇日、浅井亮政は小谷の宿所に京極高清・高広父子を饗応《きようおう》した。「天文三年浅井備前守《びぜんのかみ》宿所饗応記」としてその記録が残る（『続群書類従』巻六三、なお、宮内庁書陵部写本の閲覧により、『東浅井郡志』による塙保己一《はなわほきいち》校注の批判に従う）。

その構成は、「一御座敷之次第、一御献立、一御肴之次第、一進物之次第、一御能之次第、一進物並被下御太刀以下申次人衆之次第」で、「御座敷之次第」は図面として着座の位置を示す。

前近代社会において、家臣が主人を饗応することは、極めて重大な儀式であり、政治的なイベントであったといえる。室町将軍の場合、一般的には、午後二～三時頃に到着、翌日午前一〇時ごろに帰還したとされる。長時間にわたることだけをとっても、大変な「接待」であった。ここではその様子・「政治的」な意義を考察しよう。

「御屋敷」の様子

さて、座敷には二間の床押板《とこおしいた》（床の間の原型、作り付けの机）があり、その壁に三つの掛け軸が懸かる。中央は月見の布袋、左右は梅と水仙。押板の上にも三つの花瓶が飾られ、心《しん》には松が生けられた。これは山田越中守清氏が立てた。また、座敷の西の広縁の末に座敷への酒の癇をするところが設けられた。

座敷の奥には小座敷があり、一間の押板にも布袋の掛け軸と花瓶が一つ置かれた。重棚《かさねだな》（違い棚）の上段には嗅（聞）香炉が盆の上にあり、中段にはうがい茶碗が台に座り、下段には鉢に石が置かれた。部屋の隅には茶湯の用意がされた。小座敷の奥に高清父子がくつろぐ場所があった。

酒礼

宴は「式三献《しきさんこん》」の酒礼から始まり、「献酒―湯漬―酒宴」と進む。式三献は、酒肴や吸い物を出して盃を客に勧め三杯飲ませることを三回繰り返す。献酒は一七回設定され、当日は一五まで進んだ。

献立

「御献立」は、湯漬が本膳から五膳まで、菓子が九種。本膳には、塩引（塩魚）・ふくめ鯛（鯛のデンブ）・焼物（鮭）・あえまぜ（イカとカツオを削ってまぜ、酒にひたしたもの）・香の物（みそ漬け）・蛸・蒲鉾の七種が出た。

御能

「御能（演能）」が儀式・祭礼に不可欠なものであることは言うまでもない。ここでは、近江山科《やましな》の宮王太夫《みやおうだゆう》の一座により、一番弓八幡、以下、十五番行われた。

進物

宴の主題は「進物」（贈答の交換）である。酒宴のそれぞれの杯献上の時に、進物と下賜（下用）がある。浅井亮政が御屋形（高清）に献上したものは、「式三献」の時が「太刀一腰、馬一匹」で、この時の申次は大津若狭《わかさ》守清忠であった。「初献」では「御引合（檀紙）十帖、御小袖三重」が献上され、申次は山田越中《えっちゅう》守と大津又四郎秀信であった。三献の時は「御具足」、五献、七献、九献、一一献、一三献、一五献にそれぞれ太刀や段子・香合などが献上された。御曹司（高広）へは初献、三献、九献に太刀や馬・小袖が贈られた。

また、三献と九献には浅井新三郎明政《あきまさ》から御屋形へ太刀二腰と馬一匹が贈られ、一一献目には猿夜叉《さるやしゃ》（後の久政《ひさまさ》）からも御屋形へ太刀が贈られた。なお、両者から高広への献上進物はなかった。

一方、御屋形から浅井亮政へは、式三献の時に太刀と馬が、三献では太刀、九献腰物と太刀、一三献では半太刀が下された。また、明政と猿夜叉にはそれぞれ太刀一腰が下され、御曹司からは亮政に太刀一腰が下された。

献上・下賜の作法

ここで、進物献上・下賜の際の「作法」が問題となる。「湯漬け」が済んでお茶が出て後に「進上の馬をご覧」があり、「座敷の末の縁より一間ばかり上に座を設け、御一家衆も縁に出、各々は庭に降り、多賀豊後守貞隆は太刀を持って、御座所の前の左の縁に伺候した。簀川与次が馬の口を取り、左右三方をお目に掛けた」という。

また、初献の「引合」の進上の場合は、「持ちて参り御座敷に置く。亭主（亮政）御礼を申して以後、引合を御座敷の押板の右の方に置く。御目にかかる時は横に置く。押板には縦に置く也」とある。同じく、具足の時は、藤堂備中守《とうどうびっちゅう》と大津若狭守が申次《もうしつぎ》となり、「御座の左の方に、面を御前へ向けて置きて、両人罷り立つ。御酒を聞こし召され、御盃を浅井に下さる。同じく御太刀をも下さる也。浅備（亮政）盃も、と定めて以後、前の両人罷り出て、御具足を奥の御座敷へ持参候て、南向きに置く也」とある。

そして、逆の御屋形より下賜の場合、「式三献」の時には、「御三盃二ツ目を浅備に初めてなさらる也。御酌も御提も三人かわりて仕る也。御酌初め藤堂、二山田、三大津、初かたの御酌も加えて罷り出る也。二三は申すに及ばず、加ゆる也。三ツ目の御盃給る時、御太刀、折紙同前に持ちて罷り出、遣わす也。上の手を添えられ候て、遣わせられ候也。亭主（亮政）頂戴あり、御盃と御太刀を持ちて、罷り立たる也、御盃を給うに参る時、主の前の引きわたしの肴を持ちて立つ也」とある。

献上品や献立の豊かさ豪華さもさることながら、献上の際の「申次」のあり様など、いかにも格式ばって、厳格に行われたことが窺える。

将軍御成りを参考

この饗応が浅井亮政によって初めて企画された出来事とは考えにくい。将軍の御成りを参考にしたと考えられる。また、浅井氏以前に京極氏の執権となった上坂氏がどうしたかは重要な問題であるが、不明である。ただ、今回の規模などはやはり特別で、特筆されたものと考えてよいだろう。以後、浅井氏もこのような饗応をしていない。

主従の序列

さて、右のごとく、饗応の「作法・次第」は儀礼そのもので、あくまで御屋形・京極高清父子が主客であり、浅井亮政が亭主として接待している。また、御座敷にある者と「近習衆、外様衆」が書き分けられており、さらに「御帰の時、浅備（浅井亮政）門外にて又御酒あり」とする。そこには越え難き主従の序列が窺える。

無論、饗応に事寄せて高清父子を招いて捕らえ、京極丸に押し込めた（『浅井三代記』）などは荒唐無形の話である。京極高清父子は長浜の神照寺に帰館したと考えられる。

浅井氏の地位

この小谷城の饗宴を、高橋昌明氏は「浅井氏こそがいまや湖北の守護家京極氏にもっとも信任された存在であり、またそれを支える最有力の支柱であることの、内外にむけてのデモンストレーションであったに相違あるまい。宴席に出られない京極氏の近習・外様衆も、座敷の次の間で同じく湯漬をふるまわれたが、別の場所での食事に浅井氏との距離の開きをかみしめる国人・土豪達も多かったことだろう」とする（『湖国の中世史』）。

小和田哲男氏も同じく「そこには、浅井氏の置かれていた位置・地位、すなわち、他の国人との同盟・国人一揆の中心にたつことによって勢力を伸ばしてきたこと」による「滅亡の日にいたるまで最終的には克服することができなかった関係」があり、「一揆の盟主たるの地位をゆるがぬものとする不断の努力」が必須となる。それがこの饗応であると位置づける。

饗応の意義

浅井氏にとって、京極氏饗応は大きな意味をもったことは間違いない。それは浅井氏と京極氏との関係・距離観（序列）の確認、それを地域社会・殊に他の国人や自己の家臣被官に示すために行われたことは、論を俟つまでもない。

ただ、問われなければならないのは、両氏が推測する浅井氏と「別の場所での食事に……開きをかみしめる国人・土豪達」「他の国人との同盟・国人一揆」との関係、また亮政が「もっとも信任された存在」「最有力の支柱」であったかどうかである。それは饗応の参加者（「御座敷」の者および「近習・外様衆」）と饗応が地域の行事となったかの問題である。この饗宴に同盟・国人一揆を結ぶ「対等」の国人・土豪達は招かれたのだろうか。この饗宴は、京極氏と浅井氏との枠を越えて、「地域」の行事として執り行われたのだろうか。

饗応の参加者

「御座敷」の者は、京極高清父子と浅井亮政の他は、(a)「殿」が付けられた加賀守（池尻〈加賀〉政勝《まさかつ》〈清忠《きよただ》〉）、加賀（池尻）五郎勝成《かつしげ》・黒田四郎佐衛門尉宗清《むねきよ》・岩山民部少輔《みんぶのしょう》・高橋兵《ひょう》部《ぶ》少輔清世・碧潤斎《へきじゅんさい》・永徳院・宗呑《そうどん》の「一門・一家衆（一族）」、および(b)熊谷下《くまがいしも》野《つけ》守直房《なおふさ》・多賀豊後守貞隆・河瀬九郎左衛門尉・河瀬新六・下河原宗兵衛尉・大津若狭守清忠《きよただ》・山田越中守清氏《きようじ》等の有力国人・家臣である。

京極氏の中核

(b)のうち、大津・山田氏は、大永年間から天文五・六年まで「京極氏奉行人奉書」の連署者・発給者であり、この饗応では「中次」でもあり、京極氏権力の中核の人物である。下河原氏は前期の奉行人の家柄である。後述のごとく、上坂氏は京極氏に奉行人奉

御屋形様（京極高清）
初献ざうにより御出 御ゆつけにハ無御出也
熊谷下野守（直房）
黒田四郎左衛門尉殿（宗清）
岩山民部少輔殿
宗吾
多賀豊後守（貞隆）
浅井備前守（亮政）
大津若狭守（清忠）

御書司様（京極高広）
加賀守殿（池尻加賀政勝清忠）
永徳院
加賀五郎殿（池尻加賀勝成）
高橋兵部少輔殿（清世）
碧潤斎
下河原宗兵衛尉（宗泰斎）
河瀬新六
山田越中守（清氏）
河瀬九郎左衛門尉

宮王座中之残人衆ハ悉く次の間にて御座敷のごとく御湯漬以下給也

近習衆
外様衆

宮王与四郎
教阿弥
宮王太夫
九献目より被召出

熊太夫
宮王三郎
小法太夫

広縁

小谷饗応座席図面

浅井氏の対抗勢力

書の発給を否定したが、浅井亮政はこれを否定していない。天文末期まで発給される。

また、熊谷直房・多賀貞隆・河瀬九郎左衛門尉・河瀬新六・下河原宗兵衛尉等は、浅井氏にとっての対抗勢力であった。熊谷氏は武蔵国熊谷《くまがや》郷に起きた熊谷直実《なおざね》の末裔で、塩津・今西庄の地頭職を与えられ、「幕府奉公衆」の熊谷直盛、満実《みつざね》、直保、直泰に繋がるところの、湖北では伝統をもつ最有力国人である。また、多賀貞隆は侍所《さむらいどころ》所司代《しょしだい》の家柄であることは既述した。河瀬九郎左衛門尉・河瀬新六は河瀬（彦根市）に本拠を置く、京極氏の代々の有力家臣であり、多賀氏と同郷・縁戚関係にある。

そして、「御座敷」における亮政の位置（座）はまさに京極氏権力内での序列を示していると考えられる。

浅井氏被官

この他に「申次」などに藤堂備中守、石川筑前《ちくぜん》守、簀川与次等の名がある。簀川修理《しゅりの》亮《すけ》は大永五年の亮政書状に使者として、石川筑前守は湖北町朝日庄を本拠として「大原観音寺文書」の寄進状（無年号十二月七日付）に見え、藤堂は藤堂高虎に繋がると思われる。彼らはいずれも、浅井氏の家臣・被官である。

近習衆・外様衆

さて、次の間の「近習衆・外様衆」とはだれか。「近習衆」は京極氏近習であり、「外様衆」も京極氏から見て外様となろう。「浅井氏家臣・被官」とはないことから、この

「外様衆」はこれまで浅井氏を推戴した「国衆」、一揆した土豪・地侍、国人たちと言うことになろう。彼らがこの饗応に控えていたということは、極めて大きな意味を持つ。ここには、京極氏と浅井氏という二大勢力が「対峙」していたといえる。

北近江の「下剋上」

すなわち、この饗応は、浅井亮政（とそれを支える「国衆」）が、京極氏権力内において政治的地位の平和的な「承認・確保」（権限委譲）を可視的に演出した「儀礼の場」であったと言えよう。これまで、何度かの合戦において「活躍」してきた浅井亮政はここで初めて「承認」されたのではないだろうか。それは北近江における新たな地域社会秩序の成立（「下剋上《げこくじょう》」）と言える。

私は、戦国期における新たな勢力、戦国大名の「誕生」として、このような事例を知らない。これまで、戦国期の下剋上社会では一族の内紛・合戦、時には親兄弟を追放・殺害するなど「暴力・実力」をもって権力を手に入れていた、あるいはそのような社会と考えてきたのではないだろうか。

多賀氏の離反

ただ、この饗応（新たな秩序）は、必ずしも江北の武家社会に受け入れられたわけではない。この年の冬、ここに着座していた多賀貞隆が六角定頼に付いた。

これに気付いた京極高広は、浅井亮政とともに、翌天文四年正月一〇日、下之郷（甲良町）の貞隆の館を襲った。しかし、隣郷の有力国人今井氏が貞隆に加勢した。高広・亮政方はこれにより敗れ、海北《かいほう》善右衛門尉と雨森《あめのもり》弥兵衛門尉が敗死した。

多賀貞隆は今井氏の扶持を約束し、「観音寺」（六角定頼）へ報告した（正月一二日付今井秀隆・島秀安宛書状、『島記録』）。そこで、六角定頼は、二月一八日に北へ出兵した。長命寺から陣僧が呼ばれ、船奉行大塚八郎右衛門が薩摩浦（彦根市）へ兵糧を運んだ。今井氏の軍は、霊仙《りようぜん》（芹谷、多賀町）に至り、堀氏の鎌刃《かまのは》城、多賀畑、平野館（梅ケ原、以上米原市）を放火した（『島記録』）。この地は、天文二年に今井秀信が没落して、奪われたところである。今井・島氏が南（六角）方になったのはこの時で、以後、南北の形勢を見ながら戦国の世を生き抜いて行く。その史料『島記録』は極めて興味深い。

浅井氏と本願寺

これに前後して、浅井亮政は本願寺と係わりを持つ。この頃、細川晴元と本願寺とは対立し、天文四年、両者の和議が計られる。この時の『天文日記』に「浅井の申すことには、……一和の儀（和議）も案内なく候、此方（本願寺）の儀も浅井馳走のゆえ無事候、また浅井方の事も此方の入魂により無事候」とある（天文五年正月二七日条）。これらの詳細は窺えないが、六角定頼が晴元方であったことに係わろう。浅井氏が戦国期の中央政治史の世界に顔を出してゆく起点となったと考えられる。

六　佐和山合戦

高清の死

天文七年（一五三八）、京極高清は七一歳で没する。上平寺に葬られ、梅叟宗意、環山寺殿とされた。同年九月一六日の京極氏奉行人奉書に「環山寺殿様御菩提《ぼだい》を弔い奉《たてまつ》るべし」とあるので（杉本坊文書）、この時には死去していたことは確実である。『天文日記』などから正月九日と推定される（『東浅井郡志』）。永正一四年二月一六日との説も見られるが、近世の軍記物の『浅井日記』や『浅井軍記』によったもので、信頼できない。

京極高慶の挙兵

これにより、京極高広が家督を継いだ（初名高延《たかのぶ》、後ち高明《たかあき》、高広改名は家督継承によるか）。またこれにより、京極高慶が六角定頼と図り、兵を挙げた。同年三月のことである。上坂治部定信・浅見次郎・下坂三郎・大谷和泉《いずみ》守・新庄式部丞《しきぶのじょう》長信・若宮藤三郎等が集合した。一方の高広方には上坂次郎九郎・下坂四郎三郎・若宮左衛門大夫等が従った。上坂・下坂・若宮氏等が同族間で戦うことになるが、戦国期の所領・所職の確保・安堵の習いである（第一—四・五参照）。

佐和山城合戦

合戦は佐和山城《さわやまじょう》（彦根市）争奪として行われた。三月二七日、多賀氏の一族の二階堂小四郎が若宮弥左衛門尉を討ち取る（定頼書状『古証文』）。四月二八日に将軍義晴より六角定頼に御内書が下され（『大館家御内書案』）、五月一八日定頼と初陣となる子の義賢《よしかた》および大原・平井・進藤ら六角氏有力国人に、本願寺より贈物があった（『天文日記』）。

京極高広は退く策をとった（同前日記）。ただ、上坂助八は五月五日、上坂表（長浜市）で戦い、鑓疵をうけた（高広書状、上坂文書）。なお、高慶方の新庄直寛は、義晴の命で出陣し、伊吹山麓で討ち死にしている（五月八日）。

落城

こうして、五月二三日に佐和山城は六角方に落ちた（『親俊日記《ちかとしにっき》』）。さらに、一隊を太尾城《ふとおじょう》（米原市）に、一隊を鎌刃城に向かわせ、六角定頼は磯山（米原市）にいた。堀氏が守る鎌刃城攻撃は、島安秀を名代にした今井氏一族に命じ、六月四日にここを落とした（同前日記）。これらの城攻めで、多数の死者を出したことが『長命寺念仏帳』に窺える。

六角軍の江北侵攻

六角軍はさらに江北への侵攻を進める。高慶は箕浦に出陣し、鳥羽上《とばかみ》（臥龍山《がりゅうやま》）城を攻めた。ここを、京極高広の一族黒田氏と姻戚関係にあった荒尾氏が守った。八月四日、高広は荒尾新七郎に宛てて、淵本又八を討ち捕らえたことをもって感状を与えている（百々《どど》文書）。

六角定頼らは、八月末には長沢（米原市）を本陣にして、神照寺（長浜市）に京極高慶、七条（長浜市）は進藤氏、八条（長浜市）は高野瀬氏と山崎氏、楞厳院《りょうごんいん》（長浜市）には永田刑部・目賀田《めがた》氏・池田氏・後藤高雄、八幡（長浜市）に三井氏と平井高好、平方《ひらかた》（長浜市）に下笠・楢崎《ならさき》・三上氏、今川（長浜市）に三雲定持、田村（長浜市）に永原氏、口分田（長浜市）に上坂定信、箕浦（米原市）に佐々木田中・横山・山崎殿と馬淵《まぶち》氏、能登瀬に堀遠江守、太尾（米原市）に永田伊豆守と佐々木能登殿を配置した（朽木《くつき》文書）。江北の坂田郡の奥深くまで入っているといえる。

六角軍の陣形

前衛（京極高慶・上坂定信）―中軍（永田・目賀田・池田・後藤・三雲）―左右の翼（進藤と三井・平井を主に、高野瀬・山崎と下笠・楢崎・三上とを客とする二段備えとした）―本陣（総帥、永原が前駆け）―後衛（田中・横山・山崎・馬淵を中心に、堀を天野川の不慮に備え、永田・能登を太尾城にて退却に配慮した）とする。

『東浅井郡志』は「堂々として用意周到なる陣形であり、六角定頼の武略を窺うことができる」とする。私には、東西四キロ、南北九キロで、延びきった感じがする。と同時に、「一揆的」な配置と考える。それは、それぞれの陣が諸所に離れ、諸氏がそれぞれ独立しているからである。なお、これに対して北（京極高広）方の「備え」は不明である。

六角方の勝利

さて、『鹿苑日録《ろくおんにちろく》』に「種村方の注進によれば、北郡と（九月）一二日に合戦があり、

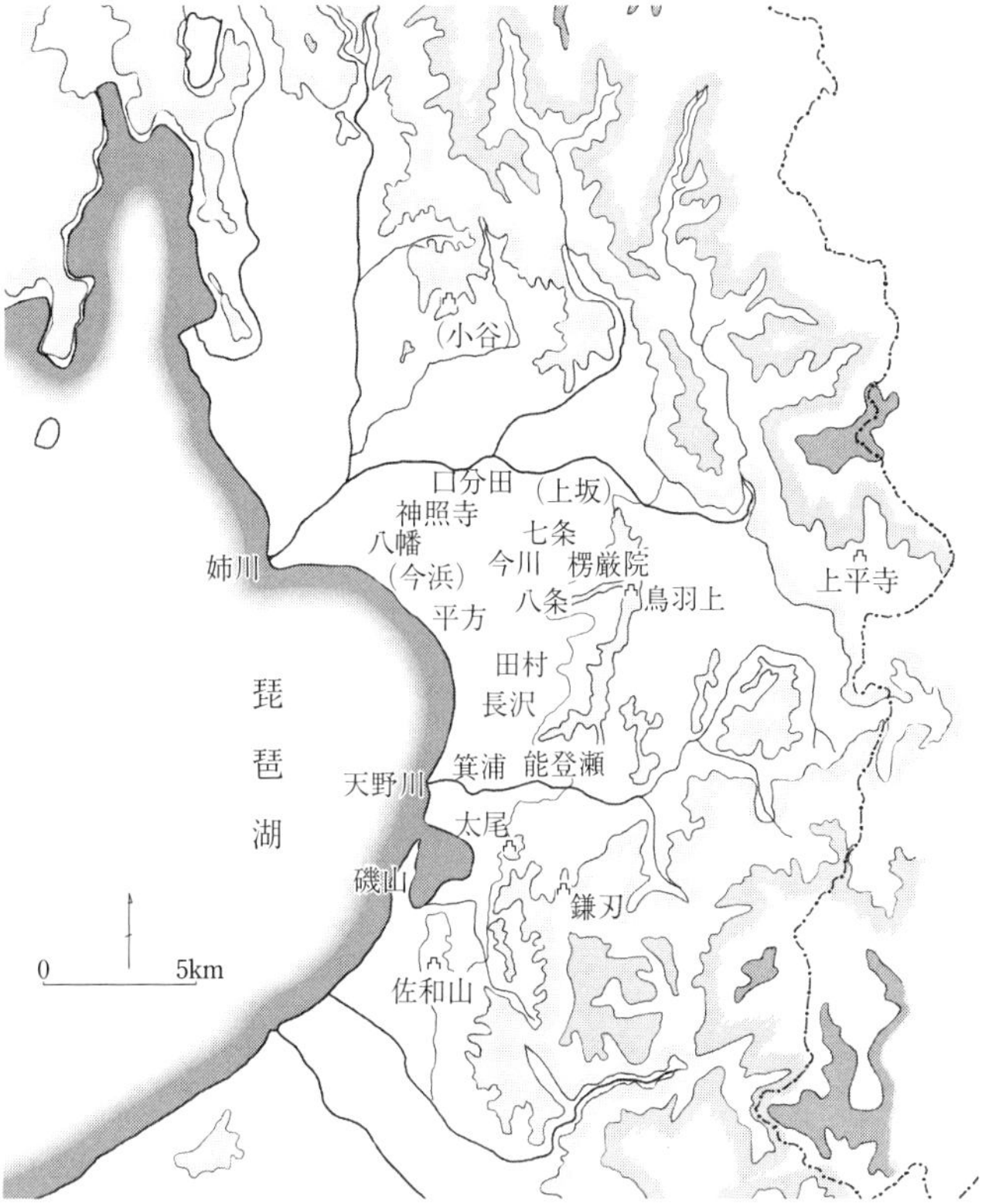

天文7年，六角定頼・長沢陣形

勝利を得て、しかして、小谷里の所々を放火。浅井は小谷山城に退き籠もる」とある。また、同書の九月一六日条には、南方の勝利が確定して、「六角定頼は、京極高慶と上坂定信とを江北に置いて帰陣した」とあり、『天文日記』に高慶に宛てた戦勝祝賀状が載る。なお、これに関連して、大原高保に大原庄が戻された（七月八日付水原氏家書状、大原観音寺文書）。

ただ、残念なことに、具体的な講和条件は窺えない。この合戦により六角定頼のもとで近江は安定し、その中で浅井氏もその地位を維持してゆく。

なお、天文九年、若狭武田氏と六角氏（定頼）と京極氏の政略的な婚姻関係が成立した。『羽賀寺年中行事』に「天文九年（武田）元光《もとみつ》之御娘人十七歳、六角殿頼定（定頼）猶《ゆう》子《し》トシテ、七月十七日ニ南都へ御出アリ、其の後、北郡京極殿ノ御上ニ成被申了、南北和睦也」とある。

七　亮政の徳政

徳政の内容

天文七年九月二一日、浅井亮政は「北郡」（江北三郡）に徳政を敷いた（菅浦文書）。その九か条の内容は次のごとくである。

まず、本主に無条件にて返付されるものとして「借銭・借米」（第一条）、「年季本物返」（第三条）、「諸講ならびに頼子」（第四条）、「売り懸け、買い懸け」（第五条）を上げる。また、破棄されないものは「祠堂銭《しどうせん》」（第二条）とする。次に、条件付きで破棄するものは「布と金物」で、それぞれ一年と二年の年期を付ける（第八条）。さらに、条件付きで破棄できないものは、「去年、年貢を蔵方（浅井家）に納めた土地の貸借売買」（第二条但し書き）を上げる。

独自性

そして、借書を売券《ばいけん》にした借物（第二条）、預かり状で利子を加えるもの（第七条）、徳政破棄文言がある借状（第九条）は破棄するとする。さらに第六条では敵対するものでも降参したものは味方と同様に適用されること、敵方より借物した族で後返済したならば敵に内通したものとして処罰されるとしている。これは特異で、他に見られない。

ところで、この徳政はどこまで浅井氏の独自のものか。同年同月二三日の永源寺宛の六角氏奉行人奉書は「国中徳政と雖も、祠堂銭の棄破はない」としている（同寺文書）。この「祠堂銭の棄破はない」とするのは亮政の徳政の第二条と同じであり、しかも六角氏が「国中徳政」とする。そして、前節のごとき、この年の六角氏の北近江侵攻、浅井氏の敗北という状況からは、この浅井亮政の徳政は六角氏の徳政を受けたものと考えられる。ただ、六角氏の徳政の全体像が明らかでないこともあるが、第六条の存在からは、六角氏の徳政をそのまま引き継いだものとは考えられない。

八　京極高広との確執

高広の挙兵

天文一〇年四月三日、京極高広が挙兵する。「浅井備前守（亮政）の働き、連々、是非無きにより、かくのごとく相働き候」と高広は、浅見新右衛門尉に書状している（林文書）。浅見新右衛門尉の父浅見知忠は内保合戦で、高広方で戦死している。また、この文書の使者は箕浦次郎であり、『天文日記』からは高広方に上坂次郎九郎、箕浦兵部少輔が付いたことが分かる。また、同じく亮政方には浅井五郎兵衛秀信が付いたとする。

この合戦の勝敗および主戦場とも判らないが、『長命寺過去帳』から「四〇人北郡で死人」の記事を拾うことができ、高広は、六月七日付で、上坂助八に宛てて、当目《とうめ》（長浜市）で首一つ討ち取ったことを賞している（上坂文書）。大きな合戦であったと想定できる。

合戦の原因

この合戦の原因・背景は何であろうか。これまで、浅井亮政と京極高広はいわば一体であり、高慶と六角定頼が共通の敵であった。高広のいう「浅井亮政の是非無き働き」とは何を指すのか。直接にこのことを示す史料は存在しないが、私は、天文七年の敗戦とその時の和議条件に関わる「不満」と考える。この敗戦・和議で、高広の地位および亮政と高広との関係が具体的にどのようになったかは不明であるが、少なくともその時、浅井亮政は六角定頼に降りたからである。

亮政と六角氏

なお、『東浅井郡志』は、天文七年の敗戦後も、依然として京極高広と浅井亮政が江北を握っていたとする。その証左として、高広が九月一六日に奉行人奉書を出して高清の菩提を弔うことを命じていることを上げるが（杉本坊文書）、これは京極家の問題であり、当たらない。同じく、浅井亮政による下坂庄代官職給与（一〇月一〇日付法印宣賢書状、下坂文書）を高広の指示によるとするが、六角定頼の指示と考えて問題ない。さらに、天文八年閏六月、鹿苑院が浅井亮政に寺領の新井（新居《にのい》、長浜市）の返付を求めて果たされなかったので、六角定頼にこれを求めたが、亮政はこれを無視したことを指摘する（『鹿苑日録』）。この例では、亮政が定頼を無視したかどうかはまったく不明で、逆に、亮政の行動が定頼に訴えられているのであり、亮政が定頼の配下にあることが言える。

徳　勝　寺

天文七年の敗戦以降、少なくとも亮政は六角定頼のもとにあって、その地位を維持し、同一〇年四月、京極高広は亮政と別れたと言える。

亮政の死

天文一一年正月六日、浅井亮政は没する。徳昌（勝）寺（旧小谷城下、現長浜市）に葬られ、法名は救外宗護（梅屋和尚の像賛、徳勝寺楊巌の款状、墓石など）。なお、『浅井三代記』などが「五三才、天文十五年七月一七日逝去、死骸は在所丁野に葬る、救外寺殿英徹高月大居士」とするのは間違いである。

『東浅井郡志』の亮政評

『東浅井郡志』は亮政の人物・信仰について、徳昌寺開山龍山和尚への帰依・参禅、真言宗の惣持寺への参籠、時宗の蓮華寺の再興、清水寺の回廊寄進などを上げる。また、その性格を「勢剛毅厳正」「戦ふ毎につねに敗るゝも、尚最後の勝利を期する希望を失わず」「弾力性と粘着性の強き意志はあらゆる困難と障害とを征服して、終に能く江北統一の大業を成せり」など最大限の賛辞を贈る。また、武略についても、「一方能く士に下り衆を容る、と共に、他方能く郡雄を駕馭し、其の従ふを扶け、従はざる者を挫きて、以て統一の業を成せり」とする。

第三　浅井久政の時代

一　久政の家督相続

天文《てんぶん》一三年（一五四四）四月六日、浅井久政《ひさまさ》は、徳昌寺において浅井亮政《すけまさ》の三回忌法会を営んだ。ここに久政の家督継承を確認できる。しかし、この家督相続に際し、浅井氏に内紛が見えないのは不思議である。なぜなら、亮政の子には多くの子女があり、久政は嫡男ではないからである。

亮政の後継者

浅井亮政は庶家直種《なおたね》の子で、惣領《そうりよう》家の直政の娘蔵屋の聟として養子に入った。この蔵屋が生んだ女子に鶴千代があり、この鶴千代に姻戚の海津《かいづ》の田屋氏より明政《あきまさ》を聟に迎えていた。

新三郎明政

この新三郎明政が亮政の後継者であったことは、「政」を通字として得ており、殊に天文三年の京極高清《きょうごくたかきよ》父子を迎えた「小谷《おだに》の饗応《きょうおう》」において明らかである（第二―五参照）。

この時、既述のごとく、明政は三献と九献に御屋形（高清）に太刀二腰と馬一匹を贈ったが、久政（この時猿夜叉《さるやしゃ》）は一一献目に太刀を贈った。年齢もあるが、扱い・地位の違いが明確である。またその前年には、鶴千代は明政の「武運長久・家門繁昌・福寿増長・心中所願・悉皆満足」を祈念して、竹生島《ちくぶしま》に田地を寄進している（竹生島文書）。

明政の実力

より重要なのは、本願寺が亮政の香奠《こうでん》を明政に宛てて送っていることである（『天文日記』三月四日条）。さらにまた、天文一一年正月二一日の八木《やぎ》三郎左衛門尉宛の菅浦村《すがのうら》おとな衆等連署証文は、「新三郎（明政）様より公事舟を仰せ付けられたが、菅浦が等閑視したので、処罰されるところを八木の斡旋で事なきを得た」ことを感謝したものであるが（菅浦文書）、ここに、この時点での明政の実力が知られる。しかし、明政は家督を継がなかった。後年、明政は小谷城中にあって「大殿」と称したとする（『徳昌寺授戒帳』）。

政弘の早世

なお、亮政には先に新四郎政弘《まさひろ》があったが、天文四年一一月二五日以前に早世している（『同前帳』）。

虎夜叉

亮政にはもう一人虎夜叉なるものがいる。『徳昌寺授戒帳』の天文六年四月一二日部に「正悦《しょうえつ》　虎夜叉殿　備前《びぜん》（亮政）殿子息」とある。これまでその存在・活動は知られていなかったが、虎夜叉に関わる文書が「井関《いぜき》文書」にある。浅井氏の本拠・丁野郷《よおのごう》に関わるもので井関氏に宛てて、五明《ごめい》（扇子）と巻数《かんず》（祈禱目録）の礼を述べ、「上分三石」を約束する書状である。既述のごとく、丁野郷の年貢「上分」問題は、浅井氏の「所領」として根幹的な部分であり、虎夜叉もしかるべき役割・地位にあったと考えられる。この虎夜叉は『寛政重修諸家譜《かんせいちょうしゅうしょかふ》』の山城守《やましろのかみ》にあたり、その子の宗才童子が永禄《えいろく》六年（一五六三）に早世したところまでたどれる（『同前帳』）。

久政の出自

さて、久政は、亮政と側室尼子《あまご》氏（寿松馨庵）の間に、大永《たいえい》六年（一五二六）に生まれた。幼名は猿夜叉。通称新九郎。尼子氏が二六歳の時の子とされる。天文一一年の時点で、久政が亮政の年長男子であったことは確かである。また、惣領家の直政は天文九年六月には亡くなっている（『天文日記』同月二六日条）。しかし、容易に後継者に決まったとは考えられない。

久政への相続問題

『東浅井郡志』は、この久政への相続は「蔵屋の賢と尼子氏の徳による」とし、尼子氏が竹生島への鉄灯籠、灯明田などの寄進、蓮華会の頭役を勤めたこと、また両者の「姉妹・母子」のごとき関係を述べる。そして、「蔵屋は亮政が之（久政への継嗣）を発表せずして死せし意中を忖度し、明政夫妻に諭して、家督を久政に譲らしめしならん、而して明政夫妻も、亦固《もと》より尼子氏に心服せるを以て、異議なく之に同意したしならん」

とする。また、高橋昌明氏は明政一派との内紛・暗闘が続いたと指摘する（『湖国の中世史』）。

私は、浅井氏が江北で実力を蓄えてきたこの時点で、浅井氏の家督問題が浅井氏内部や蔵屋の私的な判断で済んだとは考えない。

久政の初見文書

久政の初見文書は、現在のところ天文一一年八月二七日付の「永源寺文書」である。父亮政の没年にあたり、新九郎久政一八歳の時となる。これは「百姓中」宛で、沢村四郎兵衛尉跡の永安寺領の一反を「当給人、何かと申し候とも、前々のごとく、本寺へ（年貢を）納めるよう」に命じている。

永源寺の認識

「百姓中」宛とは行き届かない表現であり、この地がどこかは不明であるが、永安寺領は坂田郡の福永・国友・平安寺などにある。これらの所領は、文明《ぶんめい》一八年（一四八六）一一月三日に京極氏奉行人奉書《ぶぎょうにんほうしょ》、延徳《えんとく》三年（一四九一）一〇月九日に室町幕府奉行人奉書で安《あん》堵《ど》されている。また、同寺領南北郷（相撲保《すまいのほ》、長浜市）については明応《めいおう》七年（一四九八）一一月二一日と大永三年一二月二〇日に、福光保《ふくみつほ》（彦根市）は文亀《ぶんき》二年（一五〇二）六月二日に六角氏奉行人奉書で返付されている。これらから、永源寺側が浅井久政を、寺領の安堵・保障者、その地域の実力者として認知したことを示そう。

1　天文11年８月

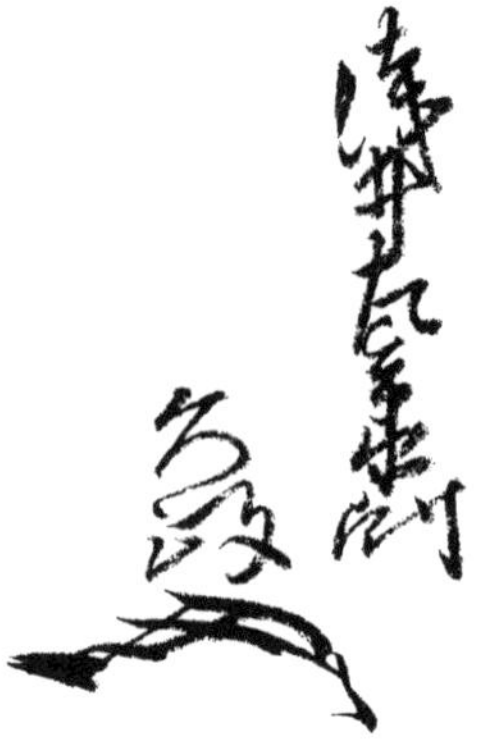

2　天文20年12月

3 （年欠）12月

浅井久政花押

斎藤道三

六角義治

足利義晴

斎藤義龍

朝倉義景

六角定頼

なお、久政にはこれより先、同年五月六日付の「柏原文書」があるが、その官途は左兵衛尉とある。左兵衛尉は天文一九年ごろから使われるので、偽文書である。

久政の花押

久政の花押《かおう》は異様である。これまでの武家の花押とは異なる。父亮政あるいは京極氏などの足利様《あしかがよう》（足利将軍の花押の模倣）の「高」の字を組み入れた台形ではなく、下向き湾曲線となっている。「久」の字の草書体を左に倒して書き込んだものとされる。

佐藤進一氏は、このような形をした特異な花押は、「足利義晴《よしはる》、六角定頼《ろくかくさだより》・義治《よしはる》、斎藤道三《どうさん》・義龍《よしたつ》、朝倉義景《よしかげ》など、さらに近江《おうみ》・美濃《みの》地方の中小武士の間に一種の流行のように広まってゆく」とされる（『花押を読む』）。

六角定頼の支援

久政は、この流行りの花押を新九郎の時から使っている。父亮政や京極高広《たかひろ》あるいは高清《たかきよ》と異なるとすれば、それは誰の影響を受けたものか。右の佐藤氏が指摘する諸氏の内、形状は六角定頼と酷似しており（写真）、時期としても、地理的関係からしても、そして何より前述のごとく、天文七年の合戦の結果として、六角定頼の直接的影響といえよう。言い換えると、久政は六角定頼のもとで、新たな様式の花押を採用したといえる。それは、久政が亮政の後継者に内紛なく決定したことの背景（理由）に、六角定頼が存在することを示そう。

二　京極高広との確執

京極高広の復活

浅井亮政の死去は京極高広を回復させる。天文一一年正月一一日、「此の方へ引き切り、忠節あるにおいては」として、下坂四郎三郎を加田庄《かだのしょう》（長浜市）の半済《はんぜい》のうちの五〇〇石をもって誘った。そして、九月一五日には加田庄東半済のうち四〇〇石を下坂左馬助（四郎三郎）に宛てている（京極氏奉行人奉書、下坂文書）。また、同日付で、中山左馬亮跡職《あとしき》も宛て行っている（同前文書）。さらに、翌一二年（八月二〇日）には、急用があるとして菅浦庄に二〇〇〇疋を懸け、九月一六日に一貫六〇〇文を受け取っている（京極氏奉行人奉書、菅浦文書）。『東浅井郡志』はこの時点で挙兵を想定するが、不明である。

久政、垣見氏に下坂氏所職を給与

ここで興味深いことは、天文一三年、浅井久政が、垣見《かきみ》助左衛門尉に対して、二月二日に「下坂遺跡・寺庵宗福院・幸正庵之被官共」、同じく五月一日「下坂又次郎遺跡・同寺庵」を宛て行うことである（垣見文書）。これは、下坂左馬助が京極高広に下ったことに対抗する策と考えられる。第一の五で述べたごとく、下坂氏一族は、京極氏に従って所領・所職を安堵されていた。亮政の時代、下坂四郎三郎とは良好な関係にあった

（天文七年七月一二日付亮政書状など、下坂文書）が、ここに、その一族の所職が浅井氏によって取り上げられ、宮川（長浜市）を本拠とする垣見氏に給与されたのである。

浅井氏、進藤氏の連合

この年（天文一三年）も、久政は六角定頼のもとにあった。「北郡牢人《ろうにん》」について、両者の間に次のようなやり取りがある。進藤《しんどう》山城守貞治《さだはる》は今井氏に宛てて「北郡の牢人が出張しているとの雑説が、近日、小谷（浅井氏）より両使をもって申し通わされた。事実ならば、人質は佐和山《さわやま》まで越さる様に申し入るべきである。北衆は何れも小谷へ遣わされた。また牢人徘徊の通路はその辺（佐和山）が確かでないので、堅固にするように」とある（六月二七日付『島記録』）。定頼の家臣進藤氏が浅井氏との連合をもって、「牢人」徘徊の制圧を図っていることが分かる。

牢人徘徊の制圧

また、定頼の家臣種村三河守貞和は高島郡の越中刑部大輔《えっちゅうぎょうぶのたいふ》（高島孝俊）に「北郡の牢人衆が河上庄の内を徘徊するとの注進であるが、御一家中として御許容してはならない。徘徊する者は、来月二日以後は浅井久政方が処置するように、浅井方へ命じた」とする（七月二六日付種村書状、朽木文書）。

高広の挙兵

こうするうちに、京極高広は八月に兵を挙げ、坂田郡北部に侵攻した。まず、国友氏の国友館を攻め、また今井一族若宮藤八が守る長沢（米原市）を攻めた。この時、下坂左馬助が活躍したことは九月五日付高広感状で知られる（下坂文書）。そして、加田の加田八郎兵衛の館を攻める。ここでは、浅井久政方の垣見助左衛門尉（正則）が奮戦したことが久政の感状で知れるが（一〇月二日付、垣見文書）、その一方で、高広は加田八郎兵衛跡を下坂左馬助に給与している（天文一三年一〇月一〇日付京極氏奉行人奉書、下坂文書）。加田氏は没落したのだろうか。天文一六年閏七月四日付高広書状は、加田新兵衛跡職を下坂左馬助に宛てている。

美濃の動静

この高広の挙兵に関して、九月一九日の細川晴元《はるもと》の将軍（義晴）家御教書《みきようじよ》が土岐頼純《ときよりずみ》宛に出され、「不義致すにより」高広の退治を命じている（『古証文』）。「この不義」の内容は不明であるが、背後には六角定頼があり、それはまた美濃の動向と関連している。

ちなみに、美濃では、斎藤道三の勢力急伸に対して、尾張の織田信秀《のぶひで》と越前の朝倉宗滴《そうてき》がそれぞれ土岐頼芸《よりなり》と土岐頼純を擁して侵入した。しかし、九月二三日の稲葉山《いなばやま》で、道三に敗れている（九月二五日付長井久元書状、同前文書）。

海津合戦

天文一五年、海津《かいづ》で合戦があり、七月一日に浅井大和守《やまと》、次いで久政、浅井紀伊守《きい》が出陣したようだ（菅浦文書）。三六〇人の死者がでたと『長命寺過去帳』にあるが、誰と戦ったのかが不明である。海津は田屋《たや》氏の本拠であるが、高橋昌明氏の言う久政の義理の兄・浅井明政の反乱とは考えられない。また、小和田哲男氏のごとく京極高広が動いた、とする論拠はない。なお、『浅井三代記』に、海津政元が久政の援護によりその叔父政義を攻めたとするのも、『東浅井郡志』の指摘するごとく疑わしい。

三　京極高広との和解

高広と久政の和解

天文一八年二月一日、京極高広は浅井郡の安養寺薬神社（長浜市）、称名寺（長浜市）などに禁制を出しており、その活動が知られるが、天文一九年、高広と久政は和議したようだ。

「郷野《ごうの》文書」に「長岡鏡新田」の裁許に関わる一連の文書が残るが、ここに「先年御成敗の旨、御屋形様（高広）江御意を得候」との久政書状がある。また、久政は西川家満を遣わして高広の意を窺わせ、一方で伊豆入道が礼物を小谷（久政）に贈っている。さらに久政は高広の老臣山田越中守清氏に添状、高広の館に使いを出している。

一方、京極高広は下坂左馬助に宛てて「進退の儀、久政に申し聞き、異義なき様に申し遣わした」（七月二四日付、下坂文書）としている。高広と久政の間に「御成敗（裁定・判決）」「進退の儀」について丁寧なやり取りがあり、久政の判断が優位に示されていることとが分かる。ただ、天文一九年以降も、久政は高広を「上様」として処遇している（八月五日付久政書状、飯福寺文書）。

ところで、浅井久政は、天文一八年一二月二二日まで新九郎とするが、『天文日記』の二二〇年六月八日条では「左兵衛尉」となっており、七月二五日付で「浅井左兵衛尉」宛の書状が出されている（『証如上人書札案《しょうにょしょうにんしょさつあん》』）。この前後に左兵衛尉となったと考えられる。

久政の任官

『東浅井郡志』は、これは六角定頼の斡旋によるものとする。そこでは、三月一五日付の久政の書状（南部文書）を天文一九年のものとし、その内容を将軍家への「任官の礼物」の案内を請うものとする。しかし、この文書は、一色藤長《いっしきふじなが》の官途（式部少輔《しきぶのしょう》）から天文二二年以降のものと言え、また内容も「任官の礼物」の案内とは言えない。私はこの任官は、京極高広の斡旋によるものと考える。上述のごとく、この前後、久政は定頼から高広に乗り換えている。そして後に述べるが、高広ともに定頼に叛旗を翻す。

高広の斡旋

四　六角義賢の登場と南北の合戦

六角義賢

江南では六角定頼の子義賢《よしかた》が実権を握る。しかし、義賢は三好長慶《みよしながよし》との確執で勢力を削られる。そこで、京極高広は兵を中郡に進める。天文一九年一一月中旬、犬上郡多賀《たが》、四十九院（豊郷市）等を放火したが、「即時、敗北し、静謐《せいひつ》になった」（『厳助往年記《げんじょおうねんき》』）という。

京極と三好の連合

翌二〇年二月、高広は甲良庄《こうら》へ進軍し、三好長慶と連合した。三好方は松永久秀《まつながひさひで》を近江滋賀へ進め、細川晴元と義賢は窮地に立ち、将軍義藤《よしふじ》（義輝《よしてる》）は朽木《くつき》に逃れた。また、土民が蜂起して、長慶に呼応した（『言継卿記《ときつぐきょうき》』）。

高広は、江南・江北の境の佐和山（彦根市）を取ることを図り、堀、今井（蔵人）氏を味方につけ（五月二三日付書状、一〇月一七日付書状『島記録』）、鎌刃《かまのは》と菖蒲嶽《しょうぶだけ》を取り、太尾《ふとお》（米原市）と佐和山とを分断した。

六角定頼の死

天文二一年正月二日、六角定頼が死去する。これを機会として、四月中旬に高広は再び兵を起こし、佐和山攻撃を進めた。浅井久政は下坂左馬助に「昨日の足軽人数、別して、お手を砕かれ、殊に随分の衆、疵の痛みせらるゝの旨、承る。粉骨の至りに候」と感状を出している（四月二〇日付、下坂文書）。

義賢の対応

これに対して、六角義賢は、尼子氏に宛てて、久徳《きゅうとく》（多賀町）の守備を命じ（八月二日付書状、古今消息）、また佐治《さじ》太郎左衛門尉の太尾への入城を命じている（八月四日付池田・後

鎌刃城跡

藤連署書状、八月一二日付義賢書状、小佐治文書）。さらに、海路をもって詰めさせたようで、長命寺浜地下人に宛てて、早船の供出を命じている（天文二一年八月二〇日付六角氏奉行人連署奉書、長命寺文書）。

高広、佐和山を得る

この合戦の詳細は不明であるが、高広の勝利で、佐和山城を得た。本願寺は「御出張の儀、珍重候。特に御本意に属し候事、目でたく候」として、太刀一腰等を送っている（『天文日記』九月二三日条）。

久政の所領給与

これに前後して、浅井久政は諸氏に所領を給与している。(1)島又四郎秀宣に宛てて「今井定清御同心の儀、その方の入魂《じっこん》あい調い、当方に対して忠節これに過ぎるべからず。久政に一点忘れるべからず存じ候。拾三条本所・同公文職《くもんしき》並びに大安寺本所、これを進《まい》らす」（天文二一年一〇月六日付久政書状『島記録』）と丁寧な感状を送っている。また、(2)一一月一四日には若宮藤三郎に「多良東跡を、配当として」給与している（若宮文書）。若宮氏は長沢の関を守り、高慶に属し、その後は六角氏に従っていた。

太尾城の攻防

佐和山城陥落の後は、太尾城の攻防となる。久政は、天文二二年一〇月六日、今井左近丞《さこんのじょう》（定清）に「北走井跡、太尾城、果てるにおいては進らす」（『島記録』）と書状を送る。一方の六角義賢も、佐治太郎左衛門尉に、「在城の辛労」を慰し、あわせて城壁の普請を命じている（〈天文二二年〉三月四日付義賢書状、小佐治文書）。

さらに天文二二年一〇月末から「北郡錯乱」「国錯乱」の記事が『天文日記』に見え、小江神社（湖北町）や称名寺（長浜市）に天文二二年一〇月二四日付の久政の禁制があることから（小江神社文書・称名寺文書）、この時期に戦闘があったと思われる。

南北合戦の終了

そして、同年一一月、義賢が勝利し、地頭山（米原市）が陥落した（今堀日吉神社文書・『天文日記』一二月二二日条）。天文一九年からの南北の合戦は終了する。

講和条件

一一月二六日付の六角氏の重臣・平井定武の浅井久政宛書状には、「条々」（講和の条件）につき、己牧院正瑞と月瀬《つきがせ》若狭守忠清が江南への使者に遣わされ、「長々逗留、雪中辛労」とある（西村文書）。その内容は知られないが、「南部文書」の弘治《こうじ》三年卯月（四月）一二日門池吉信書状で、久政は六角義賢の伊勢への出陣につき、飯福寺（木之本町）への陣僧を割り当てていることから、久政は義賢に服属的地位となったと考えられる。また、久政の嫡子猿夜叉（長政）が義賢の偏諱《へんき》を受けて賢政《かたまさ》と名乗り、平井定武の娘を娶ったことでも知られる。

久政の徳政

ところで、天文二二年、久政は一三ヵ条からなる徳政を行った（菅浦文書。なお、阿部浩一氏は一一月から一二月の間とされる。同氏前掲書第Ⅰ部第一章）。これは、六角義賢との南北の合戦の終了にともなうものと考えられる。前述の天文七年の亮政の徳政の基本を引き継いでいるといえる。ただ、「売り懸け・買い懸け」（第三条）と「絹布と金物」（第一〇条）の利益者は逆になっている。また、新規の条文は第七・八・一一～一三条の五ヵ条あるが、年貢の納入をもって貸方の利益を保護するもので、亮政の徳政と同じである。第一三条は、「御城米」だとしても当城（小谷）の外は破棄するとしている。当然のことであろう。

久政の評価

一般に、浅井久政は軍事的に無能とされる。『東浅井郡志』は、天文一一年（一五四二）から永禄《えいろく》三年（一五六〇）まで「平和の愛好者は、固《もと》より生存競争の劣敗者たるを免れず」とする。また、同書は「久政は父亮政の如き、熱烈なる信仰を有せざりき」とし、久政は、天文四年、一一歳で授戒して「良春」の法名を持つが、それは自己の発意に出たものではなく、授戒はこの一度だけであること、また、永禄二年（一五五九）の「惣持寺置目」（同寺文書）は完備したものであるが、信仰というより行政的なものとする。さらに、小谷城に山王丸《さんのうまる》（日吉社）、弁天丸《べんてんまる》（竹生島権現《ちくぶしまごんげん》）を勧請《かんじょう》したとすることも、評価しない。

その一方、「公事《くじ》（裁判）の裁許」を評価し、「民意を尊重」したとする。そこでは、用水と大工職の相論（裁定）をあげ、行政手腕を一定度評価して、『浅井三代記』の言うような「何れも人の笑いとなるべきことのみ多き、庸愚の人物」ではないとするが、総じて好意的ではない。しかし、小和田哲男氏は久政の用水相論の裁定を評価して、領国経営に手腕を発揮し、戦国大名としての地歩を固めることに成功したとする。

上述のごとく、久政の時代の多くは、京極氏と六角氏のいわゆる風下にあったと言える。しかし、この時代、浅井氏は六角氏に従うことで京極氏から脱出し、北近江に新たな領国秩序、殊に浅井氏の領国支配・統治システムを構築した重要な時期であったと考える。このことは次章で展開する。

浅井氏の飛躍

第四　浅井氏権力の形成

——京極氏から浅井氏へ——

一　京極氏の文書

文書の発給形態

京極《きょうごく》氏の文書には、当主が直接出す文書と奉行人《ぶぎょうにん》が当主の意を受けて発給するもの（奉行人奉書《ほうしょ》）との二種類がある。これは、守護《しゅご》あるいは武家として正しい書式（書札礼《しょさつれい》）と完備した家政機関・家臣団組織をもつことを示す。また、当主の文書には、「直状《じきじょう》」（書《かき》下《くだし》）という主従関係を取り扱う公的なものと、当主の私的な問題・内容に関わる「書状」（手紙）とがある。

さて、応仁《おうにん》・文明《ぶんめい》の乱後、京極氏当主は書状しか発給しなくなり、また、奉行人奉書の書式（様式）が変化することから、京極氏権力の性格転換が指摘できる（宮島前掲書第五章）。

応仁・文明の乱前後の奉行人奉書

ちなみに、応仁・文明の乱以前の京極氏奉行人奉書は京極高数《たかかず》と持清《もちきよ》によって発給されたもので、奉行人は多賀高忠《たかただ》等で、彼らは室町幕府侍所《さむらいどころ》所司《しょし》である京極氏とともに在京していたと考えられる。奉書の内容は、中央の有力寺社などの申請により郡司・関などに宛てて、反銭《たんせん》・棟別銭《むねべちせん》の免除、過書《かしょ》（通交許可書）など、いわば行政的問題の執行を命じたものであった。

応仁・文明の乱後、奉行人奉書が発給されるのは文明一八年（一四八六）になってからで、二〇年間の空白期間がある。この間には、京極氏と六角《ろっかく》氏とが守護職および佐々木氏家督を争った応仁・文明の乱があり、さらに京極持清の没後、家督を継いだ高清の地位が確定するまでの間、四代にわたる内紛があった。高清が政権を安定して、新たな書式の奉行人奉書が発給されたと言える。なお、この京極氏奉行人奉書は天文《てんぶん》一八年（一五四九）のものが現存最後であり、京極高清の後（天文七年没）、高広の代まで発給されたと考えられる。

京極氏の戦国大名化

乱後の奉行人奉書は京極氏が戦国大名になったことを示す。まず、(1)奉書の申請者および宛先は直接当事者であり、すべてが近江《おうみ》国内の京極氏領国内の地域の寺社、国人《こくじん》・

地侍および村落となること。⑵奉行人は多賀氏以外は以前と一新され、坂田・犬上・浅井郡を本拠とする地侍・国人たちで、京極高清から与えられた「清」の字を付けた実名をもつこと。⑶高清と高広の両代にわたる奉行人がおり、奉行人体制が確立していることが指摘できる。さらに、⑷奉書の内容は所領の宛行《あてがい》および当知行《とうちぎょう》の安堵《あんど》、また違乱停止および所領相論の裁決である。ここから、京極氏は領国にあって、単なる行政的・職務的処理ではなく、在地の現実問題に根ざして直接、自身の判断を下した文書を発給したということができる。京極氏は守護から戦国大名へと自己の権力体系を変革したのである。

奉行人奉書の変化

ここで重要なのは、この奉行人奉書が所領の宛行など主従制的原理（支配権）をもって発給されたことである。それは、京極氏当主の発給文書が書状だけとなることと表裏の関係にある。武家の世界は主君と家臣との主従制で成立しているが、その根幹である主君による家臣への知行の宛行（所領の給与）は直状（花押《かおう》を据え、年月日を書き、「仍如件《よってくだんのごとし》」と結ぶ）をもってする。それが、奉行人（家臣）が主人の意を受けたことをもって出す奉書によって行われているのである。その一方で、当主は、「恐々謹言」で終り、花押は据えるが月日だけで年号を付けない、すなわち永続的な効力を持ち得ない、私的な書状で軍《ぐん》

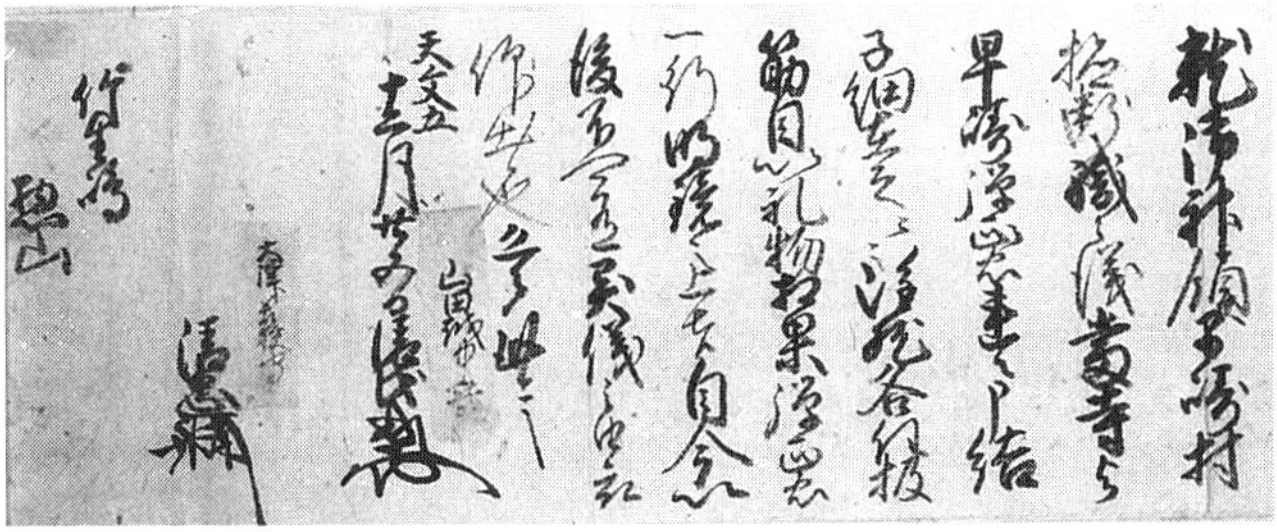

京極氏奉行人奉書（竹生島宝厳寺蔵）

忠状《ちゅうじょう》・感状《かんじょう》（礼状）を書くに留まる。京極氏当主は知行の宛行（所領の給与）など家臣団への主従制的関係を直接発揮していない。応仁・文明の乱後、京極氏の主従関係・家臣団編成のあり方が変化したことを示す。

家臣団編成

戦国大名の家臣団は強固に編成・統制されているというのが通説であるが、これ以外の主従・家臣団の纏まり方は存在した。それは「衆」とか「一揆《いっき》」とかというもので、「国衆」「国人一揆」とされる。相互が同等・対等な関係で、時には誰かを推戴する、ある纏まりである。この「国衆」のなかから浅井亮政《すけまさ》が出現したことはすでに述べたところである（第一—一参照）。

六角氏の家臣団編成

私は、このような家臣団編成、武士の纏まり方こそが畿内近国では一般的であったと考える。同じ近江の六角氏も、京極氏と同じく書状と奉行人奉書を発給することで運営された権力である。そして、六角氏の戦国家法（『六角氏式目』）

は、当主の権限を家臣が制限するものとして知られている。六角氏は、家臣団の「一揆」により推戴された戦国大名といえる（宮島「戦国期における六角氏権力の性格」）。

奉行人奉書の発給状況

この奉行人奉書も連年順調に発給されたのではない。明応《めいおう》六年（一四九七）以前は極めて少ない。これは、既述のごとく、京極高清と政経との確執による不安定期を示す。また、永正《えいしょう》八年（一五一一）から大永《たいえい》六年（一五二六）までの一六年間の途絶時期があるが、それは上坂《こうさか》家信《いえのぶ》が高清を擁立していた時期にあたる。

そして、大永三年に上坂氏は没落し、高清は浅井亮政によって擁立されるが、その後大永六年からは、高清から高広への交代にも拘わらず、天文一八年まではまがりなりにも京極氏は奉行人奉書を発給し続ける。

発給の停止

さて、上坂氏は京極氏に奉行人奉書の発給を停止させたが、浅井氏は京極氏を擁立した時、京極氏に奉行人奉書を発給させていたことになる。より正確にいえば、上坂家信は明応八年に執権《しっけん》的地位についたのであるが、その前半のおよそ一二年間は奉行人奉書の発給を許したが、やがてそれを禁じ、自己の権力を伸長したと考えられる。その意味では、浅井氏もまた、京極氏を擁立した初期の二〇年余の間その発給を許したのは上坂氏を踏襲したとも考えられなくもない。

奉行人奉書と浅井氏の位置

しかし、これは同一視することはできない。逆に、浅井氏の地位、権力掌握のあり方を考える時、重要な問題を含んでいる。なぜなら、京極氏奉行人奉書は上坂氏によって一度断絶させられているからであり、それを、浅井氏が京極氏擁立の必要から復活させたとすれば、浅井氏の地位（権限・政権の性格）はそこで推し量られることになろう。少なくとも奉行人組織・機構が維持されていたのであり、京極氏の権力の存続問題を考えるとき、無視できない。浅井氏の「独立」はその後といえる。

二　浅井氏の文書

当主の書状

浅井氏三代が出した文書はほぼ当主の書状だけといえる。直状はなく、若干の家臣による奉書・副状《そえじょう》があるが、東国の戦国大名が使用した印判状《いんぱんじょう》ももたない。なお、書状に印判を使用した例は六角・朝倉《あさくら》氏ら畿内近国には存在せず、後年の織田信長《おだのぶなが》だけである。

大名権力の未確立

これまでに、浅井氏発給文書については数点の先行論文がある。水藤真氏は「浅井氏は書状しか発給しないから、国人でしかない」とする。また、宛所や脇付《わきづけ》表記から、浅井氏は近江の他の国人と対等の政治的・社会的地位を有したにすぎなかったとされた。さらに、文書の内容は一定度の領域的支配を行っていたことを窺わせるが、多くは軍事に関するもので、しかもそれらは「浅井氏の軍事編成のひ弱さ」を示しており、美濃《みの》斎藤利政《としまさ》（道三《どうさん》）と同じく、「未だ大名権力を確立しておらず、その権力基盤が国人連合にあったことを示している」とされた（「近江浅井氏の発給文書」）。

文書様式・機能の未整備

大音百合子氏は、浅井氏当主の書状は付年号《つけねんごう》であること、年号の有無による用途の別には特に法則性はないことなどから、浅井氏当主発給文書の様式には用途の間の相関は見出せず、文書様式はいまだ不統一の段階にあるとされた。また、浅井氏の京極氏からの最終的な自立は、文書中の表現からは天文二〇年の三月以降一二月までの期間とする。さらに、家臣発給文書の考察から「浅井氏の発給文書の体系は、様式的な面からも、また機能的な面からも未熟で、周辺大名が採用していた奉行人制を確立しえなかった」と推測された（「近江浅井氏発給文書に関する一考察」）。

両氏が基準とする文書様式とは、整然とした奉行人・官僚組織を持つ専制的戦国大名であり、東国や西国の大名のイメージでしかない。私は、浅井氏の発給文書が書状だけだとして、それは戦国大名でないことを示していることにはならないと考える。

書札礼

機能の変化

ところで、近年、室町時代の武家の書札礼の研究が進んだ（二木謙一『武家儀礼格式の研究』）。しかし、それは室町幕府・将軍を中心とした「礼」（序列）体系であり、幕府の書札礼がどの階層まで、またいつの時期まで受け入れられていたかは未検討である。また、書札と書状とは同じではなく、さらに文書の儀礼上の位置付け（書札礼）と文書の機能・役割とは別のことである。結論的に言えば、戦国期には書状の機能・役割が変ったと考える。本来私文書であった書状が公文書としてその機能を変質させ、それにともないその書式・様式も大きく変化させたと言える。

このことは、浅井氏の文書（書状）に端的に現れている（宮島「浅井長政の印判状と浅井氏発給文書」）。ついでに言えば、文書のあり方の変化は、東国では、北条《ほうじょう》・武田《たけだ》・上杉《うえすぎ》・伊《だ》達《て》氏などの印判状の出現となったといえる。

書状の変化

さて、書状の変化とは、まず名字と年号（付年号）を記載することである。書状は年号を付けず、名乗（実名、または官途《かんと》と名乗）と花押（書き判）を記し、名字は裏書となるのが通常である。当時、普及していたと考えられる『宗五大草紙《そうごおおぞうし》』（『群書類従《ぐんしょるいじゅう》』巻四一三）においても、「名字をば裏に書くべし。又官途の人ハ、或ハ左衛門尉春成など書て、是も名字はうらに書くべし」とする。北近江においても、閏三月二四日孝信書状は包紙上書に

「上坂兵庫助孝信」とあるごとく（大永三年、竹生島《ちくぶしま》文書）、広く受け入れられていた。

特異な署名

ところが、浅井氏の場合は、浅井亮政の時代から「浅井　亮政」と署名し、浅井久政《ひさまさ》・長政《ながまさ》も「浅井」およびそれぞれの官途を署名する。これは特異なことである。近江の戦国大名であり、浅井氏のいわば主家である京極氏においても、また同じく六角氏においても、その例はない。

「浅井」という名字

なぜ、名字を署名するのか。それは「浅井」という名字そのものにあると考えられる。既述したが、私は、郡名の浅井を名乗ることで、浅井氏は自己の位置・地位を主張したと考える。

浅井氏の最初の文書は、斎藤氏宛の大永五年と推定される書状で、「浅井備前守　亮政」の署名がある（河毛《かわけ》文書）。これは、浅井氏が北近江の国人を糾合して浅見氏を追った時にあたる。なお、永正一五年の杉本文書が初出とされるが（小和田哲男編『江州小谷城主浅井三代文書集』）、この文書には問題がある。

付年号

また、年号（付年号）も、浅井氏の文書には多く見られるが、これも特異なことである。付年号とは、年月日を一行に書く「書き下し年号」ではなく、月日の別行（肩）に「年」を書かずに付すもので、折紙の室町幕府奉行人奉書などに見られる。この初出は天文三年一〇月一一日付西秋文書〔玉村大蔵坊宛〕である。また、同年一二月一六日付成《じょう》菩提院《ぼだいいん》宛書状〔成菩提院文書〕が付年号と名字・官途との両方が記載された最初のものである。これらは、浅井氏がその存在を確立したとされる京極氏を小谷《おだに》城《じょう》に招いて饗応した時にあたる〔第二—五〕。なお、天文二年の青名百姓中宛の「南部文書」には問題が残る。

ところで、書状を、その本来的用途である「儀礼」を目的とする私的な文書として使用するならば、月日だけで十分で、年号は必要なかったはずである。現に、戦国・織豊期においても、多くの場合、たとえば隣接する六角氏当主は書状を感状・礼状として用いており、無年号である。年号〔付年号〕は、書状に私的な文書とは別の用途・機能を持たせようとする時、殊に永続的効用をもつ公的な文書とする場合には必要不可欠であったと考えられる。

浅見貞則発給文書

浅井氏の付年号・名字署名の書状はどのようにして生まれたのであろうか。近在で、浅井氏以前にこの書式を持つ書状の発給者を探すと、浅見貞則《あさみさだのり》がいる。「浅見対馬守貞則」の署名で、「大永三」〔菅浦文書〕「大永四年」〔竹生島文書、写真〕の付年号を持つものなどを出している。しかし、すべての浅見貞則書状がこの書式なのではない。

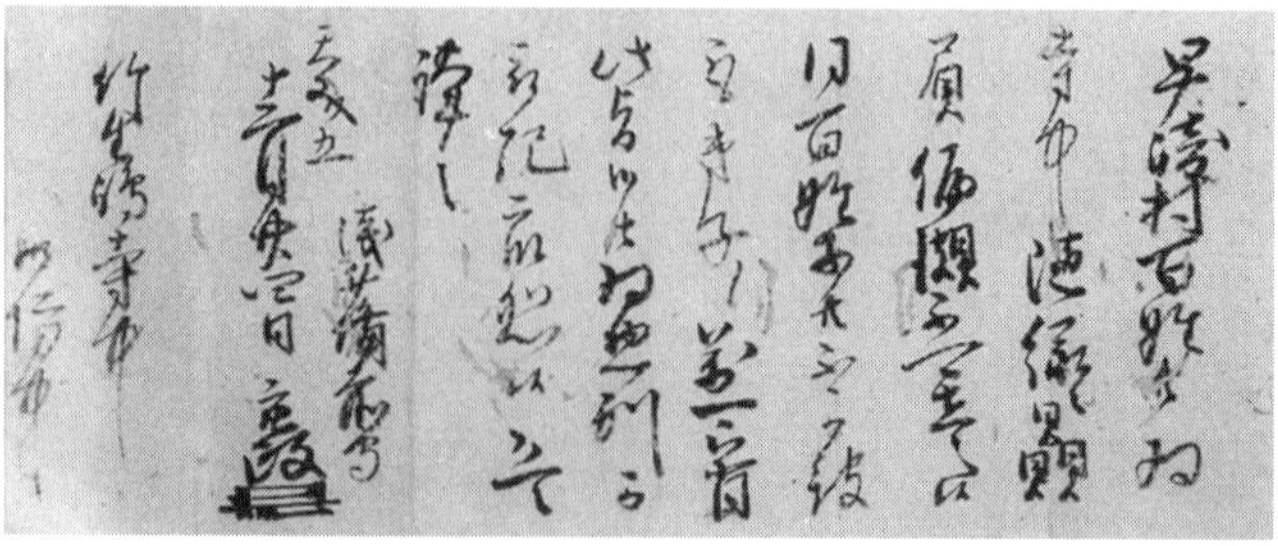

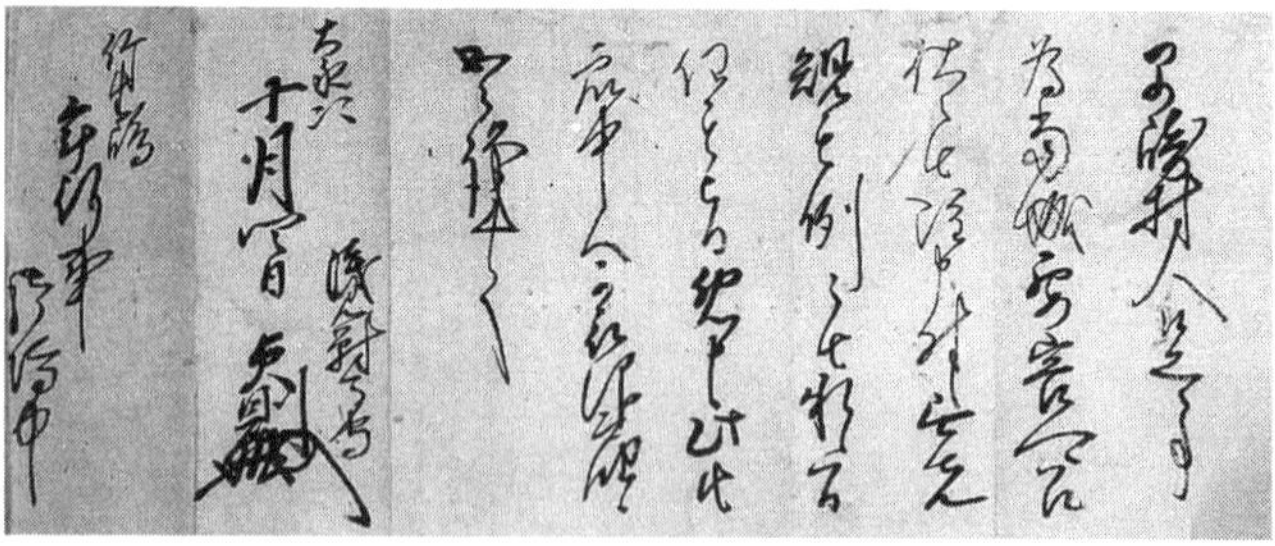

浅井亮政(上)および浅見定則(下)の文書 (竹生島宝厳寺蔵)

浅見氏と浅井氏

なお、浅見氏は山本（湖北町）を本拠とした有力国人であり、先述の宝徳《ほうとく》三年（一四五一）の菅浦《すがのうら》と大浦の合戦文書に「松平遠江守《とおとうみのかみ》を大将にて、……山本浅見、大勢を率い」（菅浦文書）とある（第一―一五参照）。また、『江北記《ごうほくき》』では「一乱後刻御被官参入衆事」に「浅見朝日殿」とあり、室町幕府の奉公衆の朝日（斎藤）氏の代官であったが、応仁・文明の乱にこれを凌ぎ、京極氏に付く。さらに、大永三年の「梅本坊《うめもとぼう》の公事《くじ》」で国人を糾合して北近江・京極氏の実権を握ったこと、また大永五年に浅井亮政が貞則を追ったことなど（第二―一参照）、浅井氏と浅見氏とは極めて近い関係にあり、浅井氏がこの浅見氏の書札を参考にしたことは十分に考えられる。

この他、この地域では多賀氏が付年号、名字、名乗りを持つ書状（文明二年一〇月一六日付、竹生島文書）、上坂氏に名字通称を持つ書状（永正三年付、竹生島文書、同一二年付、菅浦文書）があり、付年号は熊谷直房《くまがいなおふさ》（享禄《きょうろく》二年〈一五二九〉正月二三日付、菅浦文書）などに散見される。これらが前提となって、浅井氏の文書（書状）が受け入れられたと考えられる。

書止文言

浅井氏当主の発給文書である書状の用途・機能・内容は、いかがなものであったろうか。書状は書止《かきとめ》文言を「謹言」・「恐々謹言」とする。京極氏の後期の奉行人奉書も書止文言は「恐々謹言」であった。そして、この奉書が知行の安堵、違乱停止、所領の返付など主従制的な問題を含めて、領内の諸問題を扱っていることを先に指摘し、京極氏が戦国大名化したとした。

浅井氏は京極氏の後を襲った勢力である。京極氏が基幹文書の奉行人奉書の書止文言を、なぜ「恐々謹言」としたかは定かではないが、浅井氏は整った形での奉行人奉書をもたず、書状がすべてであることを考える時、そこには何らかの影響があったと推測することができる。

発給者による様式の変化

ちなみに、多賀《たが》大社には六角、京極、浅井三氏の文書が残る。そのなかに同一内容（犬上郡《いぬかみぐん》中の百姓が名字をこうむり、新たに侍になったと称して神役を負担しないことの禁止）の文書が三点ある。一つは永正八年四月二日付京極氏奉行人奉書、また天文二二年七月一一日付六角氏奉行人奉書、そして、浅井氏は永禄《えいろく》一二年（一五六九）一二月二八日付書状である。内容・用途が同じでも、発給者によって文書の様式が異なることを端的に示す例といえる。

新しい権力体系を示す文書の創出

浅井氏においては、諸氏が指摘しているごとく、書状が安堵・知行宛行・裁許・軍勢催促など権力の基幹的な用途に当てられている。この時期、武家文書において直状（書下）は姿を消して来ており、東国の大名や織田信長が印判状を公文書として生み出したように、浅井氏は書状を基幹文書とするために、新たな書式（付年号・名字の署名）を生み出したと考えられる。私は、戦国期とはさまざまな勢力が多様な姿の新たな権力体系を作り出した時代であり、それは書式にも現れており、その一つがこの浅井氏の書状であったと指摘したい。

なお、ここで、近江の大寺社（多賀大社）宛の文書を上げたが、浅井氏が直接村落に宛てて文書を発給することは重視しなければならない。このことは、第一—八での浅井氏と菅浦との関係、また本章五の在地村落の用水相論に現れる。そして、このことは村落（自治）を基盤とした権力構築として捉えられる（宮島「中世後期の権力と村落」）。

浅井氏と朝倉氏との関係

ところで、文書論から、浅井氏と朝倉氏との関係が検討されているので補足しよう。元亀《げんき》元年（一五七〇）に、浅井・朝倉連合軍が坂本に陣したとき（第七—一参照）に発給した「禁制」の書止文言が比較されている（小泉義博「朝倉義景と景鏡の感状」）。朝倉氏は「仍《よって》下《げ》知《ち》如件」の書下、浅井氏は「仍執達《しつたつ》如件」の奉書であるとして、浅井長政は朝倉義景《よしかげ》の意向を奉じているとされた。そして、この時の軍勢指揮命令系統は、最上級に総大将朝倉義景がおり、それに次ぐ下級軍奉行として朝倉景健《かげたけ》・下間頼総《しもづまよりふさ》が並列して位置し、その下位に下級軍奉行として浅井長政が位置したとする。

この見解は『東浅井郡志』が指摘したことがもとになっているが、「仍執達如件」という書止文言は「奉書文言」とは無関係である。それゆえ、浅井氏の禁制が朝倉氏の意向を受けたものとは言えない。ちなみに、織田信長の禁制は全てが「仍執達如件」となっている（永禄一一年八月付成菩提院宛など）。

また、佐藤圭氏は、浅井久政宛敦賀《つるが》郡司朝倉景紀《かげのり》書状の検討から、両者は対等の書札でやりとりしているとされる（「朝倉氏と近隣大名の関係について」）。

この差出書は「景紀（印）」の署名、宛所は「浅井下野守殿　御返報」、裏書は「朝倉九郎左衛門尉　景紀」とする。これは付状（披露状）ではなく、直状（書）であり、書止は「恐々謹言」で、上所《あげどころ》（謹上など）はないが、宛所には名字と官途・受領《ずりょう》があり、しかも打付書ではなく「御返事」の上位の「御返報」の脇付がある。また裏書は、いわゆる「裏書御免」とはなっていない。これらから、この景紀書状は浅井氏への敬意が払われているといえ、朝倉氏の家臣と浅井氏が同列とは言えない。

三　竹生島信仰

浅井氏が、守護京極氏に代わって地域支配権を確立して、戦国大名へと成長するのはいつからなのか。あるいはまた、浅井氏は戦国大名なのか、単に勢力の大きな一国人にしかすぎないのかという問題は、浅井氏が京極氏の「根本被官」であったことを考える場合、浅井氏の歴史的性格・位置づけにとって最大の課題といえよう。その際、政治史は主観的な「評価」の問題が入るので、確定が難しい。ここでは、北近江の有力寺社である竹生島に、京極氏と浅井氏とがどのように関わったかを論点にしよう。

地域権力と有力寺社

それは、地域支配者とは地域社会の平和・秩序の維持者である、と考えるからである。地方寺社を外護し、その祭礼を執行・維持することは、地域社会の平和・秩序の維持者であることを地域社会に表現することとなる。と同時に、地域支配者として地域社会からの承認を得ることとなるからである。同じく、東国の戦国大名や武将が摩利支天《まりしてん》や毘沙門天《びしゃもんてん》などを信仰する個人的問題とは次元が異なる。研究者の間でも等閑視されているが、前近代において、地方有力寺社（祭礼と信仰）と地域権力（戦国大名）との関係はきわめて重要であることを付言しておく（宮島「戦国期における地方寺社の機能と役割」）。

竹生島は都久夫須麻《つくぶすま》神社・宝厳寺《ほうごんじ》、また弁財天などで北近江において広い階層の人々の信仰を集める。

浅井氏が関係する初見

浅井氏と竹生島との関係の初見は、前出の明応《めいおう》九年（一五〇〇）の浅井後室慶集《けいしゅう》と浅井直《なお》政《まさ》の連署になる「竹生島天女御宝前如法経供料《にょほうきょうくりょう》米田地六反余・得分五石」の寄進である（竹生島文書、以下この節は同文書による）。この天女（弁財天）への如法経供料は、源呼上人《げんこしょうにん》良祐《りょうゆう》の勤行《ごんぎょう》指導のもとに行事の人数経番一二人の輪番等に充てるとある。翌年も「如法経供料米田地」に惣充《そうじゅう》と浅井直政が、惣充自身と玉邦惣珉大姉の菩提を弔うために三反・得分一石七斗八升を寄進している。当時の土豪・地侍の寺社への寄進田（得分）は、大原観音寺などの例から、一般に一反・一石であり、極めて大きいといえる。

また、天文二年（一五三三）には、浅井鶴千代（亮政と蔵屋の子）が「藤原明政《あきまさ》（浅井田屋新三郎、鶴千代の夫）の武運長久・家門繁昌・福寿増長・心中所願・皆令満足」のために「竹生島弁才天女」に垣見政広から買い取った富永庄馬上郷大洞の一反小の田地・得分二石を寄進している。

最近、竹生島で弁才天座像が発見されたが、これは永禄《えいろく》九年（一五六六）に、浅井久政の生母寿松尼《じゅしょうに》（尼子《あまご》氏）が蓮華会《れんげえ》の頭人《とうにん》をつとめた際に奉納したものである（写真）。弁財天であることから、女性が深く関わったと考えられるが、浅井氏における女性の地位も考える必要があるかも知れない。

ところで、竹生島の都久夫須麻神社は「浅井姫」を祭神とする。浅井氏はここに根本

弁才天座像

浅井姫

的な関心があったと考えられる。浅井氏は、戦国期の自身の登場に際して、浅井郡という地域社会における存在（由緒・正統性）の起点・承認をここに求めたと考えられる。

亮政の竹生島造営

浅井亮政は天文年間に竹生島の社殿造営に関わっている。天文二年に廊橋造営、同一四年の経蔵堂の設計に参画する。また、竹生島の自尊上人が、天文九年より天文一一年まで、出雲の尼子氏へ勧進《かんじん》（化）に行ったが、これは浅井亮政によって企画された。天文一一年閏三月二九日付の尼子晴久《はるひさ》の書状は勧進への協力がうまく行かないことを詫びている。同じく尼子国久《くにひさ》も、上人の長期逗留・帰国延引を浅井氏に詫びている。この上人の勧進は、尼子一族・家臣一二一名による奉加となったが、亮政が広く対外的に直接の外護者の立場にあるといってよかろう。

竹生島弁財天座像（竹生島宝厳寺蔵）

蓮華会を再興

同じく、竹生島宝厳寺の蓮華会は、その起源を一〇世紀後半に遡るとされるが、応《おう》永《えい》二八年（一四二一）から竹生島が独自に頭役《とうやく》を選定する祭礼になり、嘉吉《かきつ》三年（一四四三）からは近世・近代へ繋がる祭礼として定着したとされる。その役は一貫して浅井郡に賦課され、その外護者は幕府であった。このことは、この祭礼の歴史的意義・重要さを物語っている。この祭礼を戦国期に浅井氏が再興するのである。

長政による保障

さらに、年欠の七月一一日付浅井長政書状は、竹生島四人衆に宛てて、来年の蓮華会について「芳札」（手紙）および「御書立」の趣旨は拝見したので、以前と相違があるようだが念を入れるようにと、蓮華会の催行を約束している。

この約束の背景には竹生島よりの何らかの訴訟があったようで、中島直親が対応しなかったことに、再度、竹生島より磯野員昌《いそのかずまさ》に訴えがあり、員昌は「蓮華会については直親の届がなかったので違乱した。四人御仕付のことは決定しているが、直親へ理を申して、御両人の御離山のことを伝達する。島への御帰のことは急度《きっと》うまく行くだろう」と返事している。そして、次に、中島直親が「文箱のことは直ちに返事申します。長政が封を付けられたので委細は刑部《ぎょうぶ》方より申します」との回答を与えている。長政の代には、蓮華会は浅井氏によって確実に催行が保障されたものとなっていたといえよう。

また、永禄元年、竹生島では宝殿以下を焼失した。これの再建に直ちに取り掛かったのも浅井氏である。久政が三千疋、長政が一万疋の多額の奉加をしている。なお、浅井氏の遺領をもらった豊臣秀吉《とよとみひでよし》が百石奉加しているのをはじめ、天正《てんしょう》四・五年（一五七六・七七）にその家臣の多くが奉加していることは、浅井氏の例を引き継いだものと言える。

四　竹生島をめぐる京極・六角・浅井氏

京極氏との関係

地域の権力者は、竹生島と祭礼・信仰以外でも関係を密にせざるを得ない。京極・六角・浅井氏がどのように関わったのかを追ってゆこう（宮島「浅井氏権力の形成」）。永正二年（一五〇五）八月二四日、京極高清は奉行人奉書を出して、明応六年六月二七日付の御成敗に任せて、竹生島領の諸公事・諸役の免除を認めた。

また、翌年閏一一月二日付で、上坂家信は、応徳寺慶蔵主が早崎村《はやざきむら》の田地を違乱するとの竹生島の訴えに対して、「無体ニ御催促」されないとしている。これは「御屋形様（高清）の御下知を得て、島を警護している」ことを背景に、上坂氏が下した判断といえる。同じく、翌一一月七日に阿閉貞俊《あつじさだとし》は、「竹生島が下野名《しもつけみょう》日御供米の未進《みしん》（未納）を山田彦七方を通じて御屋形様へ申したが承引されなかった」ことについて、上坂政道殿へ申したところ高清の了解を得たと述べている。上坂氏が実質的に在地を取り仕切っていると考えられる。

この時期（永正二年）は、いわゆる「日光寺の和議」で、高清が権力を確立し、上坂氏が執権的地位で実権を握ったとされている（第一―四参照）。この事例は、これを裏付けている。

六角氏との関係

次に、大永三年（一五二三）一一月九日、六角氏は奉行人奉書をもって早崎村政所職《まんどころしき》を竹生島に寄進した。また、翌年一〇月、浅見貞則は早崎村人足を城要害に召使うことを免除している。そして、その翌年八月、早崎村百姓等は四〇人の連署起請文をもって「於以後、余人之被官成者」なきことを誓約している。さらに、同年九月、六角氏は「早崎村百姓還住」を命じ、同日付で河毛《かわけ》綱元《つなもと》が、「早崎村政所職は御訴訟により、御屋形様（六角定頼《さだより》）が寄進する」と告げている。

この早崎村政所職と百姓還住の問題は一体のもので、六角氏の命令の具体的内容は五ヵ条の「早崎村条々」に示されたが、この背景は早崎村の自治（政所職保持）および自検断の主張で、六角氏の裁定はこれを認めず、竹生島の領主権を承認したものであった。

この大永三年は、先に述べたが、「梅本坊の公事」があった時で、京極氏において上坂氏から浅見・浅井氏へ実権が移行する時にあたる。この時、六角氏が百姓・村落の自治に踏み込んで裁定を行っていること、またこの地域に河毛氏等執行者を抱えていることが分かり、京極氏領国の内実が窺える。

早崎氏と竹生島

つづいて、天文五年一一月日、早崎正俊《まさとし》は、早崎村検断職および諸公事・人夫役について、競望しないことを「御礼物参百貫文」で約束している。これは大永の問題とつながると考えられるが、大津清忠が早崎氏と竹生島との仲介にあたった。大津清忠は京極氏の重臣・奉行人であり、京極氏は奉行人奉書を出してこれを承認しているが（同年一二月二五日付）、この時の奉行人であった。

亮政の裁定

ここからは、京極氏とその重臣大津氏による裁定のように見えるが、その内実を語る史料がある。直前の一二月二四日付の浅井亮政から竹生島への書状で、(1)大津方が終始竹生島のために働いて早崎方に三万疋を遣わし、競望しないことの誓約状を取ったこと、(2)そのために大津方に一万疋遣わしたが、これも後のために折紙（書状）をとったことを述べ、(3)亮政が「御成敗申調」たとしている。実質的裁定者は浅井亮政であったといえる。

さらに、天文一四年一二月一一日付の浅井亮頼《すけより》の書状は、竹生島の「下野名日御供米一六石之事」を西野方が無沙汰していることについて、竹生島と西野方との双方が「(小谷に)在城」して「証跡」を持って自己の主張を述べたこと、その「書物」の「筋目」をもって、浅井久政が裁定し、「向後無異儀、御寺納肝要候」とした「折紙」を下した、とする。

ここから、浅井氏の裁定・調停のあり方が整備されてきていること、小谷城が政庁として機能していることが指摘できる。

竹生島宛浅井氏文書一覧

1	明応9年3月12日	浅井慶集等寄進状	(田地6反余)
2	同 10年2月9日	浅井直政等寄進状	(田地3反)
3	天文2年2月27日	浅井鶴千代寄進状	(田地1反小)
4	同 5年12月24日	浅井亮政書状	(早崎村検断職のこと)
5	同 5年12月24日	〃	(早崎村百姓のこと)
6	(年欠) 12月21日	〃	(蓮華会のこと)
7	弘治2年8月21日	浅井久政書状	(早崎村船のこと)
8	(永禄元)10月12日	〃	(寺炎上のこと)
9	永禄3年11月9日	浅井賢政書状	(寺神領のこと)
10	同 3年11月9日	〃	(早崎村のこと)
11	同 3年12月13日	〃	(借銭借米のこと)
12	同 4年卯月25日	〃	(寺用脚のこと)
13	同 4年12月21日	浅井長政書状	(買得下地のこと)
14	(年欠) 正月晦日	〃	(椀など借用のこと)
15	(年欠) 7月11日	〃	(蓮華会のこと)
16	(永禄9)11月27日	〃	(徳政のこと)
17	(同 9)12月17日	〃	(天女御供米のこと)
18	永禄9年12月19日	〃	(日御供米のこと)

なお、西野方の天参貞治《さだはる》は竹生島妙覚院《みょうかくいん》へ宛てて、調停の礼銭についての不満を述べている。これは右の浅井亮頼書状の裏面を語るが、と同時に、彼らは一定の不満を残しながらも、浅井氏の裁定・調停に従っていることが指摘できる。

浅井氏権力体系の形成

また、この相論は内容と関係者とから永正期のものと同じといえる。それゆえ、京極氏から浅井氏へと裁定・調停者が明確に移行したと言える。右の浅井氏の裁定・調停のあり方の整備と合わせて、京極氏内部における実質的裁定者としてではなく、浅井氏独自の権力体系が形成されて来たことを示そう。

六角氏への訴え

一方、永禄《えいろく》四年（一五六一）七月一五日、六角氏は、竹生島の訴えにより、善積庄《よしつみのしょう》（今津町）の日御供米押領停止に関する奉行人奉書を出した。これに関わり、六角氏の重臣布施公雄は押領者の多胡《たこ》氏に宛ててその返済を求め、また同じ六角氏の家臣の深尾賢治は花蔵院・桐実房に宛てて布施氏が多胡に執行を求めていることなどを報せている。

ここから、六角氏が権限を握っていたようにみえるが、それは同年に六角氏が佐和山城を攻撃したこと（第五―六参照）、また善積庄が高島郡にあること、さらに先年（大永三年）の奉書があることなどによる、竹生島側の政治的判断ではないかと考えられる。

竹生島・笠原の相論

次に、永禄九年一二月一七日、浅井長政は笠原又三郎に宛てて、「竹生島天女御供米七石五斗並《ならびに》振舞料」について、「近年無沙汰」であるから、「不可然候、如前々、急度御納所肝要候」との書状を出した。また、その二日後、笠原源七郎にも竹生島へ御供米と振舞料を納入することを求めている。この裁定・調停状も突然出されたものではない。この背後には、以下のような経過がある。

まず、七月二六日に赤尾清綱が遠藤直経に宛てて、去年、竹生島より訴えがあり、「笠原方も数日小谷城に滞在して、書面をもって、数度貴所まで申入れたが、竹生島衆の申すところは『御状』のとおりであるから、笠原方へ申し届けてほしい。また彼は狩野方に与力しているから、『詮作』に成ったならば浅井七郎方が申す。中島直親へもこのことを申し上げて欲しい」としている。

この「御状」とは一〇月一五日付の「覚」のことで、中島直親が逗留しているので、浅井の御意を得て「御異見」をお願いしたいとある。なお、「島（竹生島）惣」より中島直親に宛てて、同じ内容が述べられている。また、竹生島と遠藤直経との間に書状の遣り取りがあり、この相論には浅井氏家臣の赤尾・遠藤・中島氏等が関わっている。

一一月九日の笠原行永が竹生島常行院に宛てた約束（状）で一定の解決が図られたようであるが、浅井長政の裁定が出されるまでには周到な意見の聴衆・折衝があったと言える。これが浅井氏の統治・政権の一つの特徴として指摘できよう。それは用水相論にも言える。

五　用水相論の裁定

在地の用水相論

浅井氏は在地の用水相論を裁定した戦国大名として知られている。小和田哲男氏は、「個々の在地領主間では解決することができなくなった用水争論に、はじめは第三者の立場から次第に介入して全体を把握し、支配下に置くということに成功している」（同氏前掲書）という。また、高島緑雄氏も「一貫して用水紛争への積極的な介入と調停ないし裁定、ときには権力みずからの新儀の設定を通じて、在地の秩序と生産の安定を意図して、土豪層の求心的階級結集を達成し、その頂点に立った大名権力と農民との対峙という、基本的な階級関係の形成をもった」（「近世的用水秩序の形成過程」）とされた。

浅井氏と用水問題

浅井氏はどのように用水問題に臨んだのか。まず、ここで指摘しなければならないことは、浅井氏および北近江における用水問題とは、信玄堤《しんげんづつみ》に見られる領主主導の用水確保・水利事業ではなく、在地の村落間の用水相論の裁定であること、である。在地・

村落には用水（取水）秩序・慣行がすでに存在するということ、また浅井氏等が用水・水利（取水）権を掌握しているのではないということである。

さて、浅井氏の用水裁定状といわれるものを一覧にすると、次表のごとくである。

このいずれもが、強権的・強制的な文言を使用しながら、浅井氏自身が裁定を下したという具体的な内容をもたない。また、浅井氏の文書は用水裁定状も書状であり、相論の裁定状という性格あるいは強制力・執行力は必ずしも全面にでない。それでは、浅井氏は戦国大名としてどのように用水相論に対応したのか。

出雲井落とし

姉川《あねがわ》流域の用水慣行に「出雲井落《いづもゆお》とし」「出雲井の三度水」が知られる。渇水時に、出雲井を切り落し、郷里井《ごうりゆ》に三度にわたって引水させるものである。出雲井は姉川左岸の一番上流にあり大原庄一帯を灌漑し、郷里井はその下流の左岸にあり郷里庄（西上坂《にしこうざか》・東上坂・春近《はるちか》・堀部《ほりべ》・保多《ほだ》・垣籠《かいごめ》などの村々）を灌漑した。近世の記録『井水之古(故)実』（上坂文書）によれば、文明の頃からの慣行とされる。

この「出雲井落とし」が行われる際には、出雲井から郷里井までの間のすべての井（取水口）が切り落とされる。しかし、右岸に取水口をもつ大井（相撲庭《すまいにわ》・今荘《いまじょう》・佐野・野村・三田《みた》・大路《おち》などを灌漑）は例外とされる。

この大井の特権について、喜多村俊夫氏は、「天文年間にこの地域が浅井亮政の所領になった時に、一族の福寿庵が相撲庭に住したことによる」としている（『近江経済論攷』）。また、別の史料『江（郷）里庄辰ケ鼻記』（上坂文書）によれば、大井の特権は応永年間の用水相論にさかのぼるとする。すなわち、応永《おうえい》二五年（一四一八）の旱魃《かんばつ》による「相撲庭村領古川清水」の配分をめぐる対立で、右岸の地頭三田村出雲《いずも》守が申し入れて、六月八日に辰ケ鼻において、左岸の郷里を知行する東上坂村の大野木海楽とが合戦して、勝利

浅井氏用水相論裁定状一覧

番号	年月日	発給者	宛所	出典
1	天文 二年七月一一日	浅井亮政	青名百姓中	南部文書
2	―― 七月 四日	〃	相撲庭百姓中	宮川文書
3	（天文二二）六月二二日	浅井久政	河毛清充・月瀬忠清	〃
4	（天文二二）七月 五日	〃	上坂八郎兵衛門	上坂文書
5	天文二四年七月二三日	〃	大井懸所々百姓中	磯野共有文書
6	弘治 三年六月二七日	〃	富田庄地下人中	富田文書
7	弘治 三年七月二五日	〃	〃	〃
8	―― 七月一四日	〃	三田村新兵衛尉	三田村文書
9	永禄 九年六月 四日	浅井長政	馬渡上下並富田百姓中	富田文書

1は問題がある。

した方が水を取ることになった。緒戦は三田村方が優勢であったが、箱手山に隠れていた大野木氏とその郎党の活躍で三田村氏の首を取った。それゆえ、郷里の用水は、姉川を練留《ねりどめ》にて立ち切り（堰を作り）、水一滴も下へ遣わさないこととなった。また、相撲庭村は大野木氏の知行するところなので、出雲井の水を郷里井に取る時も、横井（大井）から分水した、とする。

なおまた、別の『龍ケ鼻井水ニ付、四ケ条之由来』（福永文書）では、嘉禎《かてい》三年（一二三七）五月二三日に大野木秀政と三田村定義との太刀先の勝負によったとする。

用水相論の解決法

これら近世の『史料』は信頼できるのだろうか。また、用水相論の解決は、百姓からの要請をもって、三田村氏や大野木氏といった国人層の合戦によったのであろうか。さらに、浅井亮政一族の福寿庵が所領としたことで、用水特権が得られたのだろうか。そして、近年研究者が指摘するごとく「領主は村落の再生産維持や生命・安全の維持を自己の役割と認識し、村の成り立ちの維持とそこからの収取のために、多大な犠牲も厭わず、武力をもって介入した」（長谷川裕子「中近世移行期村落における用水相論の実態とその展開」）のだろうか。

果たして、村落間の相論が領主同士の相論に発展して武力衝突となった場合、負けた方の村落と領主はどうなったのか。右の状況認識・見解は、領主が村落を丸抱えにしている状況ならいざ知らず、村落が「自立」している場合（惣村）あるいは連合した村々においては、他者（領主）にすべてを委任することはないと考えられる。

高時川の用水相論

このことは、先に若干紹介したが（第一―七）、すでに応永期の高時川《たかときがわ》の用水相論で窺える。応永七年（一四〇〇）、田河庄丁野郷《よおのごう》百姓等は、日照りで耕作ができないのは富永庄が新井を掘ったことによる、と訴えた。そこで、室町幕府は、富永庄地下人《じげにん》の「押妨《おうぼう》」と速水《はやみ》・青名・今村の「沙汰人《さたにん》・百姓」の「抑留」を停止させた。

百姓の実力行使

さて、この裁定・裁判では、訴えたのは田河庄《たがわのしょう》の領主東大寺、裁定状の宛先は六角満高《みつたか》となっており、問題を訴えた在地の百姓・地下人は用水裁判の当事者とはなっていない。しかも、この裁定で決着したのではない。現地では、裁定に基づいて丁野郷百姓等が井を塞いだところに、富永庄の百姓が「出合い」、鋤鍬等多く落として「抑留」した。この事件について、富永庄の領主（山門）は、「上意」（幕府の裁定）の決着であったのに、百姓等は「雅意に任せ」た行動に出たとして、また「沙汰人」が許容したとして「出合った百姓」の張本人の名前を注進するように命じた。幕府も、山門に対して「地下人」（百姓）が違乱したことを責めている。

ここには、幕府の裁定およびそれを受け入れた荘園領主に従わない「地下人・沙汰人・百姓」の実力行使がある。これは、幕府・荘園領主の用水秩序（管理）と在地の村落の用水秩序（用益・運用）との対立であり、応永年間にはすでに前者は意味を持たなかったといえる。

分木と用水相論

それでは、浅井氏は何をしたのか。先の『井水之古（故）実』には、「分木」をもって、出雲井が落とされた時の増水分は流れないようにしたとする。この「分木」の立て方に起因する用水相論も、相撲庭村と上坂村との間で発生している（『大井分木事書』宮川文書）。

裁定者久政

ここに、天文二二年（一五五三）、浅井久政が裁定者として登場する。六月朔日付の文書は、大野木土佐守と上坂八郎兵衛に宛てて、相撲庭の百姓が「罷り出」たというが、「前々のごとく」であるべきで、「紛らわしたならば、詮議を遂げる」としている（『相撲庭字大井由来』同前文書）。

相論の経緯

ここで重要なのは、六月一三日の相撲庭村よりの「申状」である。ここには、「出雲井落としの時、大井の『分木』は『井口《いのくち》』に立てていたが、左岸の郷里井から『たもと』に打つべしとする『新儀』の主張が執行されたので、知行していた浅井（右）衛門尉へ注進した。（右）衛門尉は奉行の藤山与太郎を派遣して『分木』が引き抜かれた。その後、上坂より『扱い』（仲裁）が入り、『分木』は『井口』にすることで決着した」とする。また、「六角氏がこの地域を知行した時も、『分木』は『井口』に立てられており、『新儀』を持ち出すのは迷惑であり、杭を打った人を召し上げて尋問すべきである」とする。

　これを受けて、久政は、六月二二日に、河毛清充と月瀬忠清《ただきよ》に宛てて、「我等の存分は先日申したので、福寿庵へ伝えて井を落とすべきである」としている。同日、彼らは、「出雲井は明日落とされることについて、相撲庭の『分木』は上坂より申され、久政へその分申されたところ、このご返事（意見）である。そちらのご返事があれば申し遣わしましょう」としている。七月五日、久政は上坂八郎兵衛に宛てて、「相撲庭とそちらの井公事（訴訟）について、両方の意見を聞きました。時宜については、己牧と月瀬忠清が申し入れるので、よくよく相談下さい」としている。

久政の役割

　右に経緯を長々引用したが、浅井久政の役割・位置とは現地の意見を聞くことにある。浅井氏がしたのは強権的にまた実力行使（「分木」・杭を抜く）や合戦による決着ではない。村落・百姓や土豪・地侍の上位にあって、「平和」裡に解決することである。このことは他の事例でも指摘できる。

天文二四年の用水相論

高時川の右岸（伊香《いか》郡）には「上水井・大井・下井」、左岸（浅井郡）には「餅の井」が置かれている。それぞれ、上水井は八ヵ村、大井には上六ヵ村と下六ヵ村の一二ヵ村、下井は八ヵ村の井組が形成されていた。このうち、戦国時代には、右岸の大井と下井との間で相論が展開している。天文二二年から史料的には確認できるが、同二四年の相論には関連史料が多く残る（以下、三田村文書）。

問題は「切水の立て様」すなわち渇水時の堰の立て方をどうするかである。七月一日、浅井亮頼は、久政が以前のごとく井奉行に尋ねて立てるように指示したことについて、「以前の『立て様』の相論が解決していないが、今回の『立て様』について百姓共方へ伝えて、明日にも小谷へ登城して意見を述べるべきである」と、三田村貞政と同定頼に伝えている。三田村氏は下井に属する高月の土豪・地侍である。

相論の経過

七月一〇日付の久政書状から三田村氏の登城が分かり、「今日、井奉行衆に尋ねて、明後日の一二日に裁決を下す」としている。そして、「双方、長々（小谷に）在城候て、切々申し候」とあるが、浅井亮頼と同忠種が登城していないことに対し「万事を打ち置き」出頭するようにと責めている。七月一二日の裁定は不明であるが、二日後の一四日に、久政は下井奏者に対して、「一切訴訟を取り次いではいけない」と述べている。

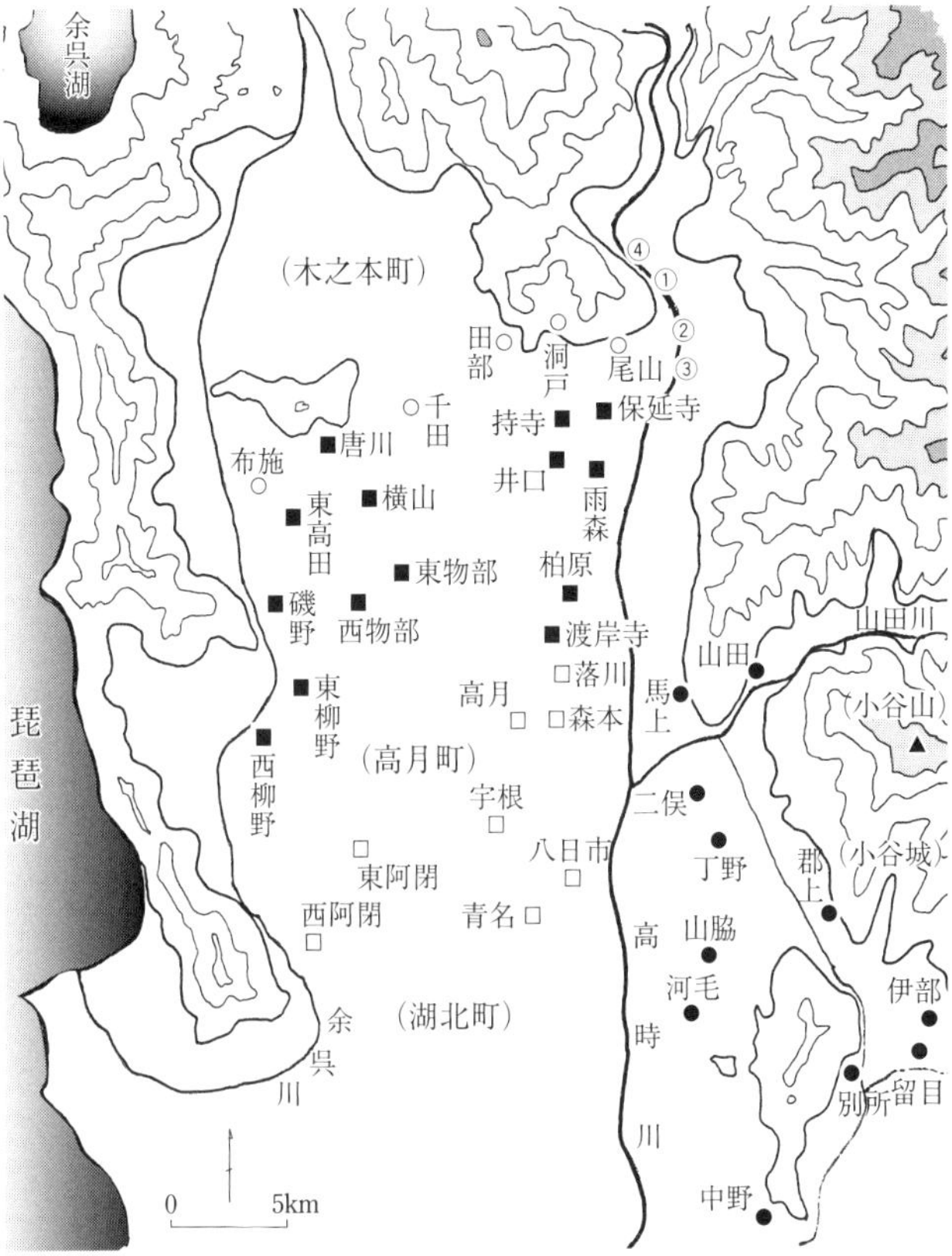

○上水井懸村々　■大井懸村々　□下井懸村々　●餅の井懸村々

①同　堰　②同　堰　③同　堰　④同　堰

用 水 地 図

しかし、同月二〇日の井口経元の月瀬忠清・浅井貞政宛書状では、「一昨日より数度使いを立てたが、『何かと迷惑の由申して』従わない。そこで、夜前、磯野村の者が赤尾へ尋ねた結果、『籠（堰）上げ』との意見を得て、今朝に『籠上げ』ると先刻申して来た。ただいま、見せに遣わし、万一上げなければ、上げさせることにすると申し付けた。『籠上げ』のことは『御意』（浅井氏の意見）を得て、申しつける。その方より磯野百姓が『なま（生）心得』申さぬようにすべきである」とする。

大井の「籠上げ」が履行されない実態が示されている。井口氏は大井の代表者で、磯野村は大井の末端にあたることから、籠を上げることに反対したと考えられる。また、赤尾氏へ意見を求めたということは、赤尾氏が磯野村に関与していたためと考えられる。なお、同日（二〇日）、月瀬忠清・浅井貞政は、「井口より切々申さるの由、定めて今日は上げ申すべく候。井口方如在《によざい》（手抜かり）」あってはならないとする。

裁定

そして、二三日、久政は、「大井懸所々百姓中」に宛てて「富永庄大井竪（立て）様の儀、今度、井奉行誓談の如く、立つべく候、異議あるべからず」としている。

この井奉行の「誓談」とは天文二四年七月二三日付の「起請文」で、「渇水になったとしても二重・三重の俵を執ることは承らざること、渇水の時、下井より訴訟につき、手さき明け、六分一を遣わすこと」など、五ヵ条が記されている。この井奉行とは浅井氏の直接の家臣とは思えない。同様に「誓談」が久政の裁定とは考えられない。浅井氏は決定の保障者である。

相論の関係者

ここに、相論関係者を図示すると次のごとくである。

(b)浅井貞政――(c)井口経元（大井懸り諸村）
(a)浅井久政　月瀬忠清
(d)浅井亮頼――(e)三田村貞政（下井懸り諸村）
浅井忠種　三田村定頼

裁判権の掌握

浅井氏は、相論当事者を小谷へ登城させ、奏者あるいは村落代弁者から意見を聞く手続（裁判手続き）をとることで村落を相論の当事者として承認し、その上で裁判の進行・審理過程において裁判権を掌握したといえよう。これは戦国期に形成された、村落の自治を承認した権力の一つの帰結と考える。

近世の用水相論

そして重要なのは、これは近世と同じであることである。近世の用水相論も、その論点・内容も同じで、村落間で実力行使があった。寛永《かんえい》一三年（一六三六）には、姉川の郷里井の村々と大井の村々との間で、高時川では、正保《しょうほう》四年（一六四七）、慶安《けいあん》五年（一六五二）、寛文《かんぶん》四年（一六四）と続く。近世の領主（幕府・藩）はどうしたのか。

済口証文

藤木久志氏は「喧《けん》嘩《か》停《ちょう》止《じ》令《れい》」の考察で、「統一政権は武器使用と相当打ちを規制対象としたが、在地の紛争解決の共同秩序の否定にまで及ばない」とされた（『豊臣平和令と戦国社会』第二章）。私は先に、中世在地裁判権（在地の紛争解決）は近世に内《ない》済《さい》（示談）として存続し、幕藩領主は「済《すみ》口《くち》証《しょう》文《もん》」の提出によって在地裁判権を名目的に否定したと述べた。すなわち、幕藩領主は村落の紛争に直接介入せず、その処理（内済）の報告（済口証文の提出）を義務づけることにより裁判権を把握する方法をとったとした（宮島「近世農民支配の成立について（1）」）。

浅井氏の意図

戦国大名、そしてその家臣たちにとって、近世大名・幕府でも解決できない用水相論への直接的関与は極めて「危険」である。また、在地に慣行があり、堤を設けた事業主ではない領主に相論に介入する権限はない。彼らにとっては、目前の村落間の相論・武力衝突に対して、地域の平和・秩序維持することが第一である。そこで問題となるのは、裁定の方法・審理過程の掌握であり、奏者・代弁者としての組み込みの問題である。無論、その背景には彼らの武力が厳然とあるが、あくまで当事者を訴訟・裁判に持ち込ませることが主眼であったと考えられる。

六　浅井氏と京極氏の権限

長岡郷新田の相論

浅井氏のもつ権限あるいは権力は、京極氏の持っていた権限・権力とどのように関わり合うのか。長岡郷新田をめぐる相論をみよう（以下、この節は郷野文書）。

久政の下知

天文一九年一一月二日、浅井久政は郷《ごう》伊《い》豆守《ずのかみ》に、先年の「御成敗」の旨を「御屋形の御意」を得て下知するので、今後、「別儀」ないように、としている。また、久政は、翌年三月一七日、山田越中《えつちゆう》守に宛てて、先年の「御奉書」もって郷伊豆守に命じ、「御意」の通りになったとする。翌日、山田越中守は郷伊豆守に、先年の「河内《かわち》において仰せ付けられた筋目」を浅井久政が申してきた、「御意」の通りであるとする。

京極氏の裁定

ここの「御成敗」「御屋形の御意」「御奉書」「河内において仰せ付けられた筋目」とは、京極氏の意見・裁定を指す（河内は梓河内《あづさかわち》、京極氏の城がある。米原市）。長岡郷という京極氏の膝下という地域の問題か、郷氏と京極氏との被官関係によるかは不明であるが、京極氏の「御意」を得たことで、その奉行・重臣である山田氏を動かすことができ、郷氏に文書を出せたと考えられる。浅井久政は京極氏を利用することで、その奉行人・重臣を組み込み、この問題を解決し、この地域の支配権力（者）としての地位を得たといえよう。

相論の内容

この長岡郷新田の相論とはどのような問題だったのか。そのあと①日向方と光汲房との買徳相論、②田中右京進方之遺跡分の代官の問題、③鏡新田四段小の光汲房知行の問題などとその内容は複雑・多岐にわたったが、その論点は、兵糧米（公方米）を賦課するか、免除して「知行」を認めるかであった。それは、だれ（浅井氏・京極氏）がだれ（郷氏・日向方・光汲房）に長岡郷を安堵するかということと、その安堵の条件が「上へ御入魂」（御恩と奉公）の意思（行動）をもっているかどうかであった。これは、守護公権とは関係のない領域支配と主従制の問題であり、浅井氏が京極氏の権力体系を自己の権力体系の中に組み入れようとしているといえる。その意味で、すぐれて政治的な権力編成的な問題といえる。

相論の関係者

この長岡郷の問題には、京極氏の重臣の山田氏以外に、浅井氏では西川方、東野政行《まさゆき》、浅井忠種、慶加および大野木茂俊が働いている。

浅井忠種は、郷伊豆守に宛てて「鏡新田に関する文書を預りました、申し調《ととの》へるべきところ、取り乱し、遅滞してしまいました。昨日、山田上野守方の書状を我らに持ち遣わされましたが、……我らが『如在』（手抜かり）したように言われるのは迷惑です」としている。忠種が「文書を預り」「申し調へ」ていたことが分かる。また、慶加および大野木茂俊が郷氏の代官補任に関わって礼物を受け取ったり、「別儀なく『申談』ました。……『相違之儀』においては、何時なりとも私が『分別』を入れます。……『御入魂』を仰するところです」としている。広く関係者の意見を汲み取り了解・調整（「申調」・「申談」）をして、裁定・問題解決が計られたといえる。用水相論の裁定と同じといえ、浅井氏の在地支配の一つの特質といえよう。

久政裁定の先例化

そして、天文二〇年、浅井久政は日向方と光汲房との買徳相論について裁定するが、この文書（裁定）は、永禄四年、賢政《かたまさ》（長政）によって「久政の折紙《おりがみ》（書状、裁定状）の旨に任せて、前々のごとく、御知行に異儀（議）があってはならない」とされており、先例となっている。ここに、浅井氏権力確立の方向性を指摘できよう。

七　浅井氏の知行・裁定の論理

戦国大名化の指標

浅井氏の戦国大名化の指標として、小和田哲男氏は知行形態の変化を指摘され、「永禄三年段階における知行宛行いの方式が、天文二一年段階の方式と根本的に相違した。一人の知行の『跡』を別の家臣に宛行うという形態から一円知行的な方式に転化している」とされた（小和田前掲書）。

浅井氏権力の成立

しかし、氏が掲載した二点の史料では変化がみられるが、一般化はできない。浅井氏は永禄三年段階以後も、宛行ったものは「〜跡」である。永禄三年の若宮藤三郎宛のほか、元亀四年八月一八日の垣見助左衛門尉宛まで、年未詳の一点を加えると八点ある（若宮文書ほか）。

また、このことは、知行・宛行状にある「進置」・「配当」あるいは「申談」という表現と関わり合う。右の八点うち、五点がこれらの文言と結び付いている。

浅井氏は家臣に対して、その存在・支配（荘園諸職《しょしき》等の得分と年貢の押領）を承認して、軍役を吸い上げるところに成立した権力といえる。

小谷城への登城、在城

先に用水相論で、浅井氏の裁定の確立の一つとして小谷城への当事者・関係者の「登城」「在城」を指摘した。用水相論以外でもこのことは指摘できる（ただし、亮政の文書にはない）。

久政の代になって、(a)天文二四年に小山との草場入会をめぐる相論において「来る廿八日、詮作を遂げるべく候の間、早朝、登城仕り、明らめ申すべく候」と雨森《あめのもり》地下人中に宛てている。この他、(b)同年には、先に考察した高時川の用水相論、(c)年未詳だが、芝田藤四郎等に宛てて「子細有るにおいては、きっと登城せしめ、明らめ申すべく候」と命じている例、(d)同じく年未詳で、賀藤内介宛井関七郎兵衛門尉方下地《したじ》のことにつき「きっと登城せしめ候て、子細を承わるべく候」とする、四つの事例がある（伊香文書ほか）。

小谷城で裁定を行う

ここに上げたのは、浅井氏の書状の例であるが、高時川の用水相論や竹生島の例で示したごとく、奏者や家臣が「明日ニて候も御登城候而」と命じているものがあり、小谷城で裁定が行われていたことは明白である（三田村文書）。

「詮作」を遂げる

裁定は、右のごとく、小谷城において「子細を申し」て、「糺明を遂げ」あるいは「詮作を遂げ」て、下される。久政は天文一七年に大浜新右衛門に宛てて「竹生島大聖院大工職之事、富田太郎兵衛申子細候間、……遂糺明、可申付候」としているほか、同二二年、同二四年にもその例がある（阿部文書ほか）。

長政も、永禄九年に「井水之儀、小今村存分申ニ付而、遂詮作候」と「馬渡上下並《ならびに》富田百姓中」に送っているし、同一一年にも「子細候者、追而可被遂詮作候」と井口氏に伝えており、他に年未詳の例がある（富田文書ほか）。

「証跡明鏡」

相論裁定の論理・論拠は、一つは「証跡明鏡」である。亮政は、「雖御相論候、証跡明鏡之上者、御寺納、不可有相違候」、「証跡為明鏡間、御理運に相果候」とする（成菩提寺文書・竹生文書）。また、長政も「証跡明鏡上、久政任折紙旨、如前々、御知行、不可有異儀候」、「代々書物、令披見候、誠明鏡之子細候」とする（郷野文書ほか）。

「筋目」

また、「筋目」も指摘できる。天文七年の亮政の文書が初見で「以古帳之筋目、堅可有御催促候」としている（下坂文書）。久政の時には、天文二一年に島又四郎に宛てて「以最前之筋目、可被申付候」とし、天文二四年に二件、弘治二年に一件ある（若宮文書ほか）。また、長政は、永禄五年に光汲房に宛てて「以御買徳之筋目、無紛之条、全御裁判、不可有相違候」としたほか、同九年、同一一年、元亀元年にも栖雲軒に宛てて「其表御行延之御様躰、……前々被加御意、筋目相違仕候」としている（郷野文書ほか）。

裁定の継承

浅井氏における裁判は、小谷城登城の上、相論両当事者の意見を聞き、「糺明」・「詮作」あって、「証跡明鏡」として、また「筋目」をもって裁定が下されたといえよう。

浅井氏は代々の裁定を継承してゆく。天文二〇年の久政の文書に「当寺之儀、亮政仕折帋（紙）之旨、聊不可有相違候」とあり（観音寺文書）、亮政の裁定が先例・不易の法となっている。同様の例は、長政の時には一層増加する。永禄四年の惣持寺「掟条々」の第五条には「一、久政如申定、御門徒中、於違背之族者、堅違乱可申事」とあり、同年の光汲房宛書状では「所詮証跡明鏡上、久政任折紙旨」と裁定し、同五年には「亮政任折紙之旨、全知行、不可有異儀候」とある（惣持寺文書）。同じく、永禄九年竹生島に宛てた長政書状には「当年之儀、天文二二年如置目、相除候」とあるが（同寺文書）、この「置目」とは浅井久政が発布した天文二二年の徳政令である。

天文末期になると、浅井氏の論理が確立してゆくと言える。前章で考察した京極氏から浅井氏への転換期とおよそ一致する。

八　浅井氏と家臣と御屋形

浅井氏当主と家臣団

右に、浅井氏の相論の裁定方法は広く関係者の意見を聞く手続きを取るとした。それは戦国大名に抱く独裁者・専制的権力者の像とは異なろう。浅井氏家臣との関係はどのようなものであったのか。浅井氏当主は家臣団から何と呼ばれていたかをみよう。

通称と名乗

(A)奉行人とされる赤尾清政書状には「去々年亮政如折紙」と、名乗の亮政が記されている（菅浦文書）。また、久政も、浅井亮頼書状に「新九郎加異見、……久政以折紙」（竹生島文書）、同じく、田付直清書状に「久政御墨付」（飯福寺文書）と、通称と名乗で表記されている。

長政も、賢政の時代、多賀公清書状に「賢政、公事も指合」（永禄三年、竹生島文書）、赤尾清綱書状に「従賢政、御身上之儀、被申付而」（『島記録』）とある。また、長政となっても、中島直親と磯野員昌は諸浦地下人中へ「長政被申付候、可被成其心得候」（永禄八年、堅田郷士共有文書）と奉じ、長命寺への制札は中島宗昌と赤尾清冬の連署によるが「長政制札進置候」（同寺文書）とする。有力家臣である磯野員昌は、無論、「長政被申付候」あるいは「長政江申聞」と、名乗を記載する。

(B)浅井亮政は、三田村定頼書状では「備州へ御礼之儀」（天文五年、松尾寺文書）とあり、官途・備前《びぜん》守で表現されている。熊谷直元《なおもと》書状でも「備前守申聞候処」（東野文書）とある。久政も、田付直清書状に「野州様御用之由」（飯福寺文書）とあるのをはじめ、「菅浦文書」など村宛に多く見られる。

長政も、赤尾美作《みまさか》守清綱の今井藤九郎等宛書状に「備前守其覚悟勿論候」（永禄四年七月三日付、『島記録』）などのほか、同じく、「菅浦文書」にも散見される。

(C)この他に、中島直親書状では「殿様へ進上候」（年未詳六月一六日付、『島記録』）と、「殿様」という表現が一つある。

「殿様」

以上から、浅井氏は亮政・久政・長政の三代にわたって、当主は実名と官途・通称で表現され、変化しないといえる。

京極・六角氏との相違

それは、京極氏や六角氏が明確に「御屋形」とされていたこととは大きな相違といえる。天文三年の「小谷の饗応」で、京極高清・高延父子は「御屋形様・御曹司様」であった。また、同年の成菩提院の『年中雑々』でも「一御屋形へ一通」であり、「浅井殿へ一通」と明確な差がある。天文一四年の『浄信寺地帳』でも「御屋形様高明、同亮政折紙」となっている。年号が確かめられる史料上では、天文末期まで、京極氏は御屋形（守護）として存在したと考えられる。

浅井氏の京極当主の呼び方

一方、浅井氏による京極氏当主の呼び方は、亮政の代には「五郎殿様」および「上様」、久政の代では「上様・若上様」である。浅井氏が京極氏を「御屋形様」とする表現は一点しかない。それは天文一九年の「長岡鏡新田」の問題で、久政書状に「御屋形江得御意候」とあるだけである（前述）。浅井氏は積極的には京極氏を「御屋形」とは表現しなかったのではないか。なお、長政の代には、京極氏の存在を示す事例は管見の限りない。

浅井氏と家臣団の関係

これらから、浅井氏は、家臣団との間にいわば「一揆」的・「国衆」的関係を一定度持ち続けたと考える。この関係、また家臣団がそれぞれのレベルで「一揆」的関係を形成していたこと（第五—九、第七—三参照）は、浅井氏の軍事力の強さと考えられる。それは、「一揆」的・「国衆」的関係とは横の連合であり、「同士」「共和」的構造をもち、目的を同じくする者の集団だからである。

京極氏の権威と地域支配

また一方で、守護としての京極氏の権威を完全には否定しきれなかったと言えよう。その「克服」は、浅井氏の地域支配（権力秩序形成）の実質性・実行性をどう評価するかと関わるが、天文年間の終り、あるいは長政の代となろう。

第五　浅井長政の登場

一　長政の自立

長政の元服

浅井長政《ながまさ》は、永禄《えいろく》二年（一五五九）、一五歳で元服したとされる。新九郎賢政《かたまさ》と名乗る。幼名は猿《さる》夜《や》叉《しゃ》とするが、父久政《ひさまさ》と同じであったことになる。既述のごとく、賢政としたのは六角義賢《よしかた》の偏諱《へんき》を受けたものと考えられ、また、六角氏の重臣・平井定武《さだたけ》の娘を妻としたとする。これらは、天文《てんぶん》二二年（一五五三）に敗北して以来の浅井氏が置かれていた政治的地位・関係を端的に示すものである。

六角氏からの自立

長政は、元服直後の四月、妻を離別する。言うまでもなく、このことは六角氏との関係を絶つこと、対立し、合戦となることを意味する。この時、今井定清《さだきよ》は小谷城《おだにじょう》に登っていたが、「久政父子とも、いろいろ懇《ねんご》ろの様躰ども候らいき」（五月二三日付書状『島記録』）と記しており、この決定が長政の独断で行われたとは考えられない。『浅井三代記』は、長政が父に告げなかったことで、父子が不和となったとするが、一五歳の元服したばかりの若者が一人で、三〇半ばの父に反逆する形で妻を離別し、六角氏との関係を絶つとは考えられない。

長政擁立の背景

では、この重大な決定は誰によるものか。『江濃記《ごうのうき》』に「赤尾・丁野《よおの》・百々《どど》・遠藤・安養寺等と評定して、父の下野守《しもつけのかみ》久政を隠居させ、万事政道を改め、祖父高（亮）政入道のごとく六角家の下風に立つまじとて、平井加賀《かが》守が娘を送り返し、六角との無事を破り、手切れの軍、可有よし」とある。『江濃記』はどこまで信頼できるか疑問はあるが、久政を「隠居」させたのは赤尾氏以下家臣団の「評定」であったことは十分に考えられる。この「評定」は、これまで指摘してきた「国衆の一揆」と考えてよかろう。浅井氏の内部で路線対立があり、長政が擁立されたと想定して間違いなかろう。

この離別（六角氏への反旗）は、当然、以後の浅井氏の命運を決するものとなった。浅井氏はこれまで、京極《きょうごく》氏の内訌の中で成長し、京極氏と六角氏との対立の中に身を置いて、生き抜いてきた。この後、浅井氏また江北の武士は六角氏と前面で主体的に戦うことになる。それは、京極氏の没落、浅井氏の京極氏からの自立を背景にしているが、新たな組織・権力体系への脱皮（結束）といえる。

長政への変革

また、これは単純な一時的な方向転換ではなく、周辺の情勢を見据えた周到な計画に基づくものであったといえる。それは、この後の賢政（長政）の家督相続（久政の隠居・引退）、織田氏との婚姻、長政への改名が一連の方向（「長政への変革」）と読み取れるからである。この決定（方向変換）をリードした「国衆」（家臣団）とは、磯野員昌《いそのかずまさ》を中核とする勢力だったと想定できる。

六角氏との絶縁時期

なお、六角氏との絶縁（離婚）は永禄二年とされる（『東浅井郡志』）。その論拠は、『蒲生文武紀』に載る、永禄二年五月六日の「条々」であるが、その内容には、佐和山《さわやま》城乗っ取りの褒美五万疋、その子孫への五百石の加増などとあり、問題がある。

二 長政と六角氏

六角氏の家督移譲

この時期、六角氏では、義賢が、父定頼《さだより》の七回忌に合わせて息子義弼《よしすけ》（義治《よしはる》）へ家督を譲与し、剃髪して承禎《じょうてい》とした。弘治《こうじ》三年（一五五七）一二月から翌永禄元年四月にかけてのことである。この時（一五五八年）、義賢（承禎）は三八歳、義弼（義治）は一三歳、また浅井賢政（長政）は一四歳、久政は三三歳である。

今井定清を厚遇

浅井賢政は南部を固めていった。坂田郡南部の有力一族今井定清はその書状で「(小谷に)登城して、久政父子に厚いもてなしを受けた。ここに、新九郎(賢政)所用の甲冑が到着した。めでたいことである。今後も忠義を励みたい。皆々に見せたいと思っていたが、延びて明日になった。ぜひ見て欲しい」とその重臣の島秀安に伝えている(前掲書状)。賢政所用の甲冑を与えられた厚遇に、感激の様子が知られる。

高野瀬秀澄を引き込む

また、浅井氏は、愛知《えち》郡の名族の高野瀬《たかのせ》秀澄《ひでずみ》を引き込んだ(『近江輿地志略《おうみよちしりゃく》』)。そこで、六角義賢は、高野瀬秀澄の肥田《ひだ》城(彦根市)を水攻めにする。永禄三年四月三日より、廻り五八町に、横一三間の堤を築き、宇曾《うそ》川と愛知川の水を利用したが、五月二八日に大洪水にて不慮に堤が崩れ、水は落ちた、と『近江輿地志略』は記す。が、「惣持寺《そうじじ》文書」によれば、「明日(九月一九日)申《さる》の刻に、肥田表の堤切り候て、水ことごとく引き候よし、昨夜、北(小谷)へ注進候」(西森景頼書状)とある。

義賢、京極高佳を誘う

六角義賢は京極高佳《たかよし》(高慶)を誘う。高佳は、天文一三年に京極高広と和して以後、天文一九~二二年の南北闘争にも関与せず、蟄居していたと考えられる。

永禄二年、高佳は荒尾民部丞《みんぶのじょう》に書状を送り、「(京極)高広御進退、言語道断之趣候。それにつき、家の儀、六角・三好筑前守《みよしちくぜんのかみ》取り立て申すべき段、深重入魂の子細候間、去る九日、江南に至り、打ち越し候。火急出張調への儀候、この刻、粉骨を抽《ぬき》んで、当方再興の覚悟、神妙たるべく候」とある（百々文書）。六角氏と三好筑前守長慶《ながよし》による「（京極）家の儀、取り立て」「再興」が目的だったことが分かる。

高佳の動向

しかし、高佳には、永禄二年に、郷伊豆《いず》入道への「田中右京進《うきょうのすけ》遺跡分代官」の付与（慶加書状、郷野《ごうの》文書）、惣持寺への「制札」（惣持寺文書）があるだけで、他に活動を示すものはない。

六角承禎「条書」

永禄三年七月二一日の六角承禎の「条書」（春日倶一郎氏所蔵、丸山幸太郎「永禄三年六角承禎条書について」）は、斎藤道三《どうさん》の履歴を解き明かした史料として著名だが、その主題は六角義弼と美濃《みの》斎藤義龍《よしたつ》の女子との婚姻問題である。

この時、承禎は家督を譲っていたが、承禎は義弼と朝倉義景《あさくらよしかげ》の女子との縁談を進めていた。ところが、六角家中では義弼と義龍の女子との婚約が進められようとした。これに承禎は激怒して、その中止のために平井氏等重臣に送ったのがこの「条書」である。

六角氏と周辺氏族

承禎は、斎藤氏の家柄を三代さかのぼって、その下剋上・悪逆無道を非難し、六角氏の「家の面目」を失うとする。一方、土岐《とき》・朝倉氏は対等でふさわしいとする。六角氏と土岐氏とは代々婚姻関係があり、承禎の室は土岐頼芸《よりなり》の妹で義弼の母、承禎の妹は頼芸の室である。なお、この時、頼芸は六角氏のもとに身を寄せ、頼芸の弟・揖斐光親《いびみつちか》は越前《えちぜん》の朝倉氏の下にあった。

六角氏の対浅井政策

ここに、承禎は土岐・朝倉氏と、義弼は美濃斎藤氏との婚姻により連合を強化しようとしているのであるが、その目的の一つは浅井氏に対抗するためである。承禎は、「条書」の初めに「山上へ義弼取退き候子細、何事候哉」と前年（永禄二年）九月の浅井氏との対陣、肥田城攻めの敗退を叱責している。また、後段の条では「先年（六角方が）北郡出陣の時、濃州井口《いのくち》より斎山（斎藤道三）自身、矢倉山（彦根市）まで出陣して来ており、義弼に万一のことがあった時、合力として、井口（斎藤氏）よりの出勢を期待しているのかも知れないが、頸に縄を付けても出て来ない」としている。

この「先年の北郡出陣」が何時か特定する材料はないが、天文年中の浅井氏（および京極氏）との対戦であることは間違い。そして「万一の時」とは、浅井氏の出陣であることも確かである。

斎藤氏の勢力伸長

さて、六角氏と斎藤氏および朝倉氏との婚姻は成立しなかったが、この「条書」には、六角氏方の内実と周辺諸国の情勢と、この時期の身分秩序に対する理解が窺えて興味深い。斎藤氏は、六角・朝倉・土岐氏等から新興勢力として位置づけられ、信用されていない。その対策の一つとして婚姻問題が持ち上がったのであるが、それは斎藤氏の勢力伸長が旧勢力・身分秩序に多大な影響をもって来たことを示す。

浅井氏の自己認識

これは一つの「下剋上」であるが、この斎藤氏に対する六角氏等の認識は、浅井氏にもあてはまる「課題」(時代状況)であったといえる。浅井氏は六角氏の家臣平井氏の娘を離縁し、やがて織田信長《おだのぶなが》の妹お市《いち》を迎えることになるが、その背景の一つは斎藤氏の勢力伸長であり、また浅井氏には新興勢力としての自己の立場の認識があったと考えられる。浅井氏は六角氏等の旧勢力・身分秩序から脱して、しかも新興勢力の斎藤氏に潰されないために、織田氏との婚姻を選んだと考えられる。この点は後述する。

三　野良田合戦

六角軍の陣容

永禄三年八月、六角義賢は北郡征伐の軍を起こす。「先陣は蒲生賢秀《がもうかたひで》、永原重興《しげおき》、進藤賢盛《かたもり》、池田景雄、二陣は楢崎壱岐《ならさきいき》守、田中治部太夫、木戸小太郎、和田玄番《げんば》、吉田新介等、後陣は義賢の馬廻と後藤、箕浦《みのうら》、田崎、山田で、その勢は二万五千余騎」とある(『江濃記』)。数は誇張である。愛知川を渡り肥田城を攻めるために野良田《のらだ》(彦根市)に陣した。

浅井氏の対応

肥田城の高野瀬秀澄は浅井賢政（長政）に報告する。浅井氏方は「百々内蔵助《くらのすけ》、磯野丹波守《たんば》、丁野若狭守《わかさ》を先陣の大将として五千余騎出張し、後陣は賢政、赤尾、上坂《こうさか》、今村、安養寺、弓削《ゆげ》、本郷を前後左右に随へて六千余騎、野良田表へ押し出した」（同前書）。

南北分け目の合戦

さらに、『江濃記』の記述によれば、「一番に百々内蔵助と蒲生とがわたり合い、二時《ふたとき》ばかり戦った。互いに一足も引かず挑み合う時、敵の二陣楢崎、田中、土肥等が急に横から攻撃してきたので、たちまち敗走となった。百々は『南北のわけ目の合戦なり』と引き返して戦い、結解《けちげ》十郎兵衛を取り押さえたが、その郎党に討ち取られた。これにより、浅井軍は敗色を呈し、六角方は力を得た。賢政は、ここで安養寺氏秀と今村氏直を招き、『南北のわけ目の合戦であるから命を惜しむな。敵の兵は勝ちに乗じて油断して進撃してこよう。敵の先陣は疲れているから、新手（精兵）をもって迎え撃つべし。もし、敵陣が動揺するのが見えたならば、義賢の本陣を衝く』と言い、兵を二手に分けて、一隊は大野木茂俊、安養寺氏秀、上坂刑部《ぎようぶ》等に蒲生賢秀の勢に当たらせた。敵兵は案のごとく、新手に掛け合い、唯々まくりにまくりつけられ、蒲生の一門伊勢の千草がここで討ち死にし、この外皆敗走した。賢政も自ら精兵を率い、義賢の本陣に向かって殺到したので、義賢はたちまち敗走した」という。また、討ち取った首九二〇、討たれた者四〇〇余、手負い三〇〇余とするが、無論、これも定かではない。ただ、この合戦での勝利は、大きく勢力地図を塗り替え、浅井賢政の自立をもたらしたと考えられる。

六角方の敗走

四　家督相続・久政の隠居

久政の隠居

永禄三年一〇月頃、浅井久政は家督を賢政に譲り、小谷城の小丸に隠居した。以後、久政の小丸殿と呼ばれたとする。家督譲与・相続の時期について、『東浅井郡志』は、久政の文書が永禄二年には玉泉坊への安堵状《あんどじょう》（徳満寺《とくまんじ》文書）や総持寺への寺掟ならびに門徒衆置目（同寺文書）を出した後、同三年六月二日の雨乞い人足を河合・古橋両郷に命じたもの（古橋共有文書）で途絶えること、一方で賢政の初見文書が同年一〇月一九日の若宮藤三郎宛であること（同文書）をもって比定している。従うべきであろう。

賢政の家督相続

この家督譲与が円滑に行われたことは、永禄四年四月一四日の賢政の安堵状に「久政折紙（書状）に任せて」とあり（郷野文書）、賢政が久政の裁定を引き継いでいることで指摘できる。なお、久政は、永禄四年、賢政が備前守《びぜん》へと変えるのに合わせ下野守《しもつけ》となるが、この下野守でも文書を複数出している。永禄一一年には、朽木氏《くつき》への起請文《きしょうもん》に長政と連署している（朽木文書）。久政はその地位を一定度保持しており、現実は二頭政治的であったと考える。

若宮氏

さて、賢政の文書が最初に若宮氏に出されたことは重要である。久政の代に続けての重用といえるが、賢政は三〇〇石の「配当」をもって誘っている。若宮氏は京極氏の老臣一族で、高慶に属していた。その本拠は宇賀野《うかの》（米原市）であり、北国街道と浜街道との接点で、太尾《ふとお》城と朝妻《あさづま》城とを両睨みができ、江南への軍事上重要な位置を占める「国境」地帯で、南北の緊張する場である。

若宮氏の活動

現に、若宮氏は六角氏方の情報を寄せる。「明日、（六角）承禎の御働きある」と送り、これに対して賢政は「御在所の宇賀野を放火するとするが、一戦におよぶこと恐れてはならない。今井方へも堅く申し合わせている」と答えている（若宮文書）。また、賢政は「御注進は誠に御心に入った。本懐である」とも書き送っている（同前文書）。

さらに、同年一二月九日には、「この度、帰参に就き、新庄遺跡・寺庵・被官、ならびに筑摩《ちくま》拾五条を参らす」とする。この「新庄遺跡」は新庄直頼の没収地を指す。新庄氏は原と新庄（米原市）を領地として、父の直昌の代より朝妻に城を築き、移り、六角氏に仕えたとされる。若宮藤三郎は、賢政にとって、この地域の中核的存在となったと考えられる。

世継の合戦

まさに、この前後、宇賀野の西にあって朝妻と対峙する世継《よつぎ》（米原市）において、若宮藤三郎と中村方との間に合戦があった。藤三郎は「自身、手を砕かれながら、頸を討ち取った」として磯野員昌より賞されている（同前文書）。また、世継において、島秀淳が中村道心兵衛を組討ったことを賞す今井定清の書状（『島記録』）もある。

五　美濃斎藤氏への出陣

刈安尾城

同じ時期（永禄三年一二月一二日）、浅井賢政は若宮藤三郎に宛てて「美濃との堺目、刈安《かりやす》尾《お》と申すところ、一両日中に、美濃より城に申し付くべきの由、風聞候間。則ち、今日、此の方より申し付け候。大原道まで人衆少々遣わし候、別儀あるべからず候。時にご安心すべく候、御心得のため、かくの如く候」と送っている（若宮文書）。

刈安尾城は、上平寺（米原市）にあって大原氏また京極氏の城砦で、大永三年兵火にあい、京極高広が再興したが、永禄二年九月高慶（佳）が賢政に敗れて荒廃したと考えられる。この地域は、江南ばかりでなく、美濃からも攻撃される危険地帯・国境地帯である。

斎藤、六角氏の連携

この美濃からの攻撃とは斎藤氏の進攻であり、六角氏との連携によるものであった。六角氏は永禄三年の野良田での敗北後、再度決戦を狙っていた。六角義弼と斎藤義龍の娘との婚姻はなくなったが、背後を固めるため連携をとったと考えられる。義龍も父道三を殺して国を手中にしたが、領国は不安定であり、六角氏との結びつきは必要であったと考えられる。義龍は竹中重高をして刈安尾城を攻め落とさせようとし、世継での合戦も、これに連動していると考えられる。

賢政の対応

これに対して浅井賢政は、武器の用意として、諸寺院に「矢銭万疋」を賦課した。「誠に時分柄御迷惑推察せしめ候、然りといえども、……年内に調達肝要候」とする（飯福寺文書）。当時の相場では米一石が八百余文であり、万疋・一〇〇貫文は約一二〇石となる。相当な額である。

また、『島記録』によれば、賢政は今井氏を太尾城の監視に使うために、赤尾清綱をして、今井氏の老臣島秀安と田那辺《たなべ》式部丞《しきぶのじょう》との不和を解かせたという。

賢政の美濃侵入

この前後、美濃の日根野《ひねの》備中守《びっちゅうのかみ》弘就《ひろなり》兄弟が賢政に通じた。そこで永禄四年二月賢政は六千余騎をもって美濃に入った。『江濃記』は「磯野員昌を先鋒に、三田村左衛門光頼（カ）、野村肥後《ひご》守・堀秀治遠江《とおとうみ》守・大野木茂俊土佐守等が続き、賢政自ら二千余騎を率いて、二一日、垂井《たるい》・赤坂（大垣市）に至り陣して、方々を放火した」とする。

これを氏家常陸守直元入道卜全《ぼくぜん》が迎え撃った。笠縫表《かさぬいおもて》（大垣市）の木戸口において一戦し、一八歳の西尾小六豊後《ぶんご》守光教が稲葉縫殿右衛門某の首を討ち取ったとする（『寛政《かんせい》重修諸家譜《ちょうしゅうしょかふ》』西尾譜、卜全感状『武家事紀《ぶけじき》』）。

磯野員昌の活躍

さらに賢政は磯野員昌に命じて、兵三百を分かち、美影寺《みえじ》（御会寺、瑞穂市）に陣を取らせた。斎藤義龍はこれを聞いて、永井隼人《はやと》道利《みちとし》に牧村牛之助春豊・野村越中守正俊・道家・日根野兄弟等六千余騎の兵を率いさせ、防がせた。この大軍に、員昌の軍は微動だにしなかったので、臆したと思った牧村春豊が攻めかかったところを、員昌は打ち破った。道家等が備えを立て直して攻撃したが、賢政方二軍の堀・三田村・大野木・野村勢二千余騎がこれを撃ち、美濃の兵は稲葉山に退いた。賢政軍は数日対峙したが、斎藤氏が和を求めてきた、とする。

近江帰陣

また、この時、六角氏が佐和山を攻めたとの報があり、賢政が兵を退こうとした際、堀氏等は殿《しんがり》に進み出で、赤尾清綱がこれを助けた。この清綱に稲葉助七なるものが迫ったが、これを見た野村肥後守が稲葉と鑓を合わせた。稲葉が上鑓となり、野村の馬手《めて》の肩を突いたが事ともせず、十文字にて懸け斃《たお》し首を取った。これにより、ついに全軍川を渡り、隊伍を整えて粛々と近江に帰陣した、とする。これらの出来事を記した『江濃記』は、この時を永禄七年三月上旬とする、またその兵の数字や浅井氏家臣の団結・武勇伝等には問題があろう。

六　六角承禎の進入

六角氏の佐和山城攻め

永禄四年三月、右のごとく浅井賢政が美濃に出陣している隙に、六角承禎が永原重康の勧めで、子の義弼とともに佐和山城を攻めた。浅井方の城主百々隠岐《おき》守は切腹した（『厳助往年記《げんじょおうねんき》』）。六角方は、さらに小谷城への進軍を目指した。ここで、江南方の中村某と今井定清とが衝突し、寺倉《てらくら》（米原市）において井戸村左京亮《さきょうのすけ》清光が渡り合い、戦死している（閏三月朔日付、今井定清書状『島記録』）。

その背後には、美濃の竹中重高の活動があった。承禎は賢政が美濃を攻撃した時に、竹中氏を誘っていたが、大原口に出陣して刈安尾城を押さえ、佐和山の南軍を支援し、賢政の来陣を牽制した。「竹中文書」に六角義弼の感状あり、「大原口に在陣祝着、比類なき働き、そのため威徳院を差し下す」とある。

佐和山城

磯野員昌の佐和山入城

賢政は百々氏の弔い合戦を挑む。磯野員昌は、先鋒として、二千余騎を率いて、磨鍼《すりはり》（摺針）峯（彦根市）に到った。承禎は、ここで掲げられた旗を見て、賢政が美濃から引き上げて来ており、自分が取り囲まれることに危惧を抱き、佐和山城を捨てて潰走し、磯野員昌は佐和山城に入ったとする（『江濃記』）。この磯野員昌の佐和山入城は、その後の対江南戦略に大きな意味を持った。

浅井賢政は肥田・野良田に続く六角氏への勝利で自信を得たと考えられる。また、美濃と江南（六角）とが連携することの危険を肌身で学んだことと思う。

諸寺社への禁制

賢政は領国安定へと方策を向けることになる。諸寺社への禁制の配布がその一つで、永禄四年閏三月九日付で、称名寺と薬神社へ陣取りを免除した（同寺、大安養神社文書）。両寺社ともに浅井郡内にあるが、坂田郡にも出したと思われる。

同様に、閏三月一三日、赤尾清綱は、大原観音寺から「大原入城の衆からの乱暴があった」との訴えに、中島日向《ひゅうが》守に謝罪するよう伝えている。それは、遠藤直経が観音寺に「縄」の徴発をしていること、また、浅井井演・伊吹《いぶき》政家《まさいえ》・野村定但の連署をもって、同寺の山林が横山城の麓にあたるために、みだりに伐採することを禁止していること、と表裏の関係にあろう。

坂田郡への軍事的定着

ここには、浅井氏の横山城への入城、京極氏に代わる坂田郡への軍事的定着・拡大の意図が明確に見える。ここに登場する野村定但はもと京極高佳の与党で、永禄二年九月二七日に惣持寺への禁制に大津三郎左衛門尉とともに連署している。伊吹氏も伊吹を本拠としたと考えられる。高佳の活動がなくなったことを示そう。

七　賢政の改名・信長との「連携」

官途継承

永禄四年正月、賢政は祖父亮政の官途《かんと》（受領）を継ぎ備前守とした。前年の一二月までは新九郎であったが（若宮文書、竹生島《ちくぶしま》文書、飯福寺文書など）、二月以降は備前守と署名する（雨森《あめのもり》文書、竹生島文書、総持寺《そうじじ》文書、菅浦《すがのうら》文書など）。なお、この時、父久政は左兵衛尉から下野守、磯野員昌が善兵衛尉から丹波守、今井定清が左近丞《さこんのじょう》から備中守、島秀安が左衛門尉から若狭守、中島直頼が宗左衛門尉から日向守《ひゅうが》となっている。

改名

さらに、五月になると、賢政は名を長政と改めた。四月二五日付の「竹生島文書」には「備前守賢政」と署名してあるが、六月二〇日付「垣見文書」では「備前守長政」と署名する。また、「阿部文書」の六月五日付書状は無年号ではあるが、永禄四年と推定され、ここに「長政」とある。

織田家との関係

さて、この改名は、前述のごとく六角義賢の偏諱をうけた賢政を嫌ったものであることは確かである。そこで、長政とする改名の意図が問われる。

『東浅井郡志』は、永禄二年に平井氏よりの妻を離別していることをもって、義賢からの離反だけで説明できないことを説く。そして、織田信長の偏諱をうけて長政としたとする。首肯できる見解である。信長との関係を検討してゆこう。

花押の変化

この時（永禄四年）、花押も大きく変化する。賢政の時代は新九郎および備前守となった後も足利様の武家花押で、六角定頼の影響を受けた父久政と同じ下向きに湾曲したものであった。しかし、長政になると花押を変える（写真）。

佐藤進一氏は、一六世紀になると、足利様とはまったく類型を異にするいくつかの新様式の花押が発生するとする。長政の花押は「長」の字を右に倒した形で、織田信長の花押は信長の二字を草書体で左横書きして裏返したものであるとして、両者を「実名の文字を倒したり裏返したもの」として、同類とする。

さらに、一六世紀には親子の花押の「襲用」があることを指摘し、「他の時代に比し

1　永禄3年11月

2　永禄4年2月

浅井長政花押

6　永禄８年12月

3　永禄４年６月

7　永禄12年12月

4　永禄４年12月

8　元亀元年９月

5　永禄６年10月

織田信長花押
（右脇数字は変遷順）

6

3

7

4

1

8

5

2

て遥かに露骨な形で政治的権威たる特定個人への志向が花押に表現される」が、このことは「特定の権威への直接的、顕示的な追随、その裏返しとしての権威性を失った者に対する背反の意志が花押の作成、改変に表現される」のであり、「信長と結んだのを機会に長政と改名し、花押を改めたのは背反の事例である」とされた。六角氏への反旗、長政への改名は、この花押の改変からも、織田信長との「関係」によるものと言える。

八　お市との婚姻

長政とお市の婚姻時期

浅井長政と織田信長との「関係」の次の問題は、長政と信長の妹・お市の方（小谷《おだにの》方《かた》・於市御料・自性院）との婚姻の時期の問題である。これには次の諸説がある。

(1) 『川角太閤記《かわすみたいこうき》』の永禄二年六月説。
(2) 『東浅井郡志』の永禄四年説。
(3) 高柳光寿氏の永禄六年説（『青史端紅』）。
(4) 『続応仁後記』『浅井三代記』の永禄七年三月説（田中義成氏〈『織田時代史』〉・桑田忠親氏〈『淀君』〉らが支持して、広く受け入れられている）。

(5)『総見記』の永禄一一年四月下旬説。
(6)奥野高広氏の永禄一〇年末から一一年頃説（「織田信長と浅井長政との握手」）。
(7)小和田哲男氏の永禄一一年四月説（『近江浅井氏の研究』）

このうち(1)・(4)・(5)は編纂物の記述であり、それぞれの信頼性を検討する必要がある。(2)・(6)・(7)はそれらの信頼性を含めて論を展開しているので、これらを検討することにする。なお、(3)は論拠が示されていない。

まず、小和田氏は、永禄二年は、信長が尾張《おわり》一国を統一したばかりで、まだ今川義元《よしもと》を破っていないので、浅井氏との同盟は不可能とする。また、『川角太閤記』を否定して、これに依拠する『東浅井郡志』の永禄四年説も検討しない。そして、奥野氏を論拠に、『総見記』を信頼して長々引用し、永禄一一年四月説を展開した。

奥野説の論拠

さて、上記の編纂物のなかで、信頼性の比較的高いのは『川角太閤記』であり、『続応仁後記』『浅井三代記』は読み物、そして『総見記』も信頼されていない。そこで核となる論は、奥野氏説と『東浅井郡志』となる。

奥野説の論拠となる史料は次の二点である（A堀部文書『古文書纂』・B福田寺文書）。

A雖未申述候、啓達候、尾張守殿エ以書状申候、宜預御執（成脱カ）候、仍太刀一腰・

馬一疋進覧候、向後可申承便迄候、尚氏家方・伊賀方□(可)有伝説候、恐々謹言

九月十五日　　　　長政(花押)

市橋伝左衛門尉(長利)殿　御宿所

B御書畏令拝見候、仍浅井備前守与信長縁変(辺)雖入眼候、先種々申延(述)、信長無別義(儀)、猶以自心(身)切々調略候条、無由(油)断、不存疎意候、急度罷上、可得御意候、委細山岡美作守エ申渡候条、此等之趣、宜預御披露候、恐々謹言

十二月十七日　　(和田)惟政(花押)

三雲新左衛門尉殿

三雲対馬守殿

市橋長利に仲介を依頼したものか

Aを、奥野氏は、長政は信長との婚姻を求めて「文通したこともない市橋長利を介し、信長に書状と太刀・馬を贈呈し、知音のある氏家卜全《ぼくぜん》・伊賀守就《もりなり》にも口添えを依頼した」もの、と読んだ。また、この年代を、信長が尾張守を称したのは永禄九年九月一三日から同一一年八月までであることから、永禄一〇年のものとした。そして、この長政と信長との「握手」の背景は、この年八月一五日、信長が美濃三人衆(稲葉一鉄《いってつ》・氏家卜全・伊賀守就)の内応により斎藤龍興を伊勢《いせ》長島に追い落とし、美濃を手に入れたことで、

国境を接する長政にとって油断ならない事態が生じたからとする。

史料Aの解釈

さて、この文書の内容は奥野氏の解釈でよいのだろうか。小和田氏はまったく疑問を持たないが、私はこの文書を次のように読む。

未だ（あなた〈市橋〉には）お手紙を差し上げたことはありませんが、尾張守（信長）殿へ書状をもって申しております。よろしく御執り成しに預かるべきです。そういうわけで、太刀一腰と馬一疋を進呈したします。今後、（ご意見を）申し承りたく便りをするまでです。なお、氏家と伊賀方がお話されるでしょう、と。

長政・信長の共同行動

これは、長政が、市橋氏に対して信長方になることを勧めたもので、信長へは長政から書状が送られており、詳細は氏家と伊賀方が話すと伝えたものである。信長に書状を出したのは長政であるが、「御執成」に預かるのは市橋氏であり、長政が太刀と馬を贈る相手は市橋氏である。長政が信長へ太刀と馬を贈り、信長への接近を図ったものではない。市橋氏が、長政の書状により、信長の「執成」に預かれるのであり、これは長政と信長との美濃攻略の共同行動であったと考える。すでに、この書状の時点で長政と信長は「握手」をしていると言える。

市橋長利

また、「執成」とは物事がうまく行くように計らってもらうことであり、婚姻・縁組を意味するものではない。果たして長政は、信長の数いる重臣等を差し置いて、音信のない市橋氏に、あるいは音信もない信長のその妹との縁組の仲介を頼むだろうか（「音信もない信長」とするのは小和田氏。なお、奥野氏は、正しく、音信のない市橋氏としている）。

なお、奥野氏は市橋長利が信長の幕下になったのは永禄六年とする。この時期、長利が、信長方として美濃国人の切り崩しに働いていたこと、また同一二年に一〇月の信長の伊勢大河内城攻めの軍に従ったことは知られる。ただ、美濃の情勢は混沌としており、この間、長利が変わらずに信長方であったかは推定の域を越えない。市橋長利が信長から去り、この時（永禄一〇年）に復帰を求めたことも十分考えられる。ちなみに、元亀《げんき》元年（一五七〇）になっても美濃の国人の足元は固まっていない（木下秀吉書状、大橋文書）。

史料Bの解釈

次に、奥野氏は史料Bをもって、長政と信長の縁談を仲介したのは六角承禎であり、和田惟政《これまさ》が斡旋したとする。また、この文書は永禄八年のもので、「山岡景隆とともに信長と長政との縁談を斡旋し、恐らくは小谷の城下に滞在しており、（承禎の）督促状をうけ」て出された。内容は「（信長は）応諾はしたが、長政は種々申延べているので、なおしきりに奔走している。委細は山岡景隆から聴取してほしい」とするもので、承禎の家臣三雲定持・成持父子に宛てて、承禎へ返答したもの、とする。

長政・信長の破談を画策

さて、これも氏の解釈に大きな問題がある。文中に「浅井備前守与《と》信長縁辺、雖入眼候」とあるので、「縁辺」(婚姻)はすでに「入眼」(成就・完成)しているのである。そして、「雖入眼候」(婚姻が成就していながら)、「先ず種々申し延(述)べた」のは惟政であり、長政ではない。「信長は『別義(支障・異論)無い』ので、私(惟政)は一生懸命調略して(長政の意見を変えさせ)ます。油断なく疎意なく(面倒くさいと思わずに)きっとお心に沿うようにします」と約束したもの、と私は読む。すなわち、この書状は、六角氏が長政と信長の縁談を斡旋したものではなく、逆に破談を画策したものと解釈する。そもそも、六角氏が観音寺騒動後(後述)、長政と信長の縁談を斡旋する必然性はあるのだろうか。

また、年代比定に論拠が示されていない。賢政が備前守長政とするのは、前述のごとく永禄四年五月頃からである。また、和田惟政の幕府の使者としての活動が永禄三年三月には見られるので(奥野論文)、永禄四年以降、惟政の没年の元亀二年八月までが考えられ、永禄八年とは断定できない。

信長の呼ばれ方

ところで、この書状では、長政は「浅井備前守」とされているが、信長は名字・官途なき呼び捨てである。年代を推定するのに重要な点と考えられる。信長が未だ十分に台頭していない、政治的に認知されていない時期とは、永禄の早い時期であり、遅い時期ではなかろう。そして、その時点で、長政とお市の婚姻は成立しているのである。

なお、『東浅井郡志』は、この文書を元亀元年のものとし、姉川《あねがわ》合戦後の長政と信長の講和に関わり、和田惟政と六角承禎とが両者を仲介したが、長政が応じなかったとする。これは「縁辺」の解釈間違いから来たものと考えられる。

ちなみに、奥野説では、六角氏が構想した永禄八年の婚姻（史料B）は崩れて、永禄一〇年末以後に長政は独自のルートで信長と「握手」した（史料A）ことになる。長政が一度は自ら断った婚姻を、二年後に見ず知らずの市橋氏に仲介を求めるなどということは、時代状況（永禄八～一〇年）等を考えても（後述）、あり得まい。

以上のごとく、奥野氏のA・Bの史料解釈、そこからの永禄一〇・一一年婚姻説は成り立たない。無論、この説を踏まえた小和田氏の論も成り立たない。

永禄一〇年以後説と子供の年齢

なお、ここで付け加えておくと、永禄一〇年以降に婚姻したという説は、お市の方の生んだ子供の年齢問題で破綻している。長政の嫡男万福丸は天正《てんしょう》元年（一五七三）に一〇歳にて殺されたので（『信長公記《しんちょうこうき》』）、永禄七年に生まれているからである。余談だが、小和田氏はこの矛盾を解決するために、万福丸はお市の子ではなく妾腹とし、長女淀《よど》（茶々《ちゃちゃ》、豊臣秀吉側室）の生年も永禄一二年とする。さらに、お市は再婚あるいは三婚かもしれないとか、万寿丸（正芸・直政）等の長政の子供を登場させるが、いずれも検討に値しない。同じく、『総見記』をもって婚姻の経緯を説明するが、同書の信頼性は低い。

お市の娘たち

なお、淀は元和《げんな》元年（一六一五）に四九歳にして自刃したので永禄一〇年生まれ。次女常高院（初子、京極高次室）は寛永《かんえい》一〇年（一六三三）八月二七日に六六歳で死去したので（常高院過去帳）、永禄一一年生まれ。末女は崇源院（達子・小督、徳川秀忠《ひでただ》室）は寛永三年五四歳で逝去したので天正元年に生まれたことになる。

お市の輿入れ

お市肖像（高野山持明院蔵）

浅井長政は、何時、どのような経緯をもって、お市を迎えたのか。『川角太閤記』によれば、磯野伯耆守員昌の「分別」によるとしている。

彼（磯野員昌）は信長が天下を取るものと考え、その妹の輿入れを望んだ。しかし、近隣には敵対者が多いので困難と考えていた。その折、彼は正月に熱病となったが、九死に一生を得た。このお礼のために東国への寺社参詣をすることとした。この話は広く知れ渡っていたので、彼は参詣を理由に清洲に立ち寄った。佐久間信盛《さくまのぶもり》を仲介して信長との面会が叶い、敵中を無事抜けることを条件に婚姻の承諾を得た。そして翌年六月に、彼は夫婦連れの社参を触れ込み、小侍従と申す者を妻として召し連れてゆき、お市と入れ換えて連れ帰ることに成功した。信長は手廻り衆をお市に付け、川崎某を商売人に装わせて、祝言を見届けさせた。この調義・計略は松永弾正《だんじょう》等に評価された、とする。

『川角太閤記』

『川角太閤記』は、元和七～九年（一六二一～二三）の間に、田中吉政の旧臣川角三郎右衛門によって書かれた。表題のごとく、豊臣秀吉の事跡や逸話などを丹念に記録してあるとされ、「史実をありのままに伝えようとして箇条書風になっており、作為や誇張がなく、史料として活用できるもの」と評され、『総見記』よりは遥かに信頼されている（『日本史文献解題辞典』）。

記述の信憑性

さて、この部分の記述は、著者川角が、「本書（『川角太閤記』）は太閤秀吉の伝記であるから、『これは入らざる義にて御座候へども』……『信長記に御座無く候』と聞いたので、文末（巻五）にことさら書き付けた」としている。また、『信長記』に記述がないのは「（『信長記』作者）太田又助（和泉守牛一《いずみのかみぎゅういち》）がいまだ若き故、日帳を付け申さざる」以前のことだからとする。織田信長の史料として信頼されている『信長記』（『信長公記』）に対して、川角は自己の情報の精度を誇示していると言える。
同じく、書き出しに「永禄元年午《うま》の年、但し信長公廿五の御年尾張一国やう〳〵御味方に付けなされ候。さりながら伊勢などと御せりあい（競り合い）なされ」とあり、永禄元年の尾張の時代状況の把握は正確で、記述の信頼度を高めている。

小和田氏は、『川角太閤記』永禄二年説を否定し、信長が尾張一国を統一したばかりで、浅井氏との同盟は不可能とするが、その根拠はまったく示していない。逆に、ここには、「尾張一国を漸く平定した時」と記されており、このほうが興味深い。

私は、『川角太閤記』の内容（話）をそのまま信用することはないが、磯野員昌の判断や佐久間信盛の仲介の記述は、市橋氏や六角氏あるいは和田氏を仲介者とした奥野氏の説より説得的と考える。また、浅井氏方が婚姻を進めたことは、史料Bに長政が破談を渋ったこととも繋がる。なお、北条氏や今川氏への配慮を必要としたとの認識や松永氏の評などにも現実味を感じる。

永禄二年六月説

『川角太閤記』の永禄二年六月説は、書き出し部に「永禄元年午の年、但し信長公廿五の御年」とあり、その文中の「来年六月」という記述を読み取ったことによる。ただ、永禄二年六月では、およそ平井氏の娘と婚姻していたのと同時期となる。そこで、『東浅井郡志』は、賢政が信長から偏諱を受けた同四年をもって、婚姻の時期を提案した。そこには同書自身が言うように、確たる論拠はない。

さて、平井氏の娘の離縁を永禄二年四月としたのは『東浅井郡志』であるが、それを確定する史料もない。また、離縁と婚姻が同時進行していても必ずしも不思議ではない。さらに、家督を得る（同三年一〇月）前に婚姻しても不都合ではない。同じく、信長から偏諱を受け長政としたことと婚姻とは直接には関係しない。

意図的な戦略

私は、先に述べたごとく、元服および平井の娘の離縁（永禄二年）から家督相続（同三年）、信長との「連携」（長政への改名・花押の改変、同四年）までは一連の出来事、計画的・意図的な戦略（「長政への変革」）と考えている。

信長と長政の力関係

この永禄二～四年の信長と長政との力関係・政治力学はいかがだったろうか。織田信長は、永禄二年二月二日には、上洛して足利義輝《あしかがよしてる》に謁見し（『言継卿記《ときつぐきょうき》』）、翌三年五月、桶狭間《おけはざま》において今川義元を破っており（『三河物語』）、その拡大路線が始まっている。

永禄四年の美濃侵攻

一方、浅井長政（賢政）は、既述のごとく、永禄四年二月に美濃へ侵攻している。この唐突な出陣は、その前年に賢政は六角義賢の肥田城攻めと野良田合戦を凌いでいるとは言え、理解できない。浅井氏にとって、六角氏への警戒・緊張感がなくなることはなかったはずで、事実、その背後を六角氏に攻められている。それにもかかわらず、美濃へ出陣する必然性（名目・名分）はあったのだろうか。

信長との連携

賢政の美濃出陣は浅井氏の単独の判断によるものとは考えられない。信長との「連携」によるものだったのではないだろうか。六角氏が美濃斎藤氏と連携していたことは既述のごとくで永禄三年七月の承禎の「条書」でも明らかであり、浅井氏はその背後の尾張の織田氏に「連携」を求める必然性は高かろう。

長政とお市の婚姻

以上から、長政とお市との婚姻は、およそ永禄二年六月以降遅くとも同六年を下らない早い時期が考えられる。永禄一〇・一一年説はない。

ちなみに、この前後の賢政・長政の文書から非日常的な出来事を探すと、永禄四年四月二五日に、賢政の名で竹生島の用脚三千疋を石清水八幡に寄進させた例がある（竹生島文書）。また、その前年には徳政を行っている（一二月一三日付、竹生島文書）。

九　太尾城合戦

太尾城

永禄四年七月、六角承禎父子は、細川晴之《はるゆき》を擁して勝軍山城《しょうぐんやま》に入り、畠山高政《はたけやまたかまさ》と結び、三好長慶と対立した（『公卿補任《くぎょうぶにん》』）。この前後、浅井長政は太尾城（米原市）を奪うことを試みる。この太尾城合戦には浅井氏と家臣団との関係を物語る史料が二つ残る。

浅井氏と垣見氏

太尾城は吉田安芸《あき》守某兄弟が守備し、赤尾清冬は太尾城を落とすことができなかった。そこで、赤尾清冬は垣見《かきみ》新次郎を与力とした。これに対して、垣見助左衛門尉は新次郎が自分の与力であることを長政に訴えた。長政はこの合戦の間だけ預けること、その後は必ず返すことを約束した（垣見文書）。垣見氏は長政に対しても自己の与力の存在を主張できている。逆に言えば、長政は垣見氏の了解を得なければならなかったと言える。

味方討ち

また、この合戦で、磯野員昌の配下にあった今井定清が味方討ちに合うという出来事があった。『島記録』とそこに収録されている文書によれば、以下の通りである。

七月朔日、今井定清は夜襲を計画し、伊賀衆を忍びに入れ、城中から火の手を合図に本丸・二の丸を同時に攻める手筈をとった。ところが、忍びが手間取り、時刻が過ぎるばかりであった。島秀安は定清に「このままでは夜が明けるので引き上げるべきである。自分が後に残るので、加勢の衆も引き上げさせましょう」と進言した。定清は惜しく思いながら引き上げていたところ、太尾の方に火の手が上がった。これを見て定清は「これぞ合図の火の手。丹州（磯野員昌）に先を越されては悔しい」

と駒を引き返して衆の先陣にたち、黙して潮のごとく競い登った。磯野員昌の加勢の中を走り抜けて行こうとした時、定清は背後より一鑓に貫かれ、馬上から真っ逆さまに落ち、そのまま息絶えてしまった。今井勢はなす術《すべ》なく、城中では尾崎の番所が少々燃えたのを消しただけで、寄せ手は虚しく帰った。島秀安は、定清の遺骸を擁して、箕浦の城館に帰り、菩提所の西円寺に葬った、と。

長政の対応

さて、今井氏では嫡子の小法師丸（のち権六秀象）はまだ幼少であったので、一族が相談して、味方討ちの犯人の詮議を小谷に訴えた。長政は赤尾清綱を通じ、丁寧な弔意を今井秀頼等一族・同名中（一揆衆）に寄せた（七月三日付）。

「末代まで浅井家が逃れられない責任を感じる」と長政は覚悟している。田那部式部丞が出頭しないのは時分柄不自然である。先刻、遠藤喜右衛門直経に申し付け、田那部方へ意見した。その返事により、長政は書付をもって出頭するように申し付けた。また、今日にも参るべきところ、隙がなく叶わなかったが、長政はきっと弔問に行かれるので、そのように心得てほしい。御家の儀は疎略にすることはないので、安心してよい、と。

なお、田那部式部丞は夜襲を進言した遠藤直経の妹聟で、人々の嫌疑を受け、身を避けて直経方に寄せたという。しかし、事実ではないので、人々の勧めにより出仕したとする。

磯野員昌の謝罪

やがて、今井定清を討ったのは磯野員昌の兵士であることが明らかになった。河口新十郎が使者となって、取り扱いの「交渉」が行われた。七月五日、員昌は、再度、誓詞・起請文を今井一族・同名中に捧げ、精一杯の謝罪をした。そこには、

> 定清殿のためと思って昼夜精を入れていたところ、このような事態が出来して、天道いかなる神仏の御罰もうけましょう。口惜しく思います。世上静謐《せいひつ》ならば二度と人に面を向けられません。取り合い（合戦）が半ばなので、一先ず山中での謹慎をしたい。各々の御心中は相変わらず堪え難きことと思いますが、私の不運は図ることができません

とある。今井方もまた、衷心より他意なき旨の誓詞を送った。

戦国合戦の実像

ところで、これは味方討ちという極端な事例であるが、討ち手が詮索されている。戦国期においても戦死は重大なできごとであった。一般に、戦国の合戦は白兵戦、掃蕩戦と思われているようだが、これは正しくない。本来、中世の合戦は「裁判」の一つであり、どちらの主張が正しいかの決着をつけるもので、勝負が決まればよく、相手を殺し

てその所領を取ることを目的にしたものではない。この太尾城を取る、あるいはこれまで度々出てきた佐和山城を取られるという合戦のあり方がこのことを物語っている。ある城を取ることでその地域一帯の支配権（領主権）を手に入れることであり、取られた方は「牢人」することになる。このことは、第一―四・五の北近江の状況で見たことであり、第二からの浅井氏の活動においても、浅井氏が負けても、復活し、その繰り返しのうちに勢力を拡大したことに現れている。

後世の虚像

また、合戦は武士（侍）身分における「職務・役務」であり、庶民には無関係なもので、動員されることはあっても「非戦闘員」であった。白兵戦・掃蕩戦は後世の理解であり、兵の数を競うことも、江戸時代の軍記物がもたらしたものである。

浅井氏家臣の存在形態

さて、二つの事例には、家臣とされる側の存在形態が示されている。前者は「与力と寄親」という縦・上下の関係であり、後者は一族・「同名中」という対等の者による横の関係（組織）である。浅井氏が「国衆」という土豪・地侍また国人の「一揆」（連合）であったように、それぞれも一族・同名中という連合組織を形成していた。長政の今井氏への弔辞の宛先は「今井藤九郎、同中西、岩脇《いおぎ》筑前守、嶋若狭入道、今井藤介、嶋四郎左衛門」であり、磯野員昌の誓詞も同様に「今井秀頼、同中西家政、岩脇定政、島朴底、同秀宣」で、彼らは今井氏の一族・同名である。彼らは、佐和山籠城の有り様を決めた元亀元年九月一四日付「条々」など、「掟」(法・一揆契約状)を作って共同行動・軍事活動をとった(第七―三参照)。

一〇 江南の観音寺騒動と長政の江南侵攻

観音寺騒動

永禄六年一〇月一日、六角氏領国の内紛・騒動、いわゆる観音寺騒動が起こる。その背景は明らかではないが、六角義弼は父承禎の了解を得ずに有力家臣の後藤氏を殺害した。六角氏の家臣団も、奉行人奉書の発給や後年制定の戦国家法(同一〇年の『六角氏式目』)に見られるごとく「国衆」の一揆(合議)によって運営されていたが、これ以後、六角氏は家臣団の離反が相次ぎ、解体してゆくことになる。

長政の対応

浅井長政はいち早くこの騒動を知り(「南之儀、不慮の次第に候」)、高宮三河守に人を遣わして確認させている(宛名欠、一〇月四日付長政書状、柴辻文書)。また、長政は六日には高宮《たかみや》(彦根市)に出陣し(『畿内兵乱記《きないへいらんき》』)、明照寺(彦根市)に宛てて、知行作職と「山脇甚兵衛尉方・同十右衛門尉方・同八兵衛尉方」の安堵状を出している(広瀬文書)。

長政の江南進攻

江南では、一〇月七日、進藤賢豊《しんどうかたとよ》等による観音寺城への攻撃があった。六角義弼はこれを支えることが出来ず、八日払暁、霧に紛れて従者二千を率いて、蒲生定秀《がもうさだひで》を頼って日野（日野町）に脱出した。承禎は九日、三雲氏の許（湖南市）に走った（『畿内兵乱記』）。長政は八日、京都清水観音に祈願し（成就院文書）、また九日に大原観音寺に陣僧を求め（観音寺文書）、さらに一三日には多賀神社に禁制を出している（多賀神社文書）。長政の軍が江南に侵攻したことは確かのようである。

なお、『続応仁後記』は、八日、後藤氏が日野の六角義弼を攻めたが、長政は兵を派遣して援護したとする。また、蒲生氏が義弼と後藤氏との和解を斡旋したが、その内容に「浅井長政の江北への帰陣」があるとする。これは必ずしも信頼できないが、二五日、長政は京極氏の菩提寺である勝楽寺（甲良《こうら》町）への安堵状を出している（同寺文書）。

磯野員昌の佐和山入城

これに前後して、太尾城が開城され、磯野員昌を佐和山城に入れたことは（『島記録』）、浅井氏の江南進出にとって重要である。永禄八年正月一一日、磯野員昌は多賀大社に七ヵ条の掟を定め、同年二月二五日には長政が禁制を出す（同社文書）。永禄九年四月八日今村肥後守・浅見対馬守《つしま》に宛てて「永々辛労、申し尽くし難く存じ候」（南部文書）とあり、浅井の軍が駐屯したことが分かる。

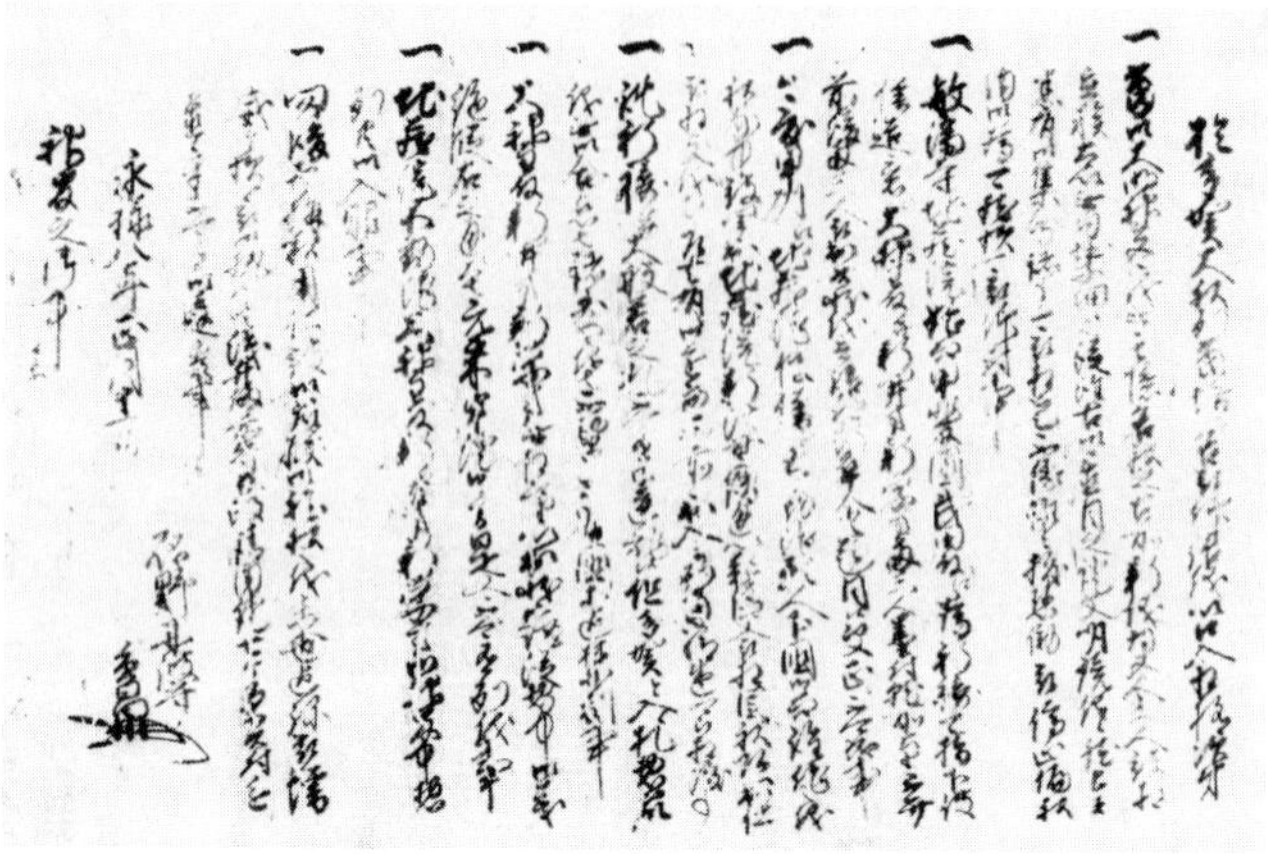

多賀大社宛磯野文書（多賀大社蔵）

また、佐和山城は東山道・北国街道の要衝にあり、ここを押さえたことは軍事的な面だけで意義があるのではない。永禄八年一二月二〇日、沖島の惣中への「船上下」航行を安堵しているが、「向後、用所等馳走あるべきこと、肝要候」（長政書状、沖島文書）と必要に応じての諸役賦課を前提としている。また、堅田《かただ》衆に対して「役儀のこと、前々のごとく沙汰あるべし。射猟仕らる段、停止たるべし」（二月七日付中島直親・磯野員昌連署書状、堅田郷士共有文書）とする。浅井氏は湖上通交権、流通を支配したと言える。

この地域の当時の経済・産業の状況を示す的確な史料はないが、室町幕府の関・御

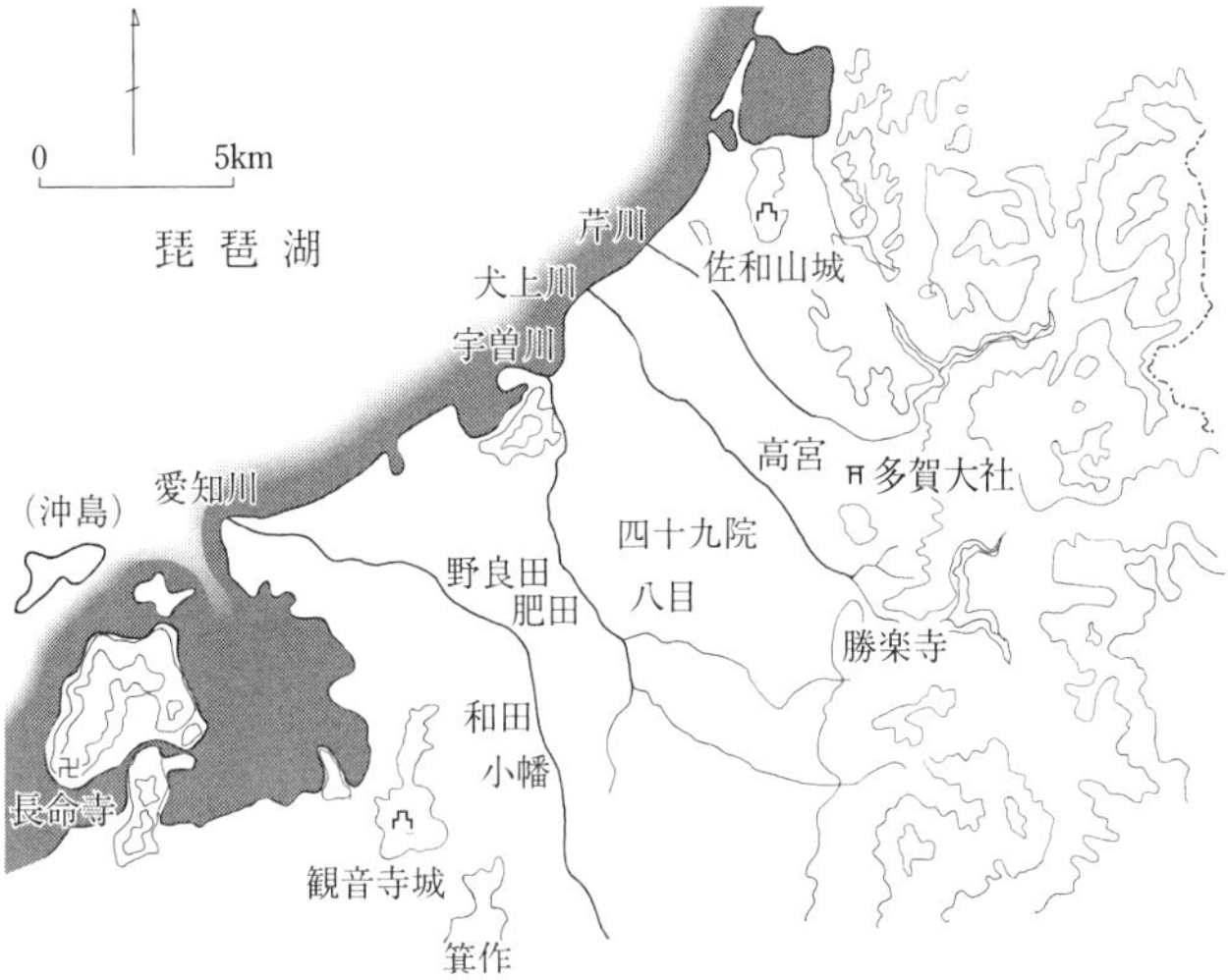

江南地図

料所が設定され（朝妻《あさづま》・筑摩《ちくま》）、京極氏はこの地域を基盤としていた。また、多賀《たが》・一円《いちえん》・高宮氏等京極氏の一族有力家臣の本拠であり、高宮では京極氏の幕府への献上物である「高宮布」が生産されていた。

布施氏からの援軍要請

永禄九年七月下旬、浅井氏のもとに布施氏からの援軍要請が来た。観音寺騒動以後、六角氏が衰退・家臣が離反するなか、六角義弼は布施氏を蒲生野（東近江市）に攻めた。

浅井軍の陣容

「蒲生野陣立書」（山中文書）によれば、長政は六隊で進み、一番・山崎、二番・赤田信濃《しなの》守興・高宮三河守、三番・堀秀治、四番・磯野員昌、五番・

狩野・三田村・浅井越中守・河毛、そして六番は浅井長政と馬廻衆であった。一・二番は中郡の衆、三・四番は坂田郡の衆、五番は浅井郡の衆という編成となっている。中郡衆は船岡山《ふなおかやま》（東近江市）、長政は小幡《おばた》（東近江市）、馬廻衆の先は「あての木町屋」あたりにありとする。諸隊は中山道に沿って進軍したと考えられる。

六角方との合戦

長政は四十九院（彦根市）に討ち入り、磯野員昌は八目《はちめ》（豊郷町《とよさとちょう》）に在陣、その外諸勢は愛知川に進んだ。「北衆出の人数は八千余」（長政の馬廻りはこの外）で、迎え撃ったのは「一番三上越後《えちご》守恒安《つねやす》、池田衆・平井人数都合二千余」であった。しかし、どうも浅井方が負けたようである。

なお、八月にも進藤賢盛との合戦があり、若宮左馬助友興が戦死している（『土佐国群書類従』）。九月には江南の三雲《みくも》賢持《かたもち》・高野瀬秀澄等三百余が戦死し、浅井方が大勝したようだ（『永禄九年記』）。これらの詳細は不明であるが、そこには観音寺騒動による六角方家臣団の解体が指摘できる（永禄九年九月二〇日付六角承禎書状、山中文書）。

なおまた、永禄九年九月一日、浅井長政は徳政令を発布している（菅浦文書）。

山中俊好に所領給与持ちかけ

永禄一一年二月二七日、長政は山中俊好に所領給与を持ちかける。その内容は、野洲《やす》・栗太《くりた》郡、桐原七郷、馬淵跡職と吉田跡職、志賀郡、賀茂・田中井・江頭《えがしら》・

仁保《にほ》・野村一円、河井在所、かばた庄諸入方、横山在所、石道（塔）寺・鈴村・蓮華寺・大塚諸入方、保内八郷、御園《みその》三郷、神郷

とあり、野洲・栗太・志賀の三郡、蒲生下郡が入る広大な領域である。

また、「甲賀境より上は蒲生川を限り・下は鏡宿《かがみのしゅく》を限り・北は蒲生堂川を限り、その内の諸入方」と「今度和田伊賀守誓詞をもって申し談ず兵糧米知行分は、彼の仁（人）相違においては貴所に進《まい》らせ候。ただし、同名卜雲軒知行分が右のうちにあれば遣わすべし」とする（山中文書）。

和田惟政

この話は実現しなかったが、ここに和田惟政の名が出てくることから、この背後には織田信長との「連携」があるのではないかと、私は考える。信長が北伊勢を制圧したのはこの年の二月であり、将軍義昭を迎え、上洛へと進む時にあたる。

第六　浅井長政と織田信長

一　足利義昭の登場

足利義昭の支援要請

永禄《えいろく》八年（一五六五）五月一九日、松永久秀《まつながひさひで》が兵を挙げ、室町将軍足利義輝《あしかがよしてる》は二条御所で自刃するところとなった。義輝の弟には南都一乗院門跡覚慶《かくけい》があり、松永久秀はこれを監視していたが、朝倉義景《あさくらよしかげ》が脱出を進めた（上杉古文書）。七月二八日、細川藤孝《ふじたか》が米田求政と図り、覚慶を救出した（『細川両家記』）。一一月、覚慶は矢島（守山市）に移り、翌九年二月、還俗して義秋《よしあき》（のち義昭）と改めた。四月二一日、従五位下左馬頭《さまのかみ》に任じられた（『言継卿記《ときつぐきょうき》』）。義秋は入洛の支援を求めて、各地へ御内書《ごないしょ》（将軍の書状）を発給した。

上杉謙信と織田信長

越後《えちご》の上杉謙信《うえすぎけんしん》と尾張《おわり》の織田信長《おだのぶなが》がすばやく対応しようとしたが、それぞれが事情を抱えていた。上杉の周辺では、武蔵《むさし》に武田信玄《たけだしんげん》、下総《しもうさ》に北条氏康《ほうじょううじやす》が侵攻して来ていた。また、信長は美濃《みの》の斎藤龍興《たつおき》との交戦状態にあった。義秋は細川藤孝を遣わして、信長と龍興との斡旋を試みたが、進まなかった。この間の状況について、斎藤龍興の重臣が武田氏関係者に送った書状には次のようにある（閏八月一八日付宛名欠、中島文書）。

美濃と尾張

美濃と尾張の間のことは、公方様《くぼう》（義秋）の入洛を織田信長が引き受けたので、この方（龍興）が矢留めの儀（停戦）を同心すれば忠節であると（公方様）が仰せられた。それゆえ参陣はできないが、妨げはしない。ことごとく（公方様）御下知に任せるとの罰文（誓約）を認め、細川藤孝に渡した。また、織田が通る江州の路次番等も調《ととの》ったので、参陣を急ぐように細川藤孝が重ねて尾張に下向して催促したが、信長は「違変」して動かない。「案の図（案の定）」なのだが、義秋公は「御無興（不興）」、言語道断のこととお手を撃たれたとのことである。畿内では三好《みよし》三人衆が義秋公の上

上洛の妨げ

洛を妨げる画策しており、そのために上洛が遅くなっている様子だ。このままでは義秋公は矢島にもおられず、朽木《くつき》か若狭《わかさ》あたりに移らねばならないという。信長は天下の笑い者になっている。龍興は義秋公を疎んずるつもりなどないが、仕方ないことである、と。

信長の退去

信長は八月二二日を期日として、矢島に参陣するとしていた（『多聞院日記《たもんいんにっき》』）。八月二九日、信長は尾張・美濃の境まで出張して来て、河野島《かわのしま》（各務原市《かがみはら》）に陣して龍興と対陣し

足利義昭像（等持院蔵）

たが、閏八月八日に退陣している。この斎藤龍興方の書状は、信長の行動を阻止した言い訳であったのかも知れない。

　また、この書状にあるごとく、畿内では、足利義親《よしちか》（のち将軍義栄《よしひで》）を擁する三好三人衆が近江の六角氏等に上洛阻止を働き掛けており、美濃の斎藤氏の行動もその一環であろうか。少なくとも信長は、この時、美濃を越えることができなかった。

　義秋は、六角承禎《じょうてい》と三好三人衆との圧迫で、八月二九日、矢島から若狭の武田義統《よしむね》を頼った（『多聞院日記』）。さらに、武田家の義統と子の元明《もとあき》との確執により、九月晦日、敦賀《つるが》の朝倉景紀《かげのり》のもとへ行き（『朝倉始末記』）、翌永禄一〇年一一月二一日には朝倉氏の本拠一乗谷《いちじょうだに》に移った（『多聞院日記』）。同一一年四月二一日、義秋は元服し、義昭と改める。しきりに上洛の意志を表明するが、朝倉義景《よしかげ》は出兵しなかった。

二　信長と義昭

信長の美濃攻め完了

永禄一〇年、信長は美濃攻めを完了する。八月朔日、西美濃三人衆の内応により斎藤龍興を井口《いのぐち》城に攻め、一五日、伊勢長島に追った（『信長公記《しんちょうこうき》』）。信長は井口を岐阜《ぎふ》に改め、一一月、「御料所回復・若宮元服費用の調達・禁裏修理」を命じる正親町《おおぎまち》天皇からの「決勝綸旨《りんじ》」を受ける。また「天下布武」の印判状《いんぱんじょう》（朱印）を使用するようになる。ここに、信長は天皇への忠誠を誓い、全国制覇・天下統一へと乗り出す転機を得た。

義昭、越前を出る

翌一一年二月、信長は北伊勢を押さえ、越前《えちぜん》の義昭に声を掛けることになる。七月一六日、義昭は、細川藤孝・京極高成等の近臣を従え一乗谷を出発した。朝倉義景は二千余騎の兵をもって国境まで送ったとする。

立政寺の対面

さて、長政は、信長の使い不破《ふわ》河内守光治《かわちのかみみつはる》・村井貞勝《さだかつ》・島田秀満とともに、余呉庄《よごのしょう》にこれを迎えた。義昭は小谷《おだに》（浅井館）に逗留して、二二日に出発、藤川《ふじかわ》（米原市）で別れた。義昭は岐阜城外の立政寺《りっしょうじ》に迎えられ、二五日に信長と対面した（『信長公記』）。

義昭の小谷逗留

義昭の小谷逗留に関しては、『多聞院日記』に「公方様、去る十六日ニ、越前ヨリ江

織田信長肖像（長興寺蔵）

州浅井館へ御座ヲ移さる、同二二日濃州ニ御座移さる」とあるばかりで、その詳細は判らない。なお、『浅井三代記』『総見記《そうけんき》』等が義昭の木之本《きのもと》地蔵寺への祈願、救外（懐）寺の逗留を載せるが、『東浅井郡志』が指摘しているごとく、信頼できない。

入洛準備

信長は入洛の準備を始める。八月二日、甲賀諸侍中へ宛てて、以前の「請状《うけじょう》」（誓約状）に任せて従うように命じている（大野文書）。

信長と長政の面会

八月七日、信長は佐和山《さわやま》城に着く。「七カ日逗留」と『信長公記』は記す。『東浅井郡志』は、五日に岐阜を立ったので、この間に、信長は初めて長政に会った、と想定している。『信長公記』には記述がないが、『足利季世記《きせいき》』『総見記』なども面会を記す。ここで、信長は長政に義昭の入京の協力を図ったとするが、佐和山城は浅井氏にとって重要な江南への拠点で、先年、磯野員昌《いそのかずまさ》を入れて確保したところであり、ここに信長が入城するということ自体が長政と信長の「連携」がすでにあったことを物語ろう。ただ、その「連携」の理解について、両者には隔たりがあったようである（後述）。

創作された暗殺計画

なお、この時、遠藤喜右衛門が「信長は表裏深き大将で、功なり名遂げたならば、朝倉も当家（浅井）も必ず敵にする。この機会に信長を討って、一気に天下を取るべし」と勧めたが、長政は「当家を懇切に思い、心安く打ち解け沈酔しているものを殺すこと、また公方の上洛を妨げること、人望に背き、天の冥加も恐ろしく、侍の本意が立たない」と答えた。しかし、遠藤はさらに、「天の与えた好機を逃せば禍の元になる」と必至に諫言したが、長政は同心しなかったとする。暗殺計画は、信長の強運、長政の正義観、遠藤の忠義・先見性を述べるための『総見記』による創作である。

ところで、この時、信長は義昭の御内書を朝倉義景にも送ったが、応じてこなかった（『永禄記』）。同じく、六角承禎へ使いを遣わしたが、彼も三好三人衆とともに足利義栄を将軍（永禄一一年二月任官）として抱えていたので、その誘いを受けなかった（『言継卿記』）。ついに、信長は長政と期を約して帰った（『信長公記』）。

軍事上洛への転換

翌九月八日、信長は徳川家康《とくがわいえやす》の援軍を伴って高宮（彦根市）に着いた（『信長公記』）。信長は、前月の近江出張で、義昭の御内書やその権威だけでは諸方の協力は得られない、上洛は無理と判断したのであろう。強引な進軍・軍事行動を始める。なお、この時、長政は祖母蔵屋の忌中であったにも拘わらず参陣した、と『東浅井郡志』は記す。

承禎の対応

一一日、信長は愛知川近辺に放火した。承禎は、観音寺城を守るため、和田城（東近江市）に田中治部・山中大和《やまと》守、箕作《みのつくり》城に吉田出雲《いずも》守・建部・狛氏等を入れ、和田城を攻めた時に、箕作城より攻撃する策を取った。

長政の弱腰

ここで、信長は、長政に、清水鼻に陣して観音寺城に備えるか、箕作城を攻めるか、どちらかを選ばせた。ところが、長政はどちらも選ばなかったので、信長は「彼の大ぬる者の浅井が所存にては、両城、何れも矢は受け候べし」と評したとする。この『甫庵《ほあん》信長記』の記述は長政の弱腰、優柔不断さを指摘するためのものであるが、私は、ここに両者の行動原理また世界観の違いを感じる。この違いが、その後の両者の対立の伏線・根底になると考える。

六角攻め

さて、一二日、信長は、西美濃三人衆を和田城に備えさせ、観音寺城に向かうと宣言して、箕作城を襲った（『氏郷記《うじさとき》』）。柴田勝家・池田恒興《つねおき》・森可成《よしなり》・坂井政尚等を観音寺城に備えさせ、佐久間信盛・滝川一益《かずます》・木下秀吉《きのしたひでよし》・丹羽《にわ》長秀・浅井新八および徳川家康よりの援軍の兵である内藤信吉・小笠原氏興等に箕作城を攻めさせた。浅井軍も突入し、これを抜いた。和田城も同時に落ちた。信長は、翌日観音寺城を攻めることとしたが、その夜、承禎父子は城を焼き、逃げた（『信長公記』）。

一三日に観音寺城に入り、国中に降伏を勧めた。後藤・永田・進藤・永原・池田・平井・九里氏等、江南の主要な者が降りた（同前）。

摂津清竜寺攻め

九月二三日、信長は義昭を守山で迎え、後藤・進藤以下の江南の降将の兵約一万を率いて上洛、二六日京に入った（『多聞院日記』『信長公記』）。

長政は、二四日には大津に渡り、二七日滋賀越えをして、朽木元綱等とともに神楽岡に陣し、後、南に移った（『言継卿記』）。南へとは、三好三人衆（石成友通）の依る摂津《せっつ》清竜寺攻撃に向かったものと考えられる。信長は柴田・蜂屋《はちや》・森氏を遣わしており、長政の行動は信長の指示によるものといえる。

義昭、征夷大将軍となる

翌一〇月一四日に摂津・河内・和泉を平定して、信長は清水寺、義昭は本圀寺に入った。そして、一八日、義昭は征夷大将軍に任じられた（『言継卿記』『公卿補任《くぎょうぶにん》』）。これで信長は所期の目的を遂げ、二六日に京を出立し、二八日に岐阜に着いている。史料はないが、長政もこの前後に帰国したと考えられる。

浅井氏と朽木氏の同盟

この直後の永禄一一年一二月一二日、長政と久政は、この間の行動をともにした高島郡の朽木元綱に誓約を提出する（朽木文書）。

ここには、第一条に「御身上の儀は仰せ越された通りとします。その上は今後、表裏・抜け公事など一切無く、諸事入魂にします」、第二条に「高島郡内に空きが出来次第に新たな知行地千石を与えます。ただし少々の過不足は堪忍してください。御家中の人質を入れてください。御本知は別儀ありません。保坂《ほうざか》役所の儀は双方これまで通りとします」。第三条「朽木谷は往古より『守護不入』であり、今後も変わりはしません。元綱御身上の儀は、悪様に申す族があればこれを尋ね出しましょう。また此の方に対して悪行の儀を聞くようなことがあれば申してください」とある。明確な同盟関係の構築である。

同盟の背景

この誓約・同盟はどのような背景をもって生まれたのであろうか。浅井氏が湖西・高島郡にまったく関心がなかったわけではなく、永禄四年に梅原（今津町）で合戦を起こしたり、永禄九年頃から河上六代官・保坂役所についての係争はあったが、関連史料の不足により不明である。ただ、少なくとも、長政も元綱もともに信長に従軍したことを契機にしていることは間違いない。しかし、一年半後の永禄一三年四月、朽木氏は、信長が長政に反された時、越前からの帰京を助ける。

三好三人衆の義昭襲撃

明くる永禄一二年正月五日、三好三人衆等が義昭を本圀寺に包囲した。細川藤賢等が防いだが、これを聞いた信長は大雪のなか岐阜から単騎にて駆けつけ、一〇日にはこれを平定した（『信長公記』）。

二条城修築

そこで、信長は二条城の修築を思い立ち、二七日に斧を入れた。『言継卿記』は、「今日（二月二日）より石蔵を積む、尾張・美濃・伊勢《いせ》・近江《おうみ》・伊賀《いが》・若狭・丹波《たんば》・摂津・河《かわ》内《ち》・和泉《いずみ》・播磨《はりま》の国々が上洛した」とする。近江の名があり、長政も動員されたと考えられる。

信長は、四月一四日に義昭を竣工なった二条城に移した後、一六日前後に内裏《だいり》の修理を始めるが、二一日には帰国している（『言継卿記』）。

信長と義昭の衝突

およそ半年後の一〇月一一日、信長は北畠氏の伊勢大河内城を開城させて再び上洛し、戦勝を義昭に報告、一三日には参内《さんだい》している。しかし、一七日に突如帰国する。将軍義昭との衝突と考えられている。次に信長が上洛するのは翌一三年二月三〇日であるが、この時はこれまでとは異なった決意が信長にはあった。それは長政と信長との対立に繋がってゆくものだった。

三　信長との絶縁

信長の越前出陣

元亀《げんき》元年（一五七〇。永禄一三年四月二三日改元）四月二〇日、織田信長は三万の兵を率いて京を出る。名目は若狭の武藤氏を征伐するものであるが（毛利家文書）、当初から越前朝倉氏を標的にしていたことは確かである。松永久秀等の幕臣、そして徳川家康も援軍を送った。前日には参内して天皇・皇太子に暇乞いをしており、幕府の意と天皇の命を得ての出陣である。

長政の離反

琵琶湖西岸を北上して、二五日には越前敦賀の寺田采女正《うねめのじょう》を落とし、さらに、金ケ崎《かねがさき》城を攻め、朝倉景恒《かげつね》を降伏させ、木ノ芽《きのめ》峠を越えて進んだ。この時、近江より知らせが入る。浅井長政が朝倉義景に応じて信長を挟撃する動きである。信長は驚愕して、木下秀吉等を残して、四月三〇日、朽木氏を頼り、辛くも京に帰った（『信長公記』）。

なお、この時、お市が、袋に小豆を入れてその両端を縄で縛って贈り、長政の離反（袋のネズミ）を信長に知らせたとする。この話を載せるのは『朝倉家記』で、近世の軍記物である。

浅井氏と信長との断絶はいつからで、なぜ起きたのか。広く膾炙《かいしゃ》されているのは、『浅井三代記』にある、信長が長政と婚姻に際し、朝倉氏を疎略にしないとの誓約をしたが、これに違背したことを久政が怒り、長政に関係を断たせたとする話である。しかし、信長が求めた婚姻ではなく（第四―八）、そのような誓約があったとも考えられない。また、その前提には、浅井氏と朝倉氏との累代の深い関係がなければ成り立たないが、そのような関係は窺えない。逆に、既述のごとく（第二―二）、亮政《すけまさ》の代には、六角氏と結んだ朝倉氏が小谷城を攻めていることが、近時、明らかになっている。なお、『江濃記《ごうのうき》』に、亮政は朝倉氏によって取り立てられたとする記事があるが、これも信頼できない。

朝倉義景肖像（心月寺蔵）

また、『東浅井郡志』は、『当代記』に「浅井は日頃から、越前が平定されれば、江北、肝要の巷たる間、浅井も追い立てらるるとの嫌疑におよび、敵対しける」とあることを、当時噂されたところに基づくもので、事実を言い得たものとしている。如何なものか。

信長の長政評

ここで、信長と長政との関係が問われなければならない。『信長公記』は、『浅井三代記』や『江濃記』よりもはるかに信頼できる史料であるが、「浅井は歴然の御縁者たるの上、剰《あまつさ》え江北一円に仰せ付けらるる、の間、不足これあるべからざるの条、虚説たるべき思食《おぼしめし》候」との記述があり、重要である。ここに、信長は長政の挙兵を疑ったとするが、現に、信長自身、長政の行動（叛旗）を「浅井備前守別心・易色」と捉えている（元亀元年七月一〇日付織田信長覚、毛利家文書）。

「少身」

また、信長は長政を「浅井備前、元来少身ニ候間、成敗非物之数候処、信長在京中ニ越前衆相語（仲間になる）」とする（同前）。これは姉川《あねがわ》合戦で勝利した直後の発言であるから、幾分かは割り引いて考える必要があるが、「小身の成敗するに物の数ではない」者との評価・認識はある時期からあったのであろう。

「家来」

同じく、「彼（長政）等儀、近年別して家来せしむの条、深重隔心無く候らいき、不慮の趣、是非なき題目に候」としている（同前）。信長は長政を「家来」と見なした上で、「深重に隔心無く」思っていたのであろう。右の『信長公記』の「江北一円を仰せ付けておけば、不足はないはず」と見ていたことと繋がる。

信長から見れば、長政は「家来」であり、「少身」の者であった。そして、そのように扱って「隔心無く」きていたはずが、「不慮」にも長政は「別心・易色」し、朝倉氏と結んだので、「是非なき題目」（しかたない、当然のこと）として、成敗しなくてはならなくなったのである。

主従関係の変容

私は、信長のこの長政の人物評（少身者など）は、信長と長政とは主従関係にあったとしても、当初からのものではないと考える。信長は、長政と関係を持った永禄初期（二～四年頃、お市との婚姻、改名など「長政への変革」期）とその後の永禄後期（一〇～一三年）とでは異なったものになって来ていたと考える。それは、次に述べるごとく、両者の歩み（体験・経験）がもたらした両者の政治理念・権力観の相違の結果だと思う。私は、信長の政治理念の変化・発展がこの時期にあったからであり、それに長政が付いて行けなかったからと考える。

信長の二つの文書

信長は元亀元年の四月に朝倉氏討伐に向かったが、これに先立つ正月二三日、信長は二つの重要な文書を出す。一つは足利義昭袖判日乗《にちじょう》上人・明《あけ》智《ち》光秀《みつひで》宛織田信長条書（「殿中の掟」）であり、もう一つは『二《に》条《じょう》宴乗《えんじょう》記《き》』に載る「信長上洛付書立・同触状」

「触状」）である。前者は将軍義昭の活動を制約したものとして著名であり、後者は先年（一九六二年）に年月日が確定し、関連文書として解釈されるようになって来た。後者（「触状」）の内容は次のごとくである。

「信長上洛付書立・同触状」

信長上洛につき在京あるべき衆中の事

北畠大（中）納言（具教）殿同北伊勢諸侍中・徳川三河守殿同三河・遠江諸侍中・姉小路中納言（三木嗣頼）殿同飛驒国衆・山名殿父子（詔照・氏政）同分国衆・畠山（昭高）殿同奉公衆……京極殿同浅井備前・同尼子・同七佐々木・同木林（村）源五父子・同江州南諸侍衆・紀伊国衆・越中神保名代……此外その寄々の衆として申し触るべき事。

同触状案文

禁中御修理・武家御用、その外天下いよいよ静謐《せいひつ》のため、来る中旬、参洛すべく候条、各々上洛有りて、御礼申し上げられる、馳走肝要に候、御延引有るべからず候、恐々謹言

□（正）月二□（三）日　　信長

仁躰により、文躰上下あるべし。

二一ヵ国の大名・武将に宛てて、一月中旬に参洛するので「禁中御修理・武家御用、

その外天下いよいよ静謐のため」に上洛するように命じたものである。

「禁中修理」

「禁中修理」は、信長が義昭のために二条城を造営した直後の永禄一二年四月に着手された。その費用・人夫は諸方に賦課され、奉行は朝山日乗・村井貞勝で、紫宸殿《ししんでん》屋根から東門などの修理が行われ、元亀二年にはおおよその工事が終了した（『言継卿記』）。

信長の上洛

この時の信長の上洛は、二月二五日に岐阜を発ち、入京は三〇日となっている。諸大名等の上洛動向の把握と公武の朔日参賀に合わせて、意図的にゆっくり進められたとする。また、京の町衆に一町につき五名宛ての出迎えの動員をかけたこと、一日には義昭邸への参賀とともに禁中へ衣冠を正して参内したことが注目されている（橋本政宣「織田信長と朝廷」）。

上洛の諸大名

さて、この「触状」により上洛した諸大名は畿内近国の北畠・徳川・姉小路《あねのこうじ》・畠山・三好・松永・一色《いっしき》氏など多数であったが（『言継卿記』）、これを拒否した諸大名は勅命・武命に違反するものとして討伐の対象となることを意味したといえる。朝倉討伐はこれにより発動されたもので、信長は天皇の「戦勝祈願」をうけて出陣している。

信長政権の序列

この「触状」には信長政権における二つの意図、序列の確認と政権構想の展開とが示されている。北畠・徳川・姉小路・畠山・山名・三好・一色氏等には「殿」が付き、遊《ゆ》佐《さ》・松永・松浦《まつら》氏等にはそれがない。また、「国衆」とするものや「名代」もあり、末尾には「仁躰により、文躰上下あるべし」とする。

ここでの問題は「京極《きょうごく》殿」とあり、その割註に「浅井備前《びぜん》（長政）」があることである。それは尼子《あまご》・七佐々木・木村源五父子・江州南諸侍衆と同列であることを意味する。

浅井氏の位置

なお、「七佐々木」を六角承禎等とする見解もあるが、「高島七党」のことであろう。

長政は、この触状（信長）の「秩序・序列」をどう受け止めたのであろうか。実際にどのような「文躰」の上下（書札礼）で触れられたのかは判らない。ただ、正式に上洛を指示されたのは京極氏であり、長政ではない。浅井氏はここで、自分が信長の政権構想のなかで、同盟者ではなく一つの駒・主従の関係にあること、先の『信長公記』に言う「江北一円に仰せ付け」られた者（「家来」）として扱われていることを確認したのではなかろうか。

長政離反の原因

しかし、私は、このことが必ずしも離反・叛旗の原因とは考えない。その契機ではあっても、これは極論すれば長政の個人の問題・名誉の問題であり、浅井軍（長政とその家臣・国衆）が信長と戦う目的とはならないと考える。両者の、そして周辺諸勢力を巻き込んだ長期にわたる合戦の原因はもっと深く別にあると考える。

討伐の対象者

ところで、ここには、越前の朝倉氏や東国の上杉・武田氏の名はないし、六角氏父子もない。彼らは敵対者・討伐の対象と考えていたのであろう。しかし、長政の名はある。それゆえ、『当代記』のごとく、長政が信長の朝倉氏討伐出発により「次は浅井」との疑念をもった、とは思われない。

「天下静謐」

触状にある新たな秩序・序列の現実化の一つが朝倉氏討伐であるが、その背後には、「天下静謐」権を握る信長の政権構想がある。信長は、先に「決勝綸旨」の受諾（永禄一〇年一一月）によって「天下布武」の楕円形の印判状（朱印）を使用したが、この永禄一三年（元亀元年）三月から馬蹄形の朱印状を使う。これは、信長が義昭と訣別して自己の政権の確立を意図したことの象徴として解釈されている（立花京子『信長政権と朝廷』第四章）。そして、その背景には、三月一日に正親町天皇から「朝敵討伐」の権限を得たことがあるとされる（今谷明『信長と天皇』）。

長政の信長理解

この信長の政権構想、「天下布武」・政権奪取に、長政は付いていけなかったのではないか。信長には早くから野望・政権構想があったのかも知れないが、永禄一〇年、そして一三年とその構想は確実に展開し、具体化して来ている。それは、明らかに「天下」の問題であって、浅井氏や朝倉氏の想定を越えるもので、義昭の構想とも違って来たといえる。信長を知った時（永禄二〜四年）、永禄一一年八月に出会った信長、そして同一三年の今とでは、長政の信長像にはるかな相違があったと考えられる。

目的の相違

また、浅井軍は信長に絶え間なく従軍させられており、信長の政権構想から来る軍役動員に疲弊していったのではないか。長政は、これまでと異なる合戦、目的の違う合戦をしていると考えたのではないだろうか。信長は軍事制圧・制覇を目的としており、長政はそのことが目的ではなく、新たな地域秩序の確立を目的としたと考えられる。さらに、信長は主従関係（所領給与）で人との関係を持ち、長政に北郡を与えれば十分と考えた。しかし、長政の人間関係（家臣団構成）は、これまで述べて来たように「国衆（一揆）の論理」である。

在地構造の相違

これらの背景にあるのは在地構造・地域社会のあり方の違いであり、そこから来る権力の構造・「秩序」の相違である。これまでに指摘してきたが（第一・二・四）、北近江には自治村落が成立・活動しており、浅井氏等は「国衆」とともにそれを基盤にして権力を構築して来た。浅井氏が在地（村落・百姓）に対峙する姿（「支配の論理」）と織田氏のそれとでは、大きな相違があったと考えられる。

先進地域と信長の政策

ここで、信長の在地支配政策（農政）について述べる余裕はないが、江南の占領地・

安治村（野洲市）の指し出し検地などからは、この時まだ明確な政策は打ち出し得ていない（木村康裕「織田政権の指出について」）。信長が先進地域を掌握出来ていないからであり、その政策・権力構想は先進地域に基盤を置く権力・戦国大名、あるいは住民とは相容れなかったともいえる。これは、信長が本願寺・一揆勢力と対決し、一方、浅井氏が彼らと「連携」してゆくことを念頭に置いて述べている（後述）。

「天下論」の理解者

なお、私は、戦国大名の全てが「国盗り」を目標としたとは考えていない。それは信長の政権構想（「天下論」）だけで、それに付いていけたのは豊臣《とよとみ》秀吉以外にはいなかったのではないだろうか。朝倉、浅井、明智氏等、そして義昭は信長の政権構想への反対者と言える。

『信長公記』

ところで、信長の基本的史料である『信長公記』には不思議と長政との関係記事がない。お市との婚姻、また両者の出会い、殊に永禄一一年から行動を共にした時期の記載がなく、その一方で元亀元年の姉川合戦から以降は多い。元亀元年以前の長政に関わる記事がないのは作為的とも言える。

四　姉川の合戦

長政の戦略

長政は兵を近江と越前の国境に出して信長の帰路を断ち、朝倉との挟撃を図った（『総見記』）。また、先に観音寺城を捨てていた六角承禎父子に働きかけ、牢人等に江南の方々を放火させた（『言継卿記』『多聞院日記』）。

信長の対応

さて、朽木を経て辛くも京に帰った信長は、江南において岐阜への退路を断たれることを恐れ、稲葉一鉄等に守山を守らせた。五月六日に両者の戦闘があり、九日信長は兵二万をもって京を下り、一三日永原城《ながはらじょう》（野洲市）に陣した（『言継卿記』）。信長は、承禎と講和できなかったので、滋賀郡宇佐山《うさやま》に城を築いて森可成を置き、永原城に佐久間信盛、長光寺城（近江八幡市）に柴田勝家、安土城《あづちじょう》に中川重政を置いた（『信長公記』）。

六角氏の動向

六角承禎は石部城《いしべじょう》（湖南市）に依り、三雲定持父子等を呼び、二万の兵を集めた（常《じょう》楽寺《らくじ》文書）。浅井長政もまた兵を鯰江城《なまずえじょう》（東近江市）に遣わし、さらに市原野の一揆を煽動し、信長の通路を塞ぎ、挟み撃ちにすることを狙った。そこで、信長は布施《ふせ》公保《きみやす》・蒲生《がもう》賢秀《かたひで》らの援護を得て、千草《ちぐさ》越えにて帰国しようとした。この時、六角承禎が遣わした杉谷善住坊に狙撃されたが、逃れ、二一日に岐阜に着いた（『信長公記』）。

六角氏の最後

なお、六角承禎父子は、六月四日柴田勝家・佐久間信盛また旧臣の進藤・永原等と乙《おち》窪《くぼ》（野洲市）に戦って敗れた。これが六角氏とその家臣団の最後となった。

長政の防衛策

長政は、六角承禎が退き、朝倉義景が逡巡して、織田信長を江南に撃つ計画が失敗したことにより、その反撃に対して防衛を図る。国境を固めるために長比《たけくらべ》（米原市）と刈安尾（同市）に城を築き、中島直親を刈安尾、堀秀村とその老臣樋口直房を長比に置いた（『信長公記』『島記録』）。また、他の諸城を修築し（称名寺文書）、小谷城の前面の横山城に大野木茂俊・三田村・野村直定等を配して固めた（『甫庵信長記』）。

信長の調略

一方、信長は徳川家康に援軍を要請し、近江への通路を確保するために木下秀吉に命じて竹中重虎に長比城の樋口氏を引き入れる策をとった（『信長公記』『当代記』）。『島記録』の覚書に、「樋口直房がある夜、東に忍んで行き、明け方帰ってきた。そして、与力の衆に謀叛を語り、刈安尾の在番衆も同心すると、密かにはかった」とある。

長政の怒り

これにより刈安尾・長比の両城が落ち、危機を招いた。長政は、樋口直房の謀叛を怒り、その人質の女子（岩脇《いおぎ》定政の嫁、『妙意物語』の主人公）を串刺しにして殺した。

なお、岩脇定政は、今井家の年寄衆の一人、姉川合戦の後、磯野員昌とともに佐和山城に籠城し、元亀三年閏正月、丹生谷で戦死したとする（同物語）。また、樋口直房は信長に通じたが、今井氏の一族・同名中は結束していた。島秀安の孫秀親は樋口直房のあひ聟であり、また田那辺式部は直房のいとこであったが、定清の一〇歳の子小法師丸を佐和山城に送り、家臣一同は小谷城に入った（『島記録』、第五―九参照）。

秀吉の出陣準備

ところで、これより先、秀吉は大坂に置いていた米や火薬を送らせている。その書状に「江北へ行《てだて》の儀、取出（砦）三ケ所候、先の取出には、拙者の人数三千が在る。……火急の用に候、其の方てつはう（鉄砲）薬いかにもよく候を三十きん（斤）程、ならびにえんせう（煙硝）三十きん御調へ候て、給るべく候」とある（六月四日付、岩淵文書）。

姉川合戦

元亀元年六月一九日、信長は尾張・美濃・伊勢の大軍二万五千を率いて江北に入り、長比に陣した（『信長公記』）。ここに著名な姉川合戦が始まる。長政にとっても、また信長にとっても容易ならざる戦いであった。

合戦の呼称

なお、浅井・織田氏はこれを野村合戦とし、朝倉氏は三田村合戦、徳川氏が姉川合戦とする。言うまでもなく、勝者の史料・文献によって歴史は語られる。

佐々木下野守

ところで、六月一七日の将軍足利義昭は「浅井御退治」の御内書を「佐々木下野守」宛に下す。細川藤孝の添状も「佐々木下野守」宛である。この「佐々木下野守」とは誰

大嶽
小谷
旧山田川
高時川
田川
虎御前山
雲雀山
八島
大依山
八相
草野川
(浅井長政本陣)
野村
三田村
(血川)
(血原)
龍ヶ鼻
姉川
(徳川家康本陣)
(織田信長本陣)
坂口
横山
石田
大原観音寺
(今浜)
琵琶湖
0
2km

姉川合戦地図

か。『細川両家記』に「佐々木京極・朽木等を始め、三上兵庫頭、軍勢を発進するところ」とあるから、近江京極氏の誰かであろう。京極氏にはこの時、高弥と高吉（高佳）とがあるが不明である。『東浅井郡志』は高吉ではないかとするが、先の正月の「触状」の「京極殿」とともに、急に京極氏が出て来る。将軍義昭、その背後の信長との関係で、浅井長政はどのような立場・地位に立たされたのか、微妙である。なぜなら、浅井氏滅亡後、京極氏が「復活」するからである。

小谷攻め

二一日、信長は兵を小谷へ進める。森可成を雲雀山《ひばりやま》に、自身は虎御前山《とらごぜやま》に陣した。坂井政尚・斎藤長龍・市橋長利・佐藤正秋・塚本小大膳・不破光治・丸毛兵庫《ひょうご》・樋口直房・池田恒興等をして小谷の町に放火させた。「在々所々谷々入々迄、放火候なり」（『信長公記』）「小谷町中 悉《ことごと》く放火」（『当代記』）とは信長得意の戦略である。

一方、長政は朝倉氏の軍を待ち、堅固な小谷城を頼み、ここから出ない。そこで、信長は退き、横山城を囲み、長政が来援に出ることを誘うことにした（『信長公記』）。

八相山の退口

二二日、信長は弥高《やたか》（八島《やしま》）下に移ったが、この時、八相山《やあいやま》で殿《しんがり》を受け持つ梁田《やなだ》左衛門太郎・中条将監《しょうげん》家忠・佐々《さっさ》内蔵助《くらのすけ》成政《なりまさ》と長政軍との間に戦闘があった（『信長公記』）。これは「八相山の退口《のきぐち》」と称されている。『信長公記』『武家事紀』に次のごとくある。

浅井方の奮戦

浅井氏に聞間敷組《きくまい》というのがあり、二二日払暁、浅井孫八・伊部藤七を首領に、精兵六〇〇で城を出て、虎御前山を登った。そこに梁田の二〇〇ばかりの手勢が殿として中筋より退こうとしていた。孫八等はこれを見て、駆けつけ弓鉄砲を撃ち掛けた。梁田方はそのまま退かんとしたが、執拗に追いかけてきた。太田孫左衛門が奮戦したので退がれられた。佐々の第二の殿が受けたが、伊部藤七等がつるべ撃ちに銃を放ったので、これも危うくなった。ここに、織田金左衛門・生駒《いこま》八左衛門・戸田武蔵守《むさしのかみ》・平野甚右衛門・高木左吉・野々村主水《もんど》・土肥《とひ》助次郎・山中半兵衛・塙《はなわ》喜三郎・太田牛一《ぎゅういち》等が加勢に来て、八相山神社の背後で戦闘となった。毛屋七之丞・浅井半兵衛・同新五・大橋善太夫・浅井新六等が戦死したが、藤七・孫八等は物ともせずに、佐々の本陣へ切り掛かった。その勢に押されて、第三の殿の中条家忠に任せた。八相山下でこれを受けたが、田川に懸かる狭い橋に隊列が乱れ、苦戦し、家忠は疵を被ったが、中条又兵衛は橋から川底に落ちながら浅井方の首をとった。ここに信長方の弓衆が出て、これを防いだ、とする。

浅井方の奮戦の様子が浮かぶ。

横山城攻撃

二四日、信長は横山城を攻撃した。大手犬飼坂・北の門は池田恒興・坂井政尚・木下秀吉を先鋒とした。南手観音寺坂は森可成・丹羽長秀・蜂屋頼隆《よりたか》、東坂口は柴田勝家・氏家直元、西石田口は佐久間信盛・稲葉一鉄・水野信元・市橋長利・河尻秀隆が攻めた(『武家事紀』)。信長自身は、龍ケ鼻《たつがはな》に陣した。

朝倉の来援

ここに、越前より朝倉景健《かげたけ》が兵八千を率いて来て、小谷城の東の大依山《おおよりやま》に陣した(『信長公記』)。なお、「津田文書」の信長書状(六月二八日付・細川藤孝宛)には「越前衆一万五千計《ばかり》」とある。大軍に勝利したとしたいのであろう。信長の話に誇張・拡大解釈があることは周知のところである。

長政、横山城に声援を送る

二六日、長政は五千余の兵を率いて大依山に陣し、旗を立て、篝火《かがりび》を焚き、味方の立て籠もる横山城に声援を送った(『武家事紀』)。

徳川家康の来援

二七日、徳川家康が八千の兵を率いて、信長のもとに駆けつけ、龍ケ鼻に陣した。信長は大いに悦び、議して、速やかに横山城を攻めることとした。

長政と景健

一方、長政は景健に、朝倉義景の到着を待たずに攻撃することを図った。しかし、景健が、龍ケ鼻はここより五〇町も離れており、直ぐに向かうと人馬とも疲れてしまう、今夜は陣を野村・三田村に移し、暁に信長を襲えば勝利するであろう、とした。

一三隊の備え

信長は、柴田勝家・佐久間信盛・木下秀吉を呼び、敵は明朝攻撃してくるので、隊列を整えるように命じた。この時、それぞれの部署について種々の議論があり、徳川家康は朝倉氏に、稲葉はこれを助けること、信長は浅井氏にあたることとし、坂井・池田等を先鋒として一三隊に構え、丹羽を留めて横山城に備えさせたとする。

姉川古戦場

これらは『甫庵信長記』『武家事紀』の話であり、たとえば一三隊（段）に構えたとするのは『甫庵信長記』、『武家事紀』は七隊とするが、後世の論である。

信長の細川藤孝宛書状によれば、朝倉氏には池田・丹羽を加勢に出して家康に当たらせ、浅井氏に信長自身が、横山城は西美濃三人衆が当たったとする（六月二八日付、津田文書）。『信長公記』にも、「西は三田村郷、一番合戦家康卿むかわせられ、東は野村之郷備えの手へ信長御馬廻、また東は美濃三人衆氏家・伊賀・稲葉諸手一度に切り掛かり」とある。

戦闘開始

二八日卯《う》の刻（午前六時）戦端は信長方により開かれた（同前、津田文書）。朝倉の軍がこれに応じ、兵百騎ばかり隊を離れて敵軍の横断をはかった。本多忠勝《ほんだただかつ》が見つけて駆けつけ、大久保忠隣《ただちか》・安藤直次が加勢してこれを敗った。この機に乗じて先陣の酒井忠次・小笠原信興《のぶおき》等が河を渡って攻撃してきたので、朝倉景健は鑓襖《やりぶすま》を作り迎え撃った。これで信長は後退して姉川の中央に至った。石川数正《かずまさ》が押し戻したところに、長政方の魚住《うおずみ》某・龍門寺《りゅうもんじ》某・朝倉景氏《かげうじ》等が襲いかかり、左岸に追い、さらに徳川家康の元に迫り、近臣の芝山彦十郎・小川三十郎等を討った。信長の軍も長政に圧迫され、苦戦していた。

家康の反撃

ここで、苦し紛れに家康は左右の翼を断ち、榊原康政《さかきばらやすまさ》・本多広孝《ひろたか》等に命じて、横から越前朝倉の本陣を衝かせた。本多忠勝が先頭に進み、康政・広孝等二千余騎が続いた。姉川を渡り、直接、景健の陣を襲った。家康は近臣を督励して川を渡らせ、挟み撃ちを策したので、大軍の景健も持ちこたえられず、ついに潰走した。

長政軍の動き

右は『甫庵信長記』の記述によるが、長政軍の動きは定かではない。同書は、磯野員昌を先鋒とし、高宮三河《みかわ》守・大宇大和守・山崎賢家・赤田信濃《しなの》守興などの中郡の諸勢を率いて、姉川に面して陣したとする。

磯野員昌の奮戦

磯野昌員は、信長の先鋒坂井政尚は弓鉄砲をもって仕掛けられたが動じず、朝倉軍の先鋒が押し進むのを見て負けじと押し出した。政尚はこれを支え切れず敗れた。さらに

浅井・朝倉方敗走

合戦の死者

磯野の勢いは止まらず、柴田・木下・森を破り進んだ。磯野は馬を疵つけられたが、島秀淳が差し出した馬で信長の間近に迫った。佐久間がこれを遮り、激戦となった。

西美濃三人衆も駆けつけたので、信長は左翼を攻めさせ、朝倉軍が家康軍に押されて野村方面に来たので、長政軍は後ろを断たれ、挟み撃たれることを恐れた。そこに、池田・丹羽の軍が佐久間の苦戦を見て、右翼から攻撃した。三方からの攻撃、長時間にわたる奮戦で疲労した長政軍は、朝倉軍の敗走を見て、ついに皆潰走した、とする。

合戦は巳《み》の刻（午前一〇時）に終わった（同前、津田文書）。四時間にわたる激戦で膨大な死者を出した。『信長公記』の浅井軍の死者千百余人の他、『言継卿記』は「浅井討ち死に、その外七八千ばかり討ち死にと云々」、また「北郡合戦、北郡衆、越前以下九千六百人打ち死にと云々。首四千八百有り、徳川衆・織田衆も多く死すと云々。越前衆五千余討ち死に」とする。そして、朝山日乗は双方で八千ばかり（七月一六日付益田《ます だ》藤兼《ふじかね》宛書状、益田家什書）とする。

また、『信長公記』には、真柄《まがら》直隆《なおたか》父子・前波兄弟・小林端因軒・魚住龍門寺・黒坂備中守等が首をとった者、浅井雅楽助《うたのすけ》・狩野次郎左衛門尉・細江左馬助・早崎吉兵衛尉・阿閉五郎右衛門尉等が取られた者として載る。『島記録』でも、今井一族の戦死者は士分一五人・若党中間等一五人、負傷者士分一〇人・中間又者一五人の都合五五人の名を記している。なお、信長軍は勝ちに乗じて、小谷城近くまで攻め、麓に放火した。

信長の合戦評

信長はこの合戦について（同前、津田文書）、

今日、巳時、越前衆ならびに浅井備前守、横山後詰めのため、野村と申す所まで執り出し、両所人数を備え候。越前衆一万五千ばかり、浅井衆五六千もこれあるべく候。同刻、この方より切り懸け、両口一統に合戦を遂げ、大利を得候。首の事、さらに校量を知らず候間、注すにおよばず候。野も田畠も死骸ばかりに候。誠に天下のため大慶これに過ぎず候、

とする。

浅井氏家臣の働き

ちなみに、遠藤直経は敵中にまじり、信長を狙撃したが、竹中重隆に討たれた（『信長公記』）。これを聞いた家臣の富田才八・弓削《ゆげ》家澄《いえずみ》・今村氏直等は引き返して戦い、討たれたとする（『甫庵信長記』）。

横山城の降伏

横山城では降伏を申したので、信長はこれを許し、木下秀吉を定番とし、長政の監視にあたらせた。城将大野木茂俊・三田村・野村直定は小谷城に走った。

佐和山城の動向

佐和山城では、帰った磯野員昌、また今井一族は守備を固めた（『島記録』）。なお、中

島秀親は、龍ケ鼻において鑓疵と鉄砲疵三ヵ所を負ったので、小谷に退却したが、八月一七日疵が癒えて、小谷から南浜より船で佐和山に帰ったとする。

佐和山城攻撃

七月朔日、信長軍は佐和山城を攻めたが、これを落とせず、その東方百々《どど》屋敷に砦を築き、丹羽長秀を置いた。北方尾末山には市橋、南方里根《さとね》山には水野信元、西方彦根山には河尻秀隆を置いた（『信長公記』）。

信長は、七月四日上洛し、義昭に戦勝を報告し、七日岐阜に戻った（同前書）。

姉川合戦の規模（戦死者）・作戦活動・展開などについて、さまざまな意見がある（藤本正行・河合秀郎・今谷明・太田浩司氏等）が、右のごとく近世軍記物が主で、確たる史料はなく、「評価」は意味がない。

北近江の勢力分布

この合戦を機に、北近江の勢力地図は大きく変わる。秀吉は横山城にあって江北に政令を布く。竹生島に仏田・諸寄進・坊地・坊領・買得分の臨時課役と非分の儀を停止し、また早崎村《はやさきむら》、天女御供・通船等を安堵《あんど》している（竹生島文書）。先に秀吉方となった樋口直房も安堵状を出している。

堀秀村への給与

また、堀秀村は坂田郡半分を給与された。堀秀村は今井館を没収し、今井兵庫助跡を中津町秀武に与えたのをはじめ（堀系図所収文書）、高宮・久徳・下坂貞茂・野村など江北

田那部式部丞

姉川以南

の諸氏を従えた（京都下坂文書・清水文書）。

なお、今井の重臣・田那部式部丞《たなべしきぶのじょう》は、姉川合戦で首をとり、子の満牟介は戦死したにも拘わらず、そして一族が佐和山に籠城するにも拘わらず、今井定清の寡婦が堀秀村の叔母として今井館にいるのを頼み、秀村に与し、今井寡婦を妻とし、信長に仕え、五〇〇石を給与された。その意気揚々たる様子に、見るものは、「山芋の鱣魚になりたるを見よや」と指弾したとする（『島記録』）。

その一方で、今井・相撲・小野・草野氏等は佐和山に籠城する。特に垣見重則は、野村（姉川）合戦より小谷落城まで浅井方にあり、元亀元年八月四日付で同名兵庫助方遺跡・公文分を「新知」（新知行地）として宛て行れている（垣見文書）。しかし、姉川以南は浅井氏の手を離れ、信長の支配するところとなったと言える。

第七　浅井長政と対信長包囲網

一　坂本の合戦

信長包囲網の形成

姉川《あねがわ》の合戦は、浅井氏に決定的な打撃をもたらしたのではない。長政《ながまさ》と信長《のぶなが》との戦いはさらに続く。それは朝倉《あさくら》氏ばかりでなく、山門《さんもん》（比叡山《ひえいざん》）、三好《みよし》三人衆、本願寺《ほんがんじ》・一向一揆勢力との「連携」による信長包囲網の形成となって展開する。窮地に立たされたのは信長の方である。

一向一揆勢力

この「連携」は、単に軍事連合として戦術的に形成されたものではない。この中核となったのは本願寺・一向一揆勢力であるが、そこには歴史的共通性がある。浅井氏と本願寺・一向一揆勢力は惣村・自治村落、そして「国衆《くにしゅう》」を背景（基盤）にしているが、織田氏にはそれはない。浅井長政は湖北の一向一揆と「連携」を持ったが、織田信長は長島の一向一揆、そして石山合戦まで進むことになる。軍事的な対立関係の背後には歴史的構造的な対立関係がある。それは畿内先進地域勢力と中間地域勢力との戦いとも言える。姉川の合戦以後、それが明確になる。戦国時代はここに来て、正念場を迎える。

信長の天王寺出陣

元亀《げんき》元年（一五七〇）七月二七日、三好三人衆が兵一万三千をもって摂津《せっつ》中島天満《てんま》の森《もり》に進出し、野田・福島に城を築いた（『信長公記《しんちょうこうき》』）。そこで、将軍義昭《よしあき》は信長に応援を求めた。信長は、八月二〇日岐阜《ぎふ》を出発し、江北横山《よこやま》城で秀吉《ひでよし》、長光寺で柴田勝家《かついえ》と議して背後を固め、二三日に上洛した（『信長公記』）。二五日には三万の兵をもって摂津天王寺へ出陣した（『言継卿記《ときつぐきょうき》』）。

朝倉氏来援

この信長の出張は、長政方にとっては緊急事態であり、急ぎ援護を朝倉氏に求めた。朝倉義景《よしかげ》は、今回は直ぐに山崎吉家《よしいえ》を派遣した（『歴代古案《れきだいこあん》』）。山崎氏は大嶽《おおづく》（小谷山）の右翼尾崎山《おざきやま》に砦を築いて拠った。そこは、山崎丸として名が残る。

本願寺との「連携」

これより先、長政は本願寺との「連携」を図る。福勝寺（長浜市）に宛てた長政の側近の浅井亮親《すけちか》書状には次のようにある（七月三日付、同寺文書）。

多新（多良《たら》新兵衛尉）の儀は、照光房へ長政墨付け（書状）ならびに我等の返札調《ととの》へまいらせ候。……貴寺大坂へ御上り候様に、……久政《ひさまさ》・長政存分に候。御同心においてはいよいよ御入魂《ごじっこん》のしるしたるべき由申し事候。いかがあるべく候哉。……御迷惑・御大儀ながら御同心候様にと申され候。……別して御芳志たるべきのむね、父子（久政・長政）共に申され候。多新の事、善悪この後はだれだれへなりとも走舞御衆へ相談されてしかるべく候

浅井氏と本願寺

「多新の事」とは詳細は不明であるが、多良氏と四十九院の僧徒で江南一揆の首領の照光房との間でなにかの問題があり、その解決を図るために、福勝寺に本願寺への執り成しを求めたのがこの書状と考えられる。ここには、浅井氏父子が「御迷惑・御大儀ながら御同心」を求めており、浅井氏にとって本願寺との「連携」が不可欠となっていた状況を物語ろう。

「連携」の成立

果たして、九月一〇日、本願寺顕如《けんにょ》（光佐《こうさ》）は、浅井久政・長政に宛てて「この度、種々懇情の段、祝著（着）是非に不能《あたわず》候、弥《いよいよ》もって由（油）断なく、入魂あるべき事、肝要候」と送る（『天文日記』）。「御使福勝寺」と注記があり、右の福勝寺に執り成しを求めていたことと繋がる。ここに、浅井氏と本願寺との「連携」は成立している。

本願寺勢力

本願寺顕如が信長に叛旗を翻したのは九月一二日とされ、一三日に懸けて三好三人衆とともに、天満の森の信長の陣を夜襲した（『信長公記』）。これより先、『尋憲記《じんけんき》』の九月六日条に「世上の説、大坂（本願寺）より諸国へ悉《ことごと》く一揆起こし候へ、と申す触れ候」と

ある。現に近江では、六日付の「江州中郡門徒中」宛の顕如書状（檄文）がある（明照寺文書）。

信長上洛につき、この方迷惑せしめ候。去々年以来、難題を懸け申し付けて、随分の扱いを成す。彼の方に応じ候と雖《いえど》も、その専（詮）無く、破却の由、たしかに告げ来り候。この上は力に及ばず。然《しか》らば、この時、開山の一流退転無きよう、各々身命を顧みず、忠節を抽《ぬき》んぜらること、ありがたく候。しかしながら（合わせて）馳走頼み入り候。若《も》し沙汰無き輩は……

とある。本願寺は、周知のごとく、蓮如の時代の加賀の一向一揆（一四七四年）以来、たびたび世俗権力と衝突を繰り返してきた。しかし、天文初年（一五三二〜六）の畿内の蜂起で大きな犠牲を出して敗退したことで、平穏を保ってきていた。ここに、三五年振りに沈黙を破る。

信長と本願寺

なお、さらに先の八月一八日に、越中《えっちゅう》砺波《となみ》瑞泉寺は三好三人衆に組して大坂中島に出兵しており、本願寺は信長からの攻撃を想定していた。右の檄文の「去々年以来」とは永禄一一年の信長上洛時に、信長が本願寺に矢銭五千貫を懸けたことなどを指そう。ただ、長政はこの間の事情・情勢を熟知していたと考えられる。

長政、坂本へ出陣

さて、九月一六日、長政は西路から坂本へ出陣した（『信長公記』『朝倉始末記』『歴代古案』）。朝倉景健《かげたけ》と近江にあった山崎吉家を先陣として、朝倉義景も出陣した。三好三人衆が浅井長政、朝倉義景そして六角承禎《ろっかくじょうてい》に提示した「信長挟撃作戦」を受けたものである。

長政らの陣

長政等は坂本口の比叡辻・八王寺辺に陣した（『甫庵信長記』）。『信長公記』等はその勢三万余と記しているが、『言継卿記』は「一揆の外の衆七千ばかり」とする。

浅井井伴は菅浦《すがのうら》に宛てて「京立の儀、申し付けらる。……その方船大小によらず、一艘も余所へ遣わすまじく候」と命じている（九月二七日付、菅浦文書）。この出陣の目的地が「京」であり、長期戦を想定して湖上の船・交通を確保しようとしていることが分かる。

織田方の惨敗

九月二〇日、宇佐山《うさやま》城（志賀要塞、大津市）の森可成《よしなり》は、下坂本を固めるために織田信《のぶ》治《はる》・青地茂綱《あおちしげつな》等と兵六百を率いて城を出た。下坂本で山崎吉家と遭遇し、石田十蔵が可成、大陽寺景治が信長の舎弟の織田信治を斬り、青地茂綱以下尾藤・道家清十郎等多くが戦死した（『歴代古案』『信長公記』『言継卿記』）。織田方の完全な惨敗である。

浅井・朝倉軍の追撃

浅井・朝倉両軍は坂本・四谷・錦織《にしごり》・山上などを放火し、宇佐山の端城まで攻め進んだ。ここは武藤五郎右衛門尉・肥田彦左衛門尉等が堅く守ったので、押さえの勢を置い

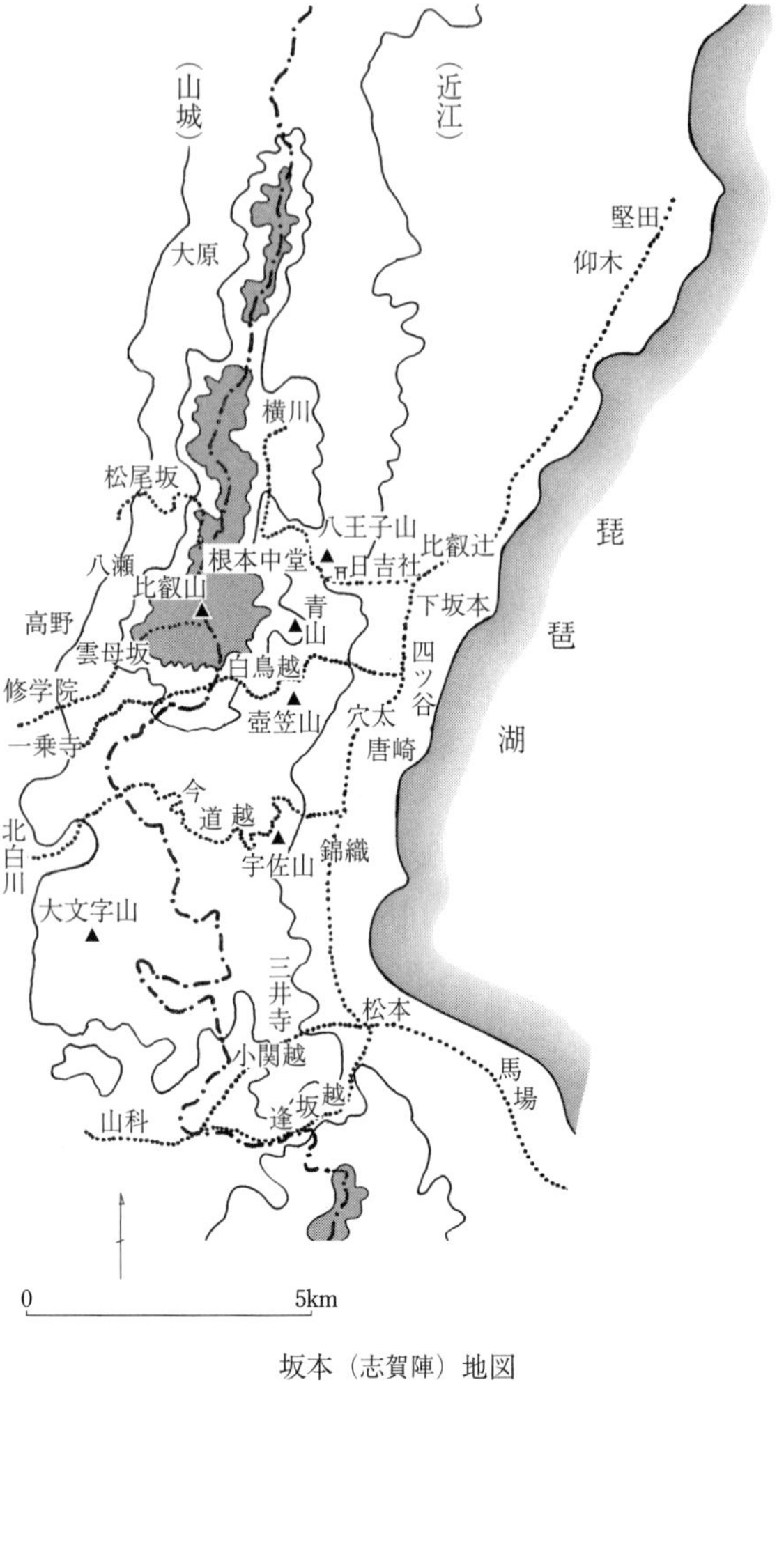
（山城）
（近江）
堅田
仰木
大原
横川
松尾坂
八王子山
比叡辻
根本中堂
日吉社
八瀬
比叡山
下坂本
琵
高野
青山
琶
雲母坂
白鳥越
四ツ谷
修学院
壺笠山
穴太
湖
一乗寺
唐崎
今道越
北白川
宇佐山
錦織
大文字山
三井寺
松本
小関越
馬場
逢坂越
山科
0
5km

坂本（志賀陣）地図

て、大津に進出し、ついに松本・馬場に至るまで放火した（『信長公記』）。長政は、二一日、さらに逢坂山《おうさかやま》を越えて、醍醐《だいご》・山科《やましな》辺にまで至り、放火している（護国寺文書、『信長公記』『言継卿記』）。

「湖北十ヶ寺」

二二日、長政は坂本から「湖北十ヶ寺」に回状を発した（誓願寺文書）。この「湖北十ヶ寺」とは、福田寺（米原市長沢）、福勝寺（長浜市大戌亥町）、真宗寺（同市益田町）、浄願寺（同市榎木町）、称名寺（同市尊勝寺町）、誓願寺（同市湯次《ゆすき》）、順慶寺《じゅんきょうじ》（同市西上坂《にしこうざか》）、金光寺《こんこうじ》（同市十里）、中道場（同市西上坂授法寺）、誓願寺（米原市箕浦）である（『改訂坂田郡志』、柏原佑泉『日本近世近代仏教史の研究』、中道場については『東浅井郡志』は木之本町千田とする）。その内容は、「仁躰の儀如何様にも候て、具《つぶさ》に聞き届けられ、御調義専用候。いよいよ御油断あるべからず候。城戸ならびに夜回り火の用心等、御念をいれらるべく候」とあり、まさに軍事的連携の確認である。

長政と六角氏

また同じ二二日、長政は六角承禎に二一日の戦況の報告と出陣の催促状を出している（三上士忠西雲軒宛、護国寺文書）。これに関連して、承禎が市川氏に宛てた出陣準備要請の文書があるが、六角氏には往時の力は残っておらず出陣して来ない（『信長公記』）。

長政、青山に陣す

二四日、長政と朝倉景健は入京を図る。長政は比叡山に登り青山（無動寺谷東）に陣し、

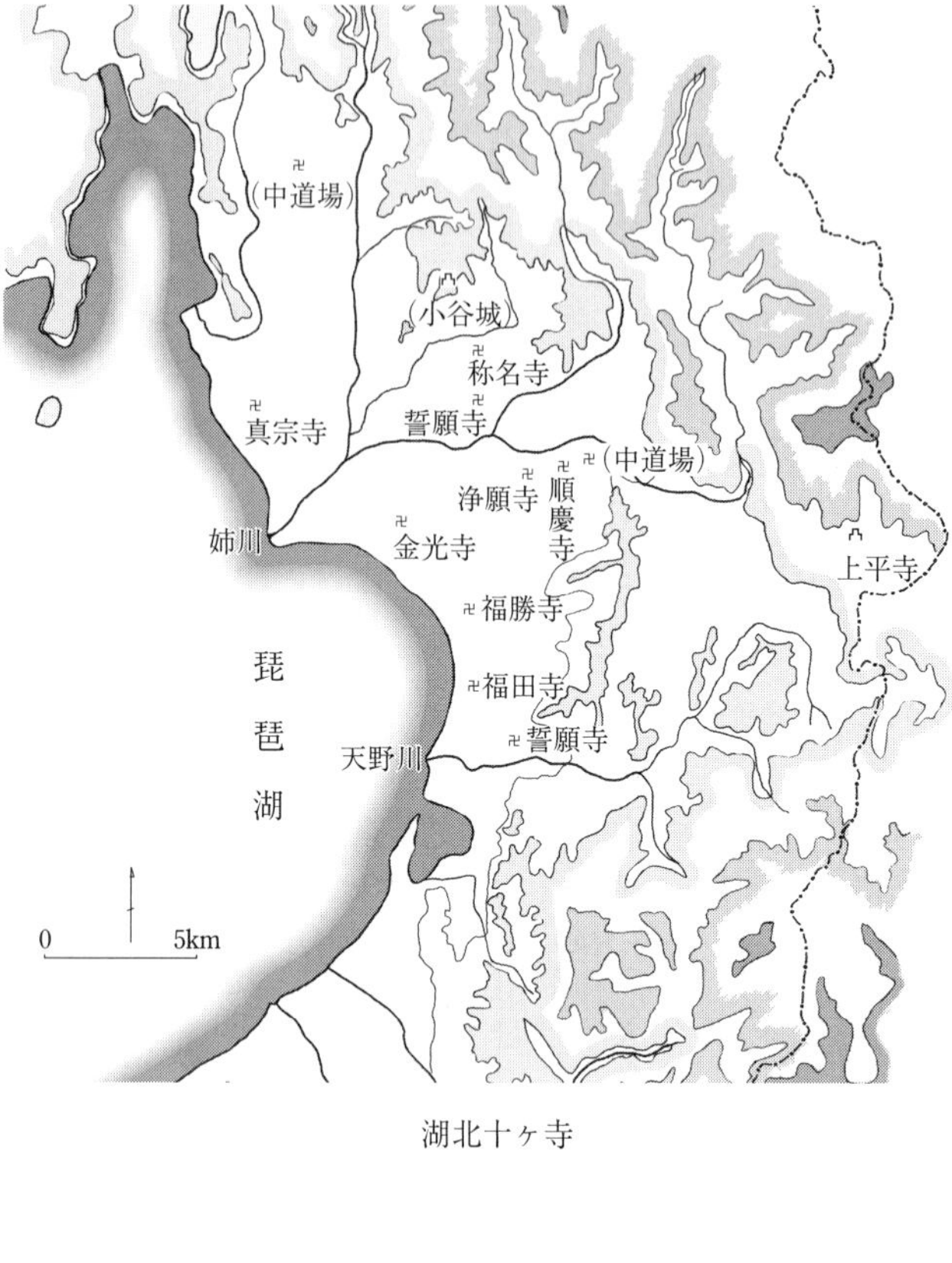
(中道場)
(小谷城)
称名寺
真宗寺
誓願寺
(中道場)
浄願寺
順慶寺
姉川
金光寺
上平寺
福勝寺
琵琶湖
福田寺
誓願寺
天野川
0
5km

湖北十ヶ寺

景健は壺笠山《つぼかさやま》（青山南）に陣した（『言継卿記』『歴代古案』）。さらに、長政の一隊は丹波《たんば》より嵯峨《さが》へ入った。

信長と山門

信長はこの動きを聞き、摂津野田・福島の陣を払って、二四日には下坂本に陣した。浅井・朝倉軍を降ろすのを無理と見た信長は、山門の衆徒《しゅと》に、山門領の返付を条件に浅井・朝倉軍在陣忌避を交渉したが、山門方は受け入れなかった。

比叡山包囲

そこで、信長は山下に要害を築き、諸将を配置した。坂本香取屋敷に平手・長谷川・不破等、穴太《あのう》に簗田《やなだ》・川尻・佐々《さっさ》・明智《あけち》等、下坂本田中には柴田・氏家・稲葉等、唐崎《からさき》に佐治・津田等、また、比叡山の西方勝軍山《しょうぐんやま》には津田と将軍義昭の兵、八瀬大原口には山本・高野等を置き、信長自身は宇佐山に陣した（『信長公記』）。この布陣は、香取屋敷と田中が浅井氏、穴太と唐崎は朝倉氏に備えたもので、両軍の膠着状態をもたらす。

浅井・朝倉の制札

なお、浅井・朝倉両軍は、この九月から一〇月に掛けて、京の大徳寺・妙心寺・加茂《かも》別雷社《わけいかづちしゃ》・知恩院・清水寺・大山崎八幡社などに制札を出している（第四—二参照）。

本願寺の檄

一〇月七日、本願寺は諸国に檄を飛ばす（本願寺文書）。

近年、信長、権威により、ここもとへ対し、度々「難題」、今に煩《わずら》い止まず候。この砌《みぎり》、門下の輩、寸志を励むにおいては仏法興隆たるべく候。諸国錯乱の時節、かくのごとき儀、さだめて調へがたく覚え候へども、旨趣を申し伸（述）べ候とある。江南では四十九院の照光房が、中郡の一揆五千人を動員して、六角承禎に応じ、建部《たけべ》城を築き、箕作《みつくり》・観音寺城を修復した。

秀吉の来援

一六日、朝倉義景が、朝倉景鏡《かげあきら》を前軍として、上坂本から仰木《おうぎ》の間に陣し、信長軍と対峙した。この時、丹羽長秀《にわながひで》・木下秀吉《きのしたひでよし》は江北の百々《どど》・横山城にあったが、義景の出陣を聞き、援軍に立った。彼らは建部の一揆を敗り、信長の宇佐山の陣に駆けつけた。

窮地の信長

二〇日、信長は持久戦となることの不利を考え、義景に決戦を申し込んだ。しかし、義景は三好三人衆と挟撃を計画しており、これを無視した（『信長公記』）。

その日、山崎の本願寺の兵は御牧の城を攻め取り、朝倉景健・浅井長政がこれに連動して比叡山を下り、一乗寺《いちじょうじ》・試楽寺・高野《たかの》・松ケ崎《まつがさき》等（左京区）に放火した。二二日には大坂の一揆等は高屋《たかや》城を攻め、畠山昭高《はたけやまあきたか》の兵を襲った。また、若狭の武田信景《たけだのぶかげ》が武藤・粟谷《あわや》とともに反して義景に応じた（『言継卿記』）。

信長、家康に援軍要請

信長は驚き、徳川家康《とくがわいえやす》に援軍を要請した。家康は石川家成を大将に、松井康親・酒井忠次《ただつぐ》・松平伊忠《これただ》・本多広孝《ほんだひろたか》等を添え、二千余を遣わした。信長は、浅井・朝倉勢は自分たちで防ぐので、江南に充満する一揆勢および六角承禎を瀬田と草津の間に陣して破ることを求めた、とする。なお、一〇月付の長政の制札が江南の諸寺社にあり、一揆との連携が想定できる（長命寺《ちょうめいじ》など）。

信長と六角の和議

ところが、一一月二一日、六角承禎は重臣の三雲《みくも》・三上両氏の起請文を志賀に送り、信長と和議した（『信長公記』）。これにより、二五日になると、堅田《かただ》の猪飼正勝等が信長に降りることを願った。信長軍は坂井政尚を夜行させたが、これを知った朝倉義景は、二六日三千の兵をもって掃蕩戦を仕掛けた。数で圧倒された坂井政尚と堅田衆は皆戦死した（同前書）。その数、千五百という（元亀二年正月二二日付山崎吉家書状、『歴代古案』）。朝倉方は八百とする（『言継卿記』）。なお、この二一日、信長方では伊勢長島でも一向一揆が起き、弟信興《のぶおき》が戦死している。

信長方の被害

二　勅命講和

和議へ

敗戦濃い織田信長は将軍義昭を動かし、綸旨《りんじ》（天皇の手紙）を奏請して、浅井長政・朝倉義景との和議に持ち込むことにした。

五ヶ条の朱印状

一一月二八日、信長は長政に五ヵ条の朱印状を送る（大津市歴史博物館蔵）。書き出しは

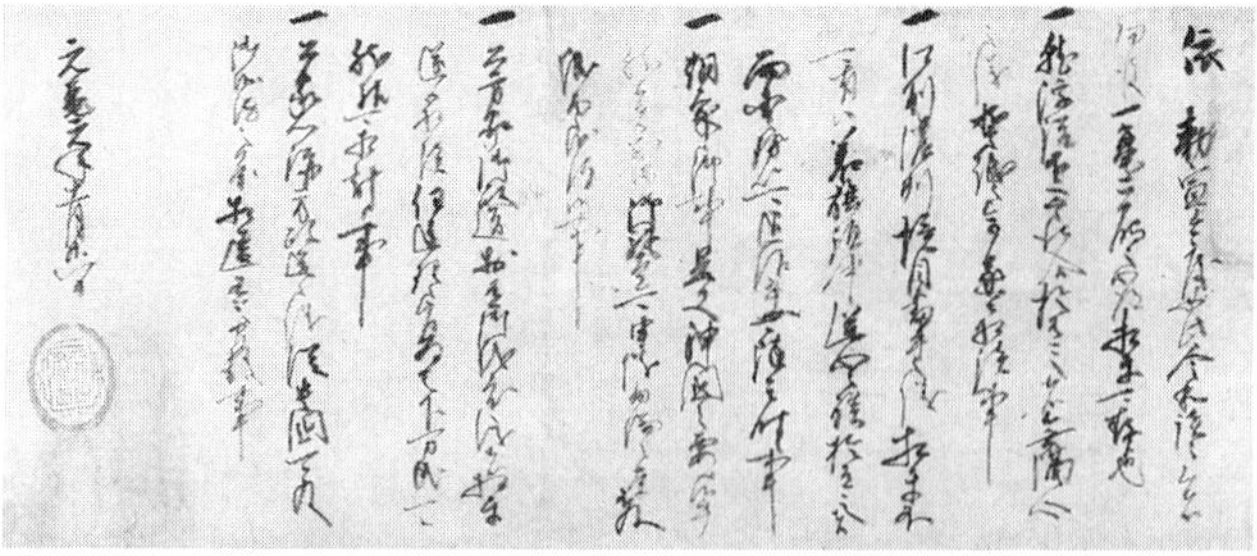

織田信長朱印状（元亀元年，大津市歴史博物館蔵）

「勅宣によって和議する上は、向後、一亀二雁（鷹）の心得、相互に存ずべく候也」とあり、まず、⑴浮説や不慮の出来事には隔心（疑心）なく誓紙をもって相談する。次に⑵「江州・濃州境目番手の儀は相互に有るべからず」、もし旗頭中に逆臣の族が有ったら、両国の勢をもって退治すべきで、その時に従うこと。⑶朝家（朝廷）の事は神国の要であるから、特別に御馳走すべきであることは勿論で、紙面には書くまでもない。⑷公方《くぼう》家（将軍）の政治に越度があれば相互に相談を遂げ、道理に任せて、天下万民のために良いように計らうことにする。⑸公家衆・門跡衆の政道の儀は貴国（近江・浅井氏）から沙汰することに相違はない、とする。

これは、先年（一九二年）紹介された文書で、宛先は切断されているが、二条目に「江州・濃州境目番手」を問題としていることから、長政宛とされた（奥野高広「血は水より濃い」)。「書き出し」を初め、全体が極めて慇懃であり、朝廷、将軍、公家の議が取り上げられて、相互に相談することが約束されている。これまでとは異なり、信長が長政にある意味、謙っているといえる。この時点での両者の力関係を表現しているものとして捉えることができるのではないか。また、この朱印状が和議交渉の中で、どのように位置づけられたのかも問題である。

和議の成立

さて、一一月二八日、将軍義昭は関白二条晴良《にじょうはれよし》とともに三井寺《みいでら》に行き、和議すべきを伝えた(『公卿補任』)。一二月九日に綸旨が山門(比叡山)に下され、一三日に和議が成った(『伏見宮《ふしみのみや》御記録』)。朝倉義景と長政は営所を焼き、青木景忠《かげただ》の子と魚住景固《うおずみかげもと》の子を人質として信長に送り、信長は稲葉良通《よしみち》の子と柴田勝家の子とを送った。また、将軍義昭は奉公衆三淵藤英《ほうこうしゅうみつぶちふじひで》の子を朝倉方へ人質として送った(『尋憲記』)。朝倉義景と長政は打下《うちおろし》(高島町)に至って人質を返して帰国した。信長は、一六日瀬田《せた》を発し、佐和山を経て、一七日岐阜に帰った(『信長公記』)。

和議の成立と山門

関白二条晴良の「あつかい(斡旋)」となったが(『伏見宮御記録』)、この和議の成立はとても興味深い。まず、山門への「綸旨」(一二月九日付)、信長から将軍義昭への「誓書」(一二月一二日付)、朝倉義景から山門への「誓書」(一二月一五日付)が出されて和議が成り立ったが、その内容はいずれも山門領の安堵であったことである。

この合戦は織田信長・将軍義昭と浅井長政・朝倉義景との間に起きており、山門は合戦に直接加わっていない。和議は合戦者間で行われるものである。和議の成立に山門が直接に関わっていたとすれば、両者の対立の基軸が山門にあったことを示そう。それは浅井・朝倉軍を山門が在陣を許可したことでも分かる。信長は山門を敵にし、山門と長政は「連携」していたといえる。

山門の勢力

周知のごとく、近江《おうみ》の大半は山門の所領（膝下荘園）であり、山門の所領のほぼすべてが近江にある。山門と近江守護・地頭・国人等とは長らく「緊張と友好」の共存関係を作って来た。また、いわゆる惣村・自治村落の代表例は山門領に形成され、民衆の生活を支える基盤となっていた。その意味で、山門は先進地帯を安定的に支配・維持してきた、戦国大名をはるかに越える勢力・権力組織であった。

地域社会の秩序維持

また、山門は、一五世紀末、六角氏による山門領押領を原因にする長享《ちょうきょう》・延徳《えんとく》の将軍親征以後、将軍の滞在があっても、戦国後期には表立って権力闘争には参加していない。ここで、山門が信長に抵抗したのは、本願寺・一向一揆と同様に、先進地帯の地域支配の論理と信長の権力構想との相違にあると考えられる。講和条件の「山門領の安堵」とは、単に戦術的な意味での所領・領地の保全ではなく、農民の生活、また商業・交通などすべてを含めた近江の地域社会の秩序・論理の維持が念頭にあったと考えられる。

浅井氏と山門の提携

ちなみに、河内将芳氏は、信長の宇佐山築城が山門にとって生命線である近江と京都との交通路を押さえたことが両者の対立の直接原因とする（「元亀期の戦争と近江の寺社」）。また、氏は「敵（浅井・朝倉軍）は上坂本および比叡の山の諸山に籠もり、坊主等は食物および家を供して大いにこれを助け、ことごとく信長の敵となりたり」という『耶蘇会士日本通信』の記事を引用している。浅井氏は山門と「連携」し、信長に対峙している状況が見てとれる。

和議交渉の経過

次に『尋憲記』（二条晴良の弟、興福寺大乗院《だいじょういん》尋憲の日記）は和議交渉経過を詳しく記録しているが、ここに、

朝倉存分は信長に対し別心無き者に候、浅井備前守《びぜんのかみ》（長政）見捨て難き故に候間、かくのごとく候由……信長は朝倉に対し別心無き者に候、浅井の儀はいずれも存分に仕るべき由候

合戦の首謀者は長政

と、信長と朝倉義景とは互いに「別心無き」を言い、義景は長政を見捨てることができ

なかったのでこの合戦になったが、「存分にしてよい」こととなったとある。この合戦の首謀者、信長の敵役は長政であったことになる。そして、和議の条件は、

和議の条件

人質を取り交わし、信長方より、持ち候城々、浅井方より持ち候城々、いづれは割り、いづれは持ち候て、いづくよりいづくまでと候て、指図《さしず》出し候て、これよりこの方は信長存知、これよりは浅井存知と候て、人質を取り交わし相調う由候也、

また、これに関連して、関白（二条晴良）よりの返事として、

山門・浅井方以下申し聞くべき分候、……一、北郡浅井知行は三分一程、三分二は信長存知させられ候、

長政に厳しい条件

とある。この和議の条件は具体的現実的であり、あまり他の例を見ない。互いの持つべき城と割るべき城がどれとどれで、どこからどこまでなのか、それが「指図（図面）」をもって示され、さらには北郡の知行分が浅井氏が三分一、信長が三分二とある。その境、そして「指図」で示された「城割《しろわ》り」が現実にどこの城だったのかは、相互の知行割りと一体であるから極めて重要であり、興味のあるところだが、他に記載史料はない。そもそも「城割り」を講和の条件とする例が限られており、その実態もよく分からない。少なくとも、浅井氏にとっては極めて厳しいものであったことは確かである。

和議交渉と長政

この結果は、先の一一月二八日付の信長朱印状の丁寧さ、内容とはまったく異なると言える。なぜこうなったのか。和議成立を強く望んでいたのは信長である。一二月一三日に双方の人質が交換された時、「信長ことのほか仕合(幸)せにて、六角方にも知行を渡してよい、また北郡は浅井に三分二ほど与えてよい」とまで言い出している。和議交渉の過程で、長政は蚊帳の外にあったのではないか。右に見たごとく、朝倉義景は信長との交渉の過程で、長政を見捨てている。

短期成立の条件

この和議が緊迫した状況の中で短期間に「相調」ったのはなぜか。互いに成立させなければならない条件があったと考えられる。従来、朝倉氏にとっては冬の到来による補給の問題、信長にとっては戦力の問題が指摘されている。しかし、それは、関白二条晴良が「万一同心無くば高野山に隠居する」と言っているが、何より「勅命(天皇の命令)講和」だからである。義景の山門宛誓詞(一二月一五日付)には「当表の一和之儀、勅命上意、達而被仰下付而」とある。

講和後の情勢

今谷明氏は、浅井・朝倉方は、信長が仕掛けた罠と知りつつも勅命を拒むことができなかった。この講和は、浅井・朝倉方にとっては「千慮の一失というほかない失態」「戦国大名として生き残りを計るならば、両者は信長の要求に屈服すべきではなかった」「最大のチャンスを逃した」とする（今谷前掲書）。また、奥野氏は、信長は「最大の危局を突破することができた」（同氏前掲論文）と指摘されている。

この講和にも拘わらず、両者の関係は緊張を増して行く。また、信長は山門に「別儀ない」との誓詞を出したが、翌元亀二年九月に延暦《えんりやく》寺《じ》焼き討ちを行ったのは周知の事実であろう。

講和の仲介者

なお、この講和は、朝倉氏が将軍義昭に仲介を依頼したもので、信長はやむなく講和を承知したとの『信長公記』を信頼し、また「勅命講和」を評価しない見解がある（堀新「織田信長と勅命講和」）。しかし、上述のごとく、(1)和議の交渉・成立を細部まで調えたのは関白二条晴良であり、(2)浅井・朝倉氏の敵は信長と将軍義昭であり、朝倉義景は信長に「公方（義昭）様に対し、疎略にしない」と誓詞に記し、義昭も人質も出しており、合戦の当時者であって、仲介者の立場にはない。また、(3)朝倉氏が関白二条晴良を動かす政治力があったとも考えられない。同じく(4)講和（条件）に歓喜したのは信長であり、当初の不利な条件を覆して得た講和条件であった。(5)この合戦の関係者から考えて、当事者間での和議とは異なり、講和の仲介者の政治（名目）的立場「資格」を持ち得るものは関白・天皇以外には求められない。信長が天皇を利用して講和を勝ち取ったことは明白であろう。

信長の国政観

ところで、先に示した一一月二八日付信長朱印状は、信長の国家・国政観を示す特異なものといえる。宛名の欠損は問題となろうが、「不自然」（偽文書）としては片づけられない。和議交渉の起点で、信長が交渉材料（条件）として提示したものとすると、伝来（宛先の欠損）を含めた疑念は解決する。また、朱印状の殊に三〜五条からは、浅井氏の出陣（本願寺への呼応）には、信長への「感情」だけではなく、信長と行動をともにする将軍義昭に対する「不信・不満」（社会秩序・政治体制への批判）があったことも考えられる。これは前年の信長との絶縁（離反）の理由とも繋がろう。

三　佐和山開城と箕浦合戦

通行の遮断

元亀二年（一五七一）正月二日、信長は横山城（長浜市）の木下秀吉に宛てて、北国（越前）より大坂に往還する諸商人等が姉川から朝妻《あさづま》の間を陸海ともに通交することを留めさせている（神田孝平氏文書）。

佐和山開城

そして、二月、長政の重臣、磯野《いその》員昌《かずまさ》が佐和山城を開いて信長に降りた。長政は怒ってその人質を殺した。員昌は高島郡大溝《おおみぞ》（高島市）に退き、信長は佐和山城を丹羽長秀に与えた（『信長公記』）。ところが、この経緯を『島記録』では次のように記している。

籠城して八か月になる二月には兵糧米・玉・薬が尽きてきた。「扱い」（仲裁・仲介）により城を明け渡した。磯野員昌は信長方に謀叛したのではない。籠城の者をすべて小谷城に入れるのであれば明け渡してよいとのことで、員昌は小谷に入城することにした。ところが、長政は員昌に逆心あるとして入城させなかった。そこへ、信長が高島一郡の給与をもって誘った。員昌は断り、若狭の武田氏を頼んだが、員昌の謀叛が語られ、長政が小谷《おだに》にいた老母を磔《はりつけ》にしたので、員昌は信長に降り、高島郡をもらい、小谷の責め手となった、と。

磯野員昌の評価は世上の軍書類とは異なる。

佐和山城の重要性

さて、ここに「扱い」による城の明け渡しが語られている。佐和山城が先の長政と信長との講和条件の「城割り」の一つに入っていたとすると、員昌の行動が理解できる。ちなみに、『言継卿記』元亀元年七月三日条に「佐和山城、磯野丹波守、信長に渡すべしと云々」との記載があり、信長が以前から佐和山城を望んでいたことが分かる。

ただ、「城割り」が城の破却か、明け渡しを意味するのかは不明であり、また佐和山城がその対象であったどうか確認できない。いずれにしても、長政にとっても信長にとっても佐和山城は極めて重要な城であり、ここから両者の動きは急となる。

三ヵ条の掟

なお、この籠城中に、中西家政・岩脇《いおぎ》定政・島朴底・井戸村光慶・河口女順・田中庄司等一一名が署名して三ヵ条の「掟」を作成している。⑴牢籠の間の給人の田畠取り上げ、⑵給人へ口聞き、⑶籠城中の在所への出入りについてであるが、「誰々の被官人と雖《いえど》も」守るべしとする。これは、先の元亀元年の七ヵ条に続くもので、既述のごとく、浅井氏家臣団の存在形態を示す（第五―九）。この時点においても「一揆」・横につながる組織のあり方は変わらなかったといえる。

箕浦合戦

元亀二年五月六日、長政は堀秀村を箕浦《みのうら》城に攻める。自ら兵を率いて姉川に陣し、横山城に向かって戦線を張って牽制し、浅井井規と湖北十ヶ寺一揆との連合五千の軍を箕浦に送った。しかし、木下秀吉がこれを察知して箕浦城に入った。下長沢で衝突し、八幡（長浜）で反撃したが、奮戦むなしく秀吉の精兵に破られた（五月一一日付徳山宛木下秀吉書状、松下文書）。

長島一揆

なお、長政は江南・江北の一揆を伊勢長島に遣わすことを検討している。信長に執拗に対峙してきた長島の一揆の将日根野弘就《ひねのひろなり》は、その弟盛就《もりなり》を江北に遣わし、長政と協議させた。『島記録』に日根野弘就による元亀二年六月一七日付の島秀安への書状があり、中郡平松（東近江市）での城普請への協力を要請している。日根野氏が長政と昵懇《じっこん》であったことは『江濃記《ごうのうき》』にも見え、長政との「連携」は明らかである。

四　小谷合戦

義景の江北出陣

元亀二年八月一二日、長政は信長が江北へ進攻することを知り、朝倉義景に援軍を要請した（宛先不明、下郷共済会文書）。そこには「此の方の儀、貴所在谷、その外使者付け置き、申し入れ候といえども、その段打ち捨てられ」とある。浅井氏は、朝倉氏の一乗《いちじょう》谷《だに》に館を設置し、また使者を派遣して出陣を申し入れたが、無視された。その一方、義景は若狭《わかさ》には出陣していると不満を述べ、「当表へ御出勢、仰せ付けられ候様に、御申しあるべく」とする。ついに義景は、一六日、江北へ出発した（『年代記抄節』）。『東浅井郡志』は、朝倉義景の出陣は浅井久政が敦賀《つるが》で武田信由《のぶよし》を介して義景と会い、直接に要請したことにあるとする。なお、一乗谷の浅井氏館は谷の「構え」の外にある。

浅井・朝倉・本願寺

また、久政・長政はともに本願寺に物を贈っている。八月一五日に本願寺よりの礼状があること、そして本願寺顕如が長政支援軍を出す朝倉義景に太刀を贈っていることから（『顕如上人御書札案留』）、浅井・朝倉氏と本願寺の三者の「連携」が知られる。

小谷包囲

一方、八月一八日、信長は横山城に陣し、二〇日小谷城を囲む（『言継卿記』『信長公記』）。二六日、小谷と山本（湖北町）との中間の中島に陣し、在々所々に放火し、木之本・余呉《よご》にまで及んだ。翌日は横山に移し、柴田勝家を殿《しんがり》に命じたが、長政はこれを追撃した（『信長公記』）。

小谷城黒金門跡

信長、佐和山城に陣を移す

二八日、信長は佐和山《さわやま》城に陣を移し、先陣を神崎郡の小川村・志村の「垣見《かきみ》一揆」の掃蕩に派遣し、九月朔日には佐久間《さくま》・中川・柴田・丹羽等をして志村城を落とした。斬首六百七十余とする。さらに、小川城も落とし、三日、常落寺（安土町）に進んだ。南郡の一向一揆の拠点金ケ森《かねがもり》城（守山市）を攻めるためである。ここも、佐久間信盛《のぶもり》を遣わして、川那辺秀政《かわなべひでまさ》を降ろした。しかし、一揆は解体したのではない。翌年三月にはまた集結している。

藤堂高虎

ちなみに、この時、一六歳の藤堂高虎《とうどうたかとら》は父に従い、小谷の大手口で防戦して敵の首を取り、長政より感状を得たとする（八月二九日付、『藤堂家譜』）。しかし、『東浅井郡志』が指摘するごとく、その文言には問題がある。ただ、長政は、中郡の名家で京極氏の家臣、また幕府奉公衆の藤堂氏を、元亀元年九月二一日に降ろしており（養源院文書）、高虎が長政の許にあっても不思議ではない。

比叡山焼き討ち

なお、九月一一日、信長は瀬田に至り、比叡山を攻撃することを告げる。佐久間・武井等が諫言したが、一二日兵を坂本に進め火を放った。四日間焼き尽くし焦土となった（『信長公記』）。この叡山焼き討ちの背景は言うまでもなく、去年（元亀元年）浅井・朝倉氏に「連帯」したことへの報復である。

高宮一族を殺害

また、同月二一日、信長は高宮右京亮《うきょうのすけ》一族を佐和山に招いて殺させた。元亀元年の野田・福島の陣の時、大坂（本願寺）に同心して一揆蜂起を画策し、天満の森より大坂へ走り入ったことによる（同前書、『集古文書』）。

五　長政の回復

今井一族との関係修復

元亀二年九月、浅井久政・長政父子は今井小法師に「御帰参においては、堀跡・同名寺庵・被官・十三条地頭ならびに法勝寺《ほっしょうじ》臨時反銭《たんせん》半分代官職《しき》、申し談ずべし」と書き送っている（『島記録』）。今井一族・同名中との関係を修復する。彼らは、既述のごとく二月の佐和山開城に際して小谷への入城を拒まれたことで離散していた。

今井氏の老臣島秀安は磯野員昌の意見をもって態度を決することにして、高島郡大溝に使いを出した。その返書には「我等は、けし毛頭ほども、小法士殿の儀、如在《にょざい》またば片心にも存じ忘れず候」とするが、直接回答しなかった。

岩脇定政の戦死

同三年正月、長政は今井氏一族の岩脇定政に、島秀安とともに鎌刃《かまのは》城の樋口直房を攻めさせようとした。しかし、秀安は応じなかった。定政は丹生谷《にゅうだに》（米原市）に留まり時を待ったが、樋口直房は堀秀村を擁して田那部式部《たなべしきぶ》・島秀親等と定政を襲った。定政は丹生堂山《どうやま》（男山）にて戦死した（『妙意物語』）。長政は今井小法師に宛てて、定政の戦死に「当家（浅井）に対しての忠節、相忘るべからず候、併せて、貴殿の御名誉の至りに候」

と伝えている。

長政の知行状

なお、三月一七日、長政が小法師丸に与えた知行状には、

箕浦地頭本所事、同赤（東カ）尾常住の事、寺倉・多良事、河井（下多良）事、日光寺の事、北走井（朝妻）の事、十六条預所御代官職の事、十六条出作事、十七条講米・同地頭職事、久徳《きゅうとく》跡職の事、筑摩衆の事

を挙げる。この所領・所職の範囲は極めて広く、天野川下流域一帯である。これが現実的意味を持ったかは別の問題である。

六　元亀三年・信長の侵攻

元服の礼

元亀三年（一五七二）正月、織田信長は信忠《のぶただ》（秋田《あきた》城介《じょうのすけ》）・信雄《のぶかつ》（北畠氏を継ぐ）・信孝《のぶたか》（伊勢の神戸《かんべ》氏を継ぐ）の三人の子の元服の礼を行う（『北畠物語』）。この祝賀に、横山城を守備していた木下秀吉も岐阜に行き、浅井退治の相談をしたとする（『柏崎物語』）。

長政、横山城を攻める

この秀吉の留守に、浅井長政は横山城を襲う。浅井井規・赤尾清冬に兵千余を付けて攻撃させた。外郭・二郭を奪われたが、守備の竹中重虎は辛くもこれを支えた。寄手の

野《の》一色《いしき》助義と城兵の加藤光泰および苗木佐助との死闘があったとする。また、秀吉が帰路の途中にこの報を聞き駆けつけたので、挟撃を恐れて小谷に帰ったとする（『総見記』）。

信長上洛の情報

元亀三年早々、信長が「今春上洛する」との情報が飛ぶ。本願寺を中核に対応が練られる。正月四日付下間《しもづま》正秀書状に、「雪が消えたならば、若狭・越前衆は手遣（軍勢を遣わす）するだろうが、それ以前に当月早々に信長は上洛する。尾張《おわり》・美濃《みの》の衆の外、摂《せっ》津《つ》・大和《やまと》・和泉《いずみ》の多人数をもって、三好左京兆《さきょうちょう》（義継《よしつぐ》）の若江《わかえ》城を取り詰めるべきことが定まったようだ。……浅井父子（久政・長政）には御分別をもって、越前（朝倉氏）へ急ぎ相談されるべきである」（誓願寺文書）とあり、本願寺（誓願寺・湖北十ケ寺）、浅井氏、朝倉氏の連携が計られている。

また、一四日、本願寺光佐《こうさ》顕如は、武田信玄《しんげん》に太刀と黄金を贈り、信長の上洛を牽制させている（『顕如上人御書札案留』）。

六角父子と湖南一向一揆

二三日、六角父子が湖南の一向一揆と結び、金森・三宅城（守山市）に拠って信長に対抗した（福正寺文書）。信長は、南近江の宗徒および郷士に、これと交通することを禁じ、誓詞を出させた（勝部神社文書）。

信長の上洛

三月五日、信長は数万の大軍を率いて岐阜を発ち、翌日横山城に陣し、七日には小谷に向かった。去年と同じく長政は小谷を出なかったので中島に陣し、余呉・木之本まで放火した。一〇日信長は横山城から和邇《わに》（大津市）を経て、一二日に上洛した（『信長公記』）。

軍勢催促

これに先立つ三月三日、信長は永田景弘に宛てて「来る七日、江北小谷口において相働き候、時刻違わず、老若に寄らず、彼の表へ相出るべし」と軍勢催促し、また「よって砦相構えるべく候間、鋤鍬以下持ち使うべく候、そのため廻文差し越し候」とある（『武家事紀』）。この砦とは小谷の対にある虎御前山《とらごぜやま》と考えられる。廻文であるから、方々に送られたと考えられる。

義景の遅い出兵

浅井長政は朝倉義景を待ったが、またも遅々として出兵して来なかった。義景は「去る五日、信長江北出張に至に付て、すなわち人数差し越され候、二三日中に出馬あるべし」とし（三月八日付武田信方宛鳥居・高橋連署状、尊経閣古文書纂）、また五月になって「江州北郡江兵粮料」を懸けている（御前神社文書）が、後手々々である。

下間正秀の義景非難

この朝倉氏の行動・態度について、本願寺の下間正秀が湖北十ヶ寺に宛て、次のように述べている（五月一〇日付、誓願寺文書）。

越前衆（朝倉）出馬遅々により、所々（手）筈ども相違せしめ、敵方（信長）難なく討ち入るの段、各々御無念のよし、尤《もっと》もの儀に候。……越前衆の手重く候故、一味あるべしと存ぜらる国侍も、思案を替え候様に申さる間、きっと、坂本までも出勢あるべきのよし、切々仰せ越され候といえども、今にその詮無く、疎略無く通り御返事までにて、日数馳せ過ぎ候。笑止の第一候。小谷辺までも無興たるべく候。

朝倉氏の出兵の遅れが、戦術上、憤懣やる方なき状況だったことが分かる。なお、下間正秀は四月にも朝倉氏を非難しており、彼が本願寺（湖北十ヶ寺）・浅井・朝倉「連合」の仲介・執行者だったといえる。

下間正秀の役割

そのことはまた、右の文に続けて、「その方（湖北十ヶ寺）儀、毎度一揆衆ばかり魁（先駆け）申し付けられ候よし、御迷惑尤もに候、先日すでに浅井備前守（長政）へ一両度仰せ遣わせられ候」、また「坊主衆三ケ年牢籠、御不弁の上、一疋をも相抱えられ候こと、御迷惑尤もに思し召され候」とあり、本願寺・湖北十ヶ寺が戦闘の第一線に立って活躍していることを浅井氏に訴えていることでも分かる。同じく、「彼兵糧米の儀も越州へ追々仰せ遣わさるべくの由」とあり、さらには「越州よりの御門徒中の馳走の物、少々参着候……悉へ配分専一」と物資の供給にも関与していた。

浅井氏が姉川（野村）の合戦後の三年間、信長に持ちこたえた一つの要因は本願寺・湖北十ヶ寺の「一揆」勢力によると言える。

信長への備え

なお、六月晦日、本願寺光佐は、「その表（小谷）長々籠城之衆、退屈（困り果てる）たるべく候、然りと雖も、この節肝要の儀候間、各々越度《おちど》なきよう下知を加えらるべく候」と長政と久政に書状して、鉄砲薬三十斤を贈っている。同時に、朝倉軍の高島在陣を慰労し、「浅備（長政）と相談され、油断なく」としている（『顕如上人御書札案留』）。

江北の諸氏

この頃、木下秀吉は横山城の維持が難しいことから、江北の諸氏の切り崩しを図っている。宮部継潤《けいじゅん》もその一人といえる。宮部氏は湯次神社（長浜市）の社僧・善祥坊《ぜんしょうぼう》の住持で、文明《ぶんめい》の頃は政所《まんどころ》執事伊勢氏の被官として湯次下庄々司であった（『親元日記』）。継潤の妻子は人質として小谷にあったので、友田左近右衛門を遣わしてこれを確保している（『武家事紀』）。

なお、『総見記』では、宮部継潤が野村兵庫頭《ひょうごのかみ》を国友城に攻め、砲術を得意とする富岡藤太郎が継潤を狙撃し、友田左近右衛門が継潤を救ったとする記事がある。これらは後世の記事であるが、江北の諸氏は信長、秀吉の中核家臣として活躍することは周知の事実であろう。

江北出陣

さてまた同三年七月一九日、信長は、信忠の「具足初《ぐそくはじ》め」（初陣《ういじん》）にとして、五万の大軍をもって江北に出陣してきた（『信長公記』）。今回は、九月一六日までの約五〇日間、小谷城攻撃に集中する。

義景に出兵を要請

一方、長政は、七月七日、この信長の出兵を偵察して、直ちに朝倉義景に使者を送り出兵を要請した。七月一八日には、朝倉氏の先鋒一万程が珍しく小谷に着いている（山中文書）。義景自身は二四日に敦賀まで出陣した。その勢は朝倉景健・景胤《かげたね》・魚住・山崎・鳥居等一万五千の大軍であった。二八日に刀根坂《とねざか》から柳瀬《やながせ》（余呉町）に至り、三〇日小谷に着陣し、長政父子の歓待を受け（前田家文書）、八月一日に山崎丸に入った（『島記録』）。

回状

信長は、この出陣に先んじて七月朔日には松永弾正《だんじょう》久秀と江南国衆に宛てて「来る七月七日、江北小谷表に至りて相働き候……老若を選ばず、打ち立つべく候。……浅井・朝倉と一戦におよぶべく候」と回状を出している（願泉寺文書）。

小谷・山本が攻撃

二一日、信長は信忠をともない小谷に至り、虎御前山と雲雀山《ひばりやま》に本陣を据え、佐久間・柴田・丹羽・木下等に小谷城を攻撃させた。小谷市場の民屋を焼き、外堀の城門を破り城内に入ったが、水手口で追い返されている。二二日には、柴田・稲葉・氏家等を小谷の牽制とし虎御前山の前に配置して、木下秀吉に山本城を攻めさせた。山本城は朝日山に築かれ、阿閉貞征《あつじさだまさ》が守備していたが、五〇人ばかりの戦死で、ここを守った。一方の信長も、首を挙げたことで「具足初めの祝儀」として悦んだ。二三日、信長は、伊《い》香《か》郡に兵を遣わし、木之本から余呉、さらに越前の国境まで放火した。二四日には、木下・丹羽等を派遣して草野谷《くさのだに》を放火した。大吉寺《だいきちじ》を背後より焼き討ちし、「一揆の僧俗、数多く切り捨てらる」とある（『信長公記』）。

湖北の浦

また、信長は打下《うちおろし》（高島市）の林氏や堅田《かただ》の猪飼・馬場氏等を使い（六月二七日付信長朱印状、沖島共有文書）、船を利用して、高島から海津・塩津・尾上・松原にいたる湖北の浦一帯を皆焼き払った（『信長公記』）。

虎御前山

二七日、信長は虎御前山に本格的に城を築き始める。浅井・朝倉軍は小谷・大嶽《おおづく》に立て籠もり、信長軍は虎御前山・雲雀山を中心に周囲を埋めつくした。浅井・朝倉の二万五千と信長の五万との対陣である。

今須閉鎖を計画

長政は、伊勢長島の一揆をもって、今須《います》（関ヶ原町）・柏原口《かしわばらぐち》（米原市）の隘路を断ち、不破口から美濃を攻撃させ、信長軍を牽制することを計画した。長政は「その表の行《てだて》、延々仕立、存知の外に候、既に北伊勢衆着陣の由候。油断候為躰、驚き入り候。……一日早々、居益（今須）・柏原口、ふか〳〵と手遣候様、才覚あるべし」と遣わしている（八月三日付島秀安宛、『島記録』）。この今須の閉鎖は、四月以来本願寺の下間正秀が長政に勧告していた策で（誓願寺文書）、軍事上賢明であったが、島氏はこれを進めることができなかった。

久政、若狭武田氏に書を送る

八月五日、久政は、若狭の武田信由に「信長は八相山《やあいやま》に陣し居り候と雖も、味方中堅固に申し付け候。殊に（朝倉）義景御着城候条、敵討ち果たすべく段、程あるべからず、様子においては御心安すべく候」と送っている（尊経閣古文書纂）。

朝倉方の将、信長に降る

八月七日になると、信長は八相山を下りて陣を敷いた。義景もまた尾崎山を下りて麓に陣した。小競り合いの後、翌日朝倉方の前波吉継、九日には富田長秀等が信長に降りた。池田隼人助も降りることを察した義景はこれを殺したとする（『朝倉始末記』）。

景盛、柴田城に放火

八月二八日に暴風雨があり、この夜、朝倉景盛が風雨に乗じて柴田の城郭に火を放った。これによりひどい混乱をもたらした（九月五日付長政書状『島記録』、『朝倉始末記』は一〇月中旬、『総見記』は九月一四日のこととする）。

信長、八相山に築城

九月三日、信長は八相山に城を築き、五百川《いおいがわ》の水を引いて宮部城を修復して佐久間信盛を入れた。また、虎御前山と宮部城の間に新たに軍道を開いた。「田畠も構わず、幅三間、堀を掘り水を堰入れ、敵方に向けて一丈の土居を築き、その上に高い塀を付け、やすやすと往還」できたとする（『朝倉始末記』『信長公記』）。

山田川と北国街道

なお、今の山田川の水は下山田より直に西流して高時川に入るが、当時は下山田の西端より南流して虎御前山の東麓に沿い、留目《とどめ》・別所《べっしょ》の間を過ぎて田川に入る（小谷城古絵図）。丁野を通ずる北国街道は昔の山田川の流路の跡である。

信玄・一揆との「連携」

九月五日、浅井長政は島氏への書状で、「甲州信玄、当廿日以前、遠州表に至り、出馬相究め候、誓紙等相越され候」と、信玄の出陣と「誓紙」を得たこと、すなわち武田信玄との「連携」を知らせている。と同時に、「大君畑《おおきみがはた》（多賀町）へ、その方が侵攻すれば、石寺浜《いしでらはま》への通路が留まり、長島のためになる」と、再度、伊勢長島の一揆への協力を要請している。また、一〇月三日にも、今井氏と高宮衆との連携をもとめる一方で、信玄の動きを伝えている（『島記録』）。

信玄出馬に運命を託す

久政も同じく、島秀安へ「（信玄）遠州に至り、御出馬あり、近日三河に御手遣あるべきの由候条、本意程あるべからず候」とする（一〇月二日付、『島記録』）。また、九月二三日、湖北十ヶ寺総代の小松原正勝への書状には「信玄、近日御出馬あるべく、注進せしめ候。その儀相違においては、当表笑止に相極まるべく候。その段御分別尤《もっと》も候」とある（誓願寺文書）。浅井氏は武田信玄の出馬に運命を託した感がある。

九月一六日に信長が虎御前山から帰国したのは、信玄の東美濃における動きがあったからである。信長への包囲は、本願寺一揆とともに武田信玄が加わることになる。この信玄の上洛は将軍義昭が画策したものである。ここに、政局は新たな局面を迎える。

新局面へ

ただ、浅井・朝倉方には信長への挟撃計画も牽制策も、調略すら見られない。義景にいたっては、信長が横山城をはなれると、自身も帰国してしまっている。

第八　浅井氏の終末

一　武田信玄の登場

信玄の遠江侵攻

元亀《げんき》三年（一五七二）一〇月三日、武田信玄《たけだしんげん》の三万五千の兵は信州伊奈口《いなぐち》より徳川家康《とくがわいえやす》の遠江《とおとうみ》に侵攻した。同日、信玄は浅井久政《ひさまさ》・長政《ながまさ》に宛てて「只今出馬候、この上は猶予なく行《てだて》におよぶべく候。……（朝倉）義景《よしかげ》と相談されたし」と書状を送っている（『南行雑録《なんこうざつろく》』）。さらに、信玄は東遠江を席巻し、子の勝頼《かつより》等に二股城《ふたまたじょう》を攻めさせ、家康を牽制した。家康は信長《のぶなが》に援軍を要請したが、信長も一四日には東美濃岩村《ひがしみののいわむら》を落とされ、遠江の井伊平《いいだいら》に信玄の一隊が陣しており、動けなかった。ここでも、信玄は朝倉義景にこの戦況を知らせ「信長に対して、当敵として干戈（盾矛・武器）を動かし候。この所御分別肝要」と語る（一一月一九日付『古今消息集』）。

遠藤胤勝

この浅井長政と武田信玄との「連携」は美濃郡上《ぐじょう》の遠藤氏が拠点となった。元亀三年九月二六日付で、信玄は遠藤胤勝《たねかつ》に宛てて「当方に特別に荷担したので、信州において百貫文の地をまいらす」としている（『古今消息集』）。また、遠藤胤勝に宛てて越前《えちぜん》陣（江北在陣中）への通路の保障を求めている（一一月一九日付、南部文書）。

長政も遠藤胤勝に書状を一一月一五日付で送る。「甲州よりの使者、差し越し候ところ、（遠藤）胤繁《たねしげ》御入魂《ごじっこん》の段、謝しがたく存じ候。……遠（遠江）・三（三河《みかわ》）、早速、信玄存分に属さる儀、珍重この事に候」（『古今消息集』）と。

この両者の背景には、加賀《かが》・越前の本願寺門徒を仲介にした信玄と朝倉氏との連絡がある（五月二〇日付安養寺宛信玄書状、南部文書）。

信玄の上洛と義昭

信長が一番恐れていたのは武田信玄の上洛であり、これを画策したのは将軍義昭《よしあき》である。信玄は先に（元亀元年四月）一万疋の領地を義昭に献じ、五千疋の地を近臣一色藤長《いっしきふじなが》に与えている。信長も信玄の上洛阻止の方策を講じていたが、信玄も出兵の準備が必要で、上杉謙信《うえすぎけんしん》への備えを固め、本願寺、三好《みよし》三人衆等と連携を取って進められた。

ちなみに、元亀三年五月七日、六角承禎《ろっかくじょうてい》は一色藤長等に「織田（信長）の働きにより高屋《たかや》（畠山昭高《はたけやまあきたか》）が不慮の死を遂げたが、義昭の御様躰いかがか」とし、「東国出馬（信玄の出兵・上洛）いよ〳〵確かと聞く。珍重なことである。上意（将軍の命令）として御催促が肝要である」と書き送っている（『古証文』）。

信長と義昭の不和

なお、元亀三年九月、信長が「一七ヶ条の諫言」（異見一七ヶ条）を将軍義昭に提示したことで（『尋憲記《じんけんき》』）、両者の不和・対立は決定的となった。

三方原の合戦

元亀三年一二月二二日、武田信玄は遠江三方原《みかたがはら》（浜松市）に徳川家康を敗った。同月二八日、信玄は刑部《おさかべ》（浜松市）において、朝倉義景に、三方原の勝利と岐阜《ぎふ》での勝利を告げ、同時に、信長への攻撃をせずに帰国したのを責めた。「巷説のごとくば、御手（義景）の衆、過半帰国の由、驚き入り候。各々労兵勿論候。しかるといえどもこの節、信長滅亡時刻到来候ところ、ただ、寛有せしめ、御帰、労して功なきか。御分別過ぎるべからず候」（伊能文書）と。無論、この信玄の勝利は、長政にも知らされている（土屋文書）。

二　長政と将軍義昭

義昭の挙兵

元亀四年（一五七三）二月、将軍義昭は光浄寺暹慶《こうじようじせんけい》等一向宗門徒を糾合して兵を挙げた。顕如《けんによ》は近江慈敬寺《おうみじきようじ》の戦功と伊丹親興《いたみちかおき》の参陣を賞し（慈敬寺文書）、またこのことを信玄に報告している（『顕如上人御書札案留』）。同時に、義昭は朝倉義景に、山本・渡辺・磯貝《いそがい》氏等が信長に背き、明智光秀《あけちみつひで》も「正躰なし」として、急ぎ出陣することを求めている。また、長政は伊勢七郎左衛門尉に宛てて「東国の儀は、遠江・三河はことごとく信玄に属した。信玄は近日、尾張《おわり》・美濃へ出馬する。また朝倉義景は当月（二月）中に越前を発進する。この方（長政）は京衆とともに志賀穴太《あのう》に放火する」と知らせている（近衛《このえ》家文書）。また、越中《えっちゅう》の一向宗勝興寺《しょうこうじ》にも同様の内容を伝えている（同寺文書）。

長政と武田家

さらに、長政は武田信玄の将の穴山信君《あなやまのぶきみ》に、信玄の三河侵攻を賞賛し、尾張・美濃への発向を「偏《ひとえ》に待ち奉《たてまつ》る」とし、「公方様《くぼう》……御内書《ごないしょ》なされ候間、献じまいらしめ候」と公方御内書の取り次ぎ、また志賀郡は押さえたので朝倉義景はきっと出陣すると知らせている（二月二二日付、土屋文書）。

同じく、四月二日には馬場国平に木戸城（大津市）籠城を賞し、知行を安堵《あんど》している（馬場文書）。馬場氏には本願寺下間頼充《しもづまよりみつ》および朝倉義景からも戦功の感状が出されており（同前文書）、長政と彼らとの「連携」が窺える。

本願寺顕如は、使者を遣わして朝倉義景の出馬を見届けさせていることを信玄に報じている（『顕如上人御書札案留』）。なお、顕如は義景に再三出馬を要請するが（同前）、またも多胡《たこ》宗右衛門に加勢させただけであった（『尊経閣古文書纂』）。

信長と義昭、断交

この年の二月下旬、信長は細川藤孝《ふじたか》を介して義昭との講和を図る。「君臣間の儀」をもって「一二ヵ条」の条件と実子の人質を出すことにしたが（細川文書）、義昭は三月七日、信長の人質を返して断交する（『公卿補任《くぎょうぶにん》』）。

京都市中焼き払い

三月二五日、信長は自ら京に赴き、二九日東山知恩院《ひがしやまちおんいん》に陣した。翌三〇日、義昭は信長の京都奉行村井貞勝《さだかつ》の屋敷を包囲した。そこで、四月三日、信長は京都市中を焼き払い、義昭の二条城を囲んだ（『信長公記《しんちょうこうき》』、ルイス・フロイス『日本史』）。ここで、正親町《おおぎまち》天皇が関白二条晴良《にじょうはれよし》・三条実澄《さんじょうさねすみ》等に勅して、七日両者の和議が成立した（『信長公記』）。

信玄の帰国

ちなみに、信長が和議を急いだのも、義昭が強行に信長に反したのも、武田信玄の出陣・上洛によるが、信玄はこの時、病魔により信濃《しなの》に引き返していた。

信長、京を発つ

四月七日、信長は京を発して、六角義堯《よしたか》（義治《よしはる》）を鯰江城《なまずえじょう》（東近江市）に攻め、百済寺《ひゃくさいじ》（同前市）の堂塔伽藍・坊舎をことごとく焼いた（同前書）。また、一一日、信長は丹羽長秀《にわながひで》に大舟を造らせた（同前書）。これは、義昭が再挙した際瀬田《せた》の橋で防ぐことを考慮したからである。

三　幕府の滅亡・信玄の死去

信玄西上への期待

浅井長政は、湖北の一向一揆を介して越中の勝興寺に「輝虎《てるとら》（上杉謙信）が（越中門徒との）和与を懇望しても、信玄へ御相談なくては勿体ない。敵の計略に対応する族が必要である」と書き送る（二月二六日付、同寺文書）。信玄の背後の謙信の動向に気遣い、越中の門徒に意見を述べている。いかに信玄の西上を頼りにしているかが分かる。長政も、まだ、信玄の帰国そして病没（四月一二日没）を知らない。

信玄死去の情報

信玄死去の情報が漏れ出したのは四月末頃で、六月下旬には上杉謙信が知り得、信長は七月中旬に知ったと考えられている。信玄を軸にした反信長包囲網の「緊張」は続いていたのである。

虎御前山の出入り

一方、虎御前山《とらごぜやま》は木下秀吉《きのしたひでよし》が守備していたが、この間、小さな出入りがあった。伊部《いべ》口《ぐち》において首一つ討ち取ったことを賞した堀秀村書状が三月一〇日に出されている（『堀系図』）。なお、浅井久政は、五月七日、山本新四郎に宛てて「明暁寅の刻（午前四～五時）長政が出陣するので、今夕、小谷《おだに》に人数を連れて入城するよう」命じている（金光文書）。

事態は、前後の史料が欠けていて、不明である。

小谷夜襲

五月二九日、八相山《やあいやま》の柴田勝家《かついえ》は、虎御前山の木下秀吉と相談して小谷の夜襲を試みたが失敗している。六月四日の長政書状には「その刻、足軽遣わし、鉄砲放ち懸け候ところ、道具を捨て、正躰なく仕る」とある（中村不能斎採集文書）。また、伊勢長島の一揆が長政と連動して、尾濃国境に放火している（同前）。

義昭の再挙

七月三日、義昭は再び挙兵した。三淵藤英《みつぶちふじひで》・伊勢貞景《さだかげ》・日野輝資《てるすけ》等に二条城を守らせ、自身は槇島《まきのしま》（宇治市）に拠った。

幕府滅亡

信長はこの報を聞き直ちに佐和山《さわやま》に至り、六日にあの大舟に乗り、坂本に渡り、明くる朝京に入った。素早く二条城を落すと、一六日に槇島に兵を送り、柳山《やなぎやま》（宇治市）に陣した。一八日に合戦があったが、義昭は質を出して降伏した（『兼見記《かねみき》』）。ここに足利幕府は滅んだ。八月四日、信長は岐阜に凱旋した（『信長公記』）。

四　浅井氏の滅亡

天正改元

元亀四年（一五七三）七月二八日に天正《てんしょう》と改元された。浅井氏の小谷籠城は三年余になり、武田信玄の病死は広く知られ、将軍義昭は流落した。浅井氏にとって残る頼みは朝倉義景のみとなったが、義景はこれまでも信頼に足らなかった。

阿閉貞征の降伏

これらの「状況」のなか、信長へ降りるものが増えていった。山本山の阿閉貞征《あつじさだまさ》も、秀吉を介して降りた（『信長公記』）。なお、長政は貞征の実子一〇歳ばかりを串刺しにしたとする（『当代記《とうだいき》』）。また『総見記《そうけんき》』はその詳細を記すが、典拠は不明である。

阿閉貞征の降伏は浅井氏にとって極めて痛かった。信長はこの報を聞き、八月八日、すぐさま江北攻撃を指示した。自身、信忠《のぶただ》とともに岐阜を出発し、九日には虎御前山に入城した。一〇日、信長は佐久間《さくま》・柴田等を山田山に配置して、小谷と越前との交通を遮断した。

月ヶ瀬氏

一方、虎御前山を目前にする月ヶ瀬城は、山本山の阿閉貞征が降りたことで危機を迎えた。八月八日、月ヶ瀬忠清が長政に援助を求めたところ、小谷入城を命じられ、その夜、風雨のなか入った（『信長公記』）。なお、月ヶ瀬氏には十分な史料はないが、天文《てんぶん》末年に帯刀が久政より畠加地子について命を受け（阿部文書）、また能登守《のとのかみ》清勝（「菅浦《すがのうら》文書」）、その子若狭《わかさ》守忠清が浅井氏家臣・奉行人《ぶぎょうにん》として活動している（宮川文書、西村文書）。

垣見重則

また、垣見重則《かきみしげのり》は、元亀四年八月一一日付で長政の書状を得ている。小谷入城に際してのもので、「先に知行の下坂《しもさか》藤九郎跡・田付同名衆跡職を返付し、さらに新知（行）として熊谷《くまがい》次郎左衛門遺跡・楞厳院《りようごんいん》平方百姓敵方に罷《まか》り越す者共跡を進《まいら》しむ」とある。さらに八月一八日、長政は、「この度の籠城、相届けられ候段、謝しがたく候。よって今村跡ならびに河毛《かわけ》次郎左衛門尉知行分・同孫三郎分跡・小堀左《さ》京亮《きょうのすけ》跡」などを与えている（垣見文書）。これら（〜跡）は敵方に降りたものの跡である。

義景、敦賀に陣す

朝倉義景は自ら二万の兵を率いて敦賀《つるが》に陣した。八月九日、長政の危急を知り、一〇日田上山《たがみやま》（木之本《きのもと》町）に陣した。先鋒は朝倉景健《かげたけ》・景胤《かげたね》で田部山《たべやま》に、湖西より来た山崎吉家等を賤ヶ岳《しずがたけ》に配した。諸勢は余呉《よご》から木之本に充満した（『信長公記』）。

信長の対応

織田信長はこれに対して、稲葉一鉄《いってつ》を高月《たかつき》に派遣し、蜂屋《はちや》・丹羽《にわ》の他、蒲生《がもう》・永原・進藤・永田等南近江《おうみ》の諸氏をこれに続かせた。

浅見氏の降伏

さらに、浅見対馬《つしま》守が降りたことで、山田山の佐久間・柴田等と滝川一益《かずます》・木下秀吉とをこれに加わらせた（『信長公記』）。浅井長政は大嶽《おおづく》城の背面の半腹・焼尾という所に城砦を築いて、尾上の浅見対馬守に守らせていた。大嶽城はもと大岳寺の在ったところを修築したもので、江北の平野を俯瞰することができる。その本丸には越前の斎藤刑《ぎょう》部少輔《ぶのしょう》等の五〇〇騎、二と三の丸は浅井方の井口経親《いのくちつねちか》等が守った（『総見記』）。ここで、浅見氏が信長方に転じ、一二日夜、風雨に乗じて敵兵を城内に導きいれたのである（『信長公記』）。

大嶽城落城

同じ一二日の夜、落雷が越前の福岡吉清の陣にあり、火災を起こし騒乱状態となった（『朝倉始末記』『総見記』）。虎御前山城でこれを見た信長は、信忠を残して、自ら手勢をもって焼尾丸より大嶽に攻め上がった。越前の斎藤・小林等は義景の陣に、浅井方の井口・千田等は小谷城に逃げた（『信長公記』）。大嶽城が落ちたことによって小谷は裸になった。

義景を追撃

続いて一三日、信長は中島直親が守る丁野《よおの》城を落とした（同前書）。田上山の朝倉義景は斎藤氏等より大嶽城落城を告げられ、また丁野城の炎上により戦意を失い、一三日夜越前に走った。信長は追い掛け、刀根山で「朝倉同名の親類」の首三千余、また朝倉景氏等歴々の者共三千余を討ち取ったとしている（毛利・小早川宛信長書状、『武家事紀』）。

朝倉氏の滅亡

朝倉義景は、一五日一乗谷《いちじょうだに》に帰り、翌日さらに山田庄に逃れた。信長は一八日、越前府中に至り、一乗谷を放火した。二四日、朝倉義鏡《よしあきら》は自害した義景の首をもって投降した。信長は首を京に送り、獄門に曝し、義景の妻子を捕え殺した。そして、二五日、江北に取って返し、二六日、虎御前山に凱旋した（『信長公記』）。

長政の覚悟

浅井長政は朝倉氏の滅亡により覚悟を決めた。長政は寺村小八郎宛の感状で「四ケ年以来、粉骨を抽《ぬき》んぜらるの段、忠節比類なく候。殊に今度籠城相詰まらるる義、神妙候。なおもって馳走あるべくこと肝要候。自然（万一）所望の儀候はば、申し付くべく候」としている（元亀四年八月二六日付、武州文書）。

秀吉、京極丸に入る

八月二七日、信長は木下秀吉に命じて小谷城を攻めさせた。中丸の東端の一郭にある京極高清《きょうごくたかきよ》父子が居る京極丸に入れと指示した。浅井井規が信長に繋がっていることによるという。南の本丸には長政、中丸には浅井井規・三田村・大野木等、北の小丸は久政が守っており、まず久政と長政との間を断ち、次に小丸の久政を攻めたのである。

久政の最期

久政は東野政行・千田采女正《うねめのじょう》・西山旦右衛門等に防がせて、浅井福寿庵と鶴松太夫とを招き訣別の宴を開いた。久政は森本の舞楽の者である鶴松を逃そうとしたが、鶴松は涙して「有り難い勧めであるが、拙き私が、如何なる冥加か、片時も御前を離れることなく来ました。日頃は歴々の御供衆がいらっしゃいましたが、今は残り少なくなりました。はばかりながら、私が御介錯させていただき、私も冥土のお供をいたします」と述べ、その座を去らなかったとする（『島記録』）。時に久政四九歳。

長政の最期

二八日、信長は自ら京極丸に上り、秀吉に本丸を攻めさせた。長政は覚悟を決め、お

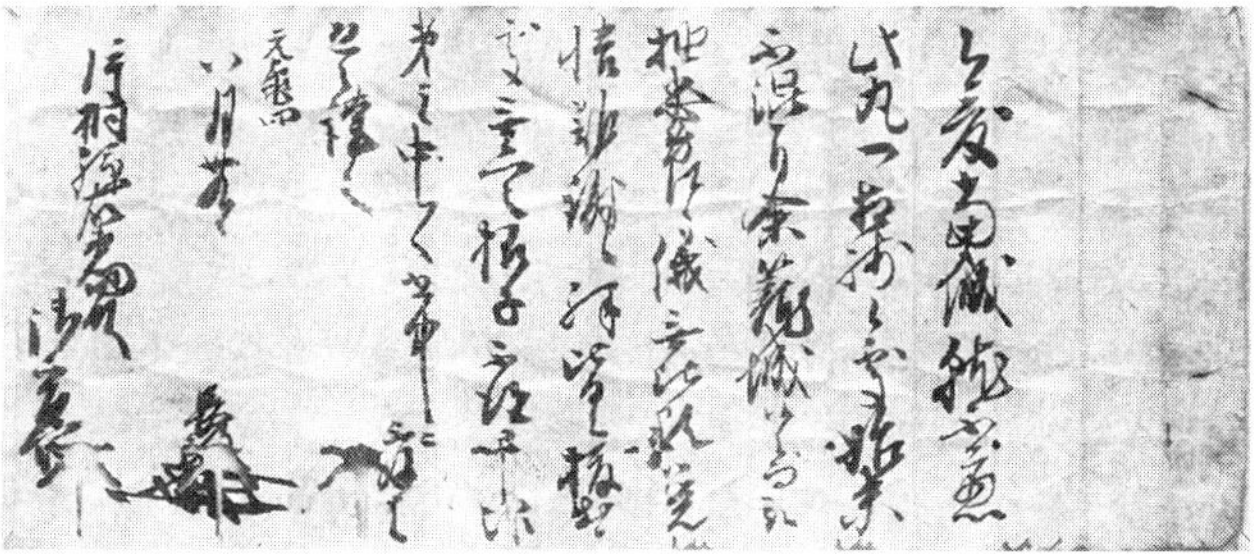

浅井長政最後の書状
（元亀４年，財団法人石川文化事業財団お茶の水図書館蔵）

市と三人の娘を信長の許に送らせた（『総見記』）。長政は小谷城の本丸ではなく、赤尾邸にて自殺したと伝えるが（『総見記』など）、『島記録』に「長政はあつかひ（扱い）にて、の（除）けたまう約束なりしが、信長公、高きところに上がり居りて、赤尾美作《みまさか》（清綱）・浅井石見《いわみ》（亮親《すけちか》）を隔てさせ生け捕るを見て、長政は家へとり入り、切腹」とある。長政二九歳。浅井氏は大永《たいえい》三年（一五二三）の浅井亮政《すけまさ》の起立より三代、五一年にて滅んだ。

長政が自刃した日時については諸説（『信長公記』『総見記』『公卿補任』『徳勝寺過去帳』など）があり、『東浅井郡志』は『信長公記』をもって二八日説を取ったが、先年（一九八九年）荻野三七彦氏が元亀四年八月二九日付の長政書状（片桐文書）を疑いなき正文とし、また長政像（持明院・天正《てんしょう》一七年〈一五八九〉）の画賛を信頼して九月朔日とされた（「浅井長政最期の感状」）。

なお、氏は、この文書が小切紙《こきりがみ》であること（超小型で、密書として使われる）にも注目される。と同時に、長政は元亀四年が七月二八日に天正に改元されたにも拘わらず、「元亀四年」とする五通の文書を発給することをもって、改元させた信長への「頑強なレジスタンス」「反政権の意志の強さ」を推察する。卓見である。

久政・長政・義景の首

天正元年九月、久政・長政と義景の首は京において市中引き回された上、獄門にさらされた。信長書状に「近年の義（儀）、彼等（久政長政父子）の所行をもって、甲州武田・越前朝倉頻りに敵となる。公義（儀、義昭）御造意もこの故に候。一方ならざる意（遺）恨深重の所、ことごとくもって討ち果たし候の条、大慶、賢慮に過ぎ候」とある（『武家事紀古案』）。信長は元亀以来の信長への謀叛、武田・朝倉の包囲網の首謀者を長政父子と考えていたことが分かる。それゆえ、重い処置をしたと考えられる。

嫡子万福丸

一〇月一七日、長政の嫡子万福丸が捕えられた。信長は関ヶ原にて磔刑にした（『信長公記』）。

酒器

なお、三人の首は獄門より降ろして「箔濃」（はくだみ）にして永く保存され、天正二年正月元旦の岐阜城での宴において、酒器として使われたとする（『信長公記』）。信長の残忍さを象徴することがらであるが、いかに信長が三人に手を焼いたかを物語ろう。

むすびにかえて

歴史的位置

浅井氏三代の歴史とはどのように位置づけられるのであろうか。ここで、長政《ながまさ》とお市《いち》との娘三人（茶々《ちゃちゃ》・豊臣秀吉《とよとみひでよし》側室、初《はつ》子・京極高次《きょうごくたかつぐ》室、達子〈小督〉・徳川秀忠《とくがわひでただ》室）を持ち出して、豊臣秀吉また徳川政権への影響を指摘して、浅井氏は滅びていないなどとは言わない。私は、浅井氏は軍事的には敗れはしたが、浅井氏が戦国大名として半世紀も存立したこと、そして北近江《きたおうみ》の小規模大名でありながら織田信長《おだのぶなが》と互角に戦ったこと、その基盤であった浅井氏が形成した権力構造・「政策」は秀吉の農政となって受け継がれ、近世社会を導いたことを指摘したい。

戦国大名論

私は、浅井氏三代の歴史は戦国大名を考えるに極めて良質な材料だと考える。それは何より(1)畿内近国の戦国大名であること、それゆえ、(2)応仁《おうにん》・文明《ぶんめい》の乱後の社会状況を踏まえて、三代の歴史がたどれること、そして(3)「国衆《くにしゅう》」（いわゆる土豪・地侍、国人《こくじん》）から戦国大名になり、しかも織田信長と戦い、中央政治史に大きな影響を与えたことによる。

言い換えれば、これまでの戦国大名論が、辺境を対象とし、戦国時代末期（永禄《えいろく》・天正《てんしょう》年間）の合戦を機軸に、狭い視野で論じていたことへの批判となる。

地域社会の秩序形成過程

また、本書で叙述しようとしたのは、合戦を生き抜いた武将としての姿ではない。浅井氏三代の歴史は、北近江の「国衆」の中から主家守護京極《きようごく》氏を乗り越え、織田信長と連携して六角《ろつかく》氏と対決し、やがて信長に反し、朝倉《あさくら》氏や一向一揆勢力との連合のもと信長に戦って敗れたとされよう。しかし、それは表面的な行動を捉えたものであり、ここではその背後にある戦国社会はどのようなものであったか、浅井氏三代がどのような権力体系・地域社会秩序を作ったかを探って来た。合戦で勝利することで支配者としての地位や権力が得られるとするのは、短絡的な、また安易な社会認識・歴史観である。

それは、主に第四で展開したが、「小谷《おだに》での饗宴《きようえん》」、竹生島《ちくぶしま》祭礼への関与・執行、また用水相論の裁定などによる地域秩序の形成として捉えた。またそれは、地域社会の状況、すなわち中世の荘園公領制（所領・所職《しよしき》）、また室町幕府（と守護京極氏）の秩序の枠を、「下剋上《げこくじよう》」して成立させた権力で、浅井氏三代、少なくとも半世紀をかけて、合戦（暴力）ではなく、「国衆」とのかかわりで形成されたと理解した。

新たな領主

この浅井氏の基盤にあったのは、畿内近国の社会であり、民衆が自立的に活動する、

先進性と守旧性

浅井氏三代の墓（徳勝寺内）

自治する百姓・村落（「惣村《そうそん》」）であった。浅井氏と「国衆」は、それを社会集団として承認する、新たな「領主」へと展開し、「支配」の論理・権力体系を構築した。それは近世社会の基本的枠組みである「村・町制」の原型であり、豊臣秀吉が検地・兵農分離・身分法として現実化し、受け継がれたと考える。

　ところで、織田信長から離反して朝倉氏と連合したこと、あるいは将軍義昭《よしあき》と行動をともにしたことは、保守的旧体制的な印象を与えられかねないが、そうではない。政権・権力が先進的であるか守旧的かは、基盤とした社会とそれへの対応・「政策」によって決まろう。織田信長が天下統一の戦略に長けていたとして、果たして先進的な近世社会に向か

近世社会との連続

う「政策」・農政はあっただろうか。信長、また武田・今川・毛利《もうり》氏など戦国大名・武将から近世社会へ引き継がれたものとは、軍記物的世界以外に何であろうか。英雄への賛美・感情移入と、歴史上での役割・位置づけの評価とは別である。戦国期・下剋上の時代とは、単に無秩序の合戦（勝ち負け）の世界ではない。新たな社会秩序を生んだ時代である。

長政と信長の家臣団組織

それはまた、浅井氏が北近江の小さな戦国大名でありながら、信長に離反し、長期にわたる合戦・死闘を繰り広げることができたことでも指摘できると考える。そこには、両者の社会観（支配・権力論）の違いがあり、それは両者が基盤とした社会・在地状況（先進と後進）の相違にあると考えるからである。長政の家臣団組織・軍事力は「一揆」的・同盟的であり、信長は専制的上下主従的と言える。兵の数では負けても、目的意識では強いといえよう。なお、長政は信長によく戦った、とは大方が認めるところであろう。と言うより、私は、信長は、世に喧伝された（大半が徳川方の史料、また江戸期の軍記物による）姉川《あねがわ》の戦いで決定的な勝利を得られず、却って志賀の戦いでは大苦戦して勅命講和という「奥の手」を使ってやっと勝利を物にしたと考える。

戦国大名の持つ価値観

浅井長政にとって、信長との出会いは極めて大きな出来事だったと言える。長政は、

北近江の生んだ戦国大名

信長の近くにあって、彼を客観的あるいは的確に捉えることが出来た数少ない人物だったのではないだろうか。その意味で、徳川家康《いえやす》とは好対照であり、また豊臣秀吉とは正反対の立場・行動をとったといえる。一方で、長政が信長に大きな影響を与えたことも明らかであるが、信長は長政を理解できなかったであろう。ここには両者の社会・世界観の相違があったと考える。同時代にあっても、同じ社会観・価値観を持つわけではない。しかし、なぜか、戦国大名は同じ価値観（国盗り・天下統一・覇権主義）を持って戦ったと考える歴史認識があるようだ。

　私は、現代の価値観をもって歴史を解釈するのではなく、予断と偏見を捨てて、広い視野・視点から「歴史に学ぶ」ことが大切だと考える。ここに、これまでとは異なる新たな戦国大名（像）として、先進地帯である北近江の地域社会が生んだ浅井氏三代を提示したつもりである。

浅井氏系図

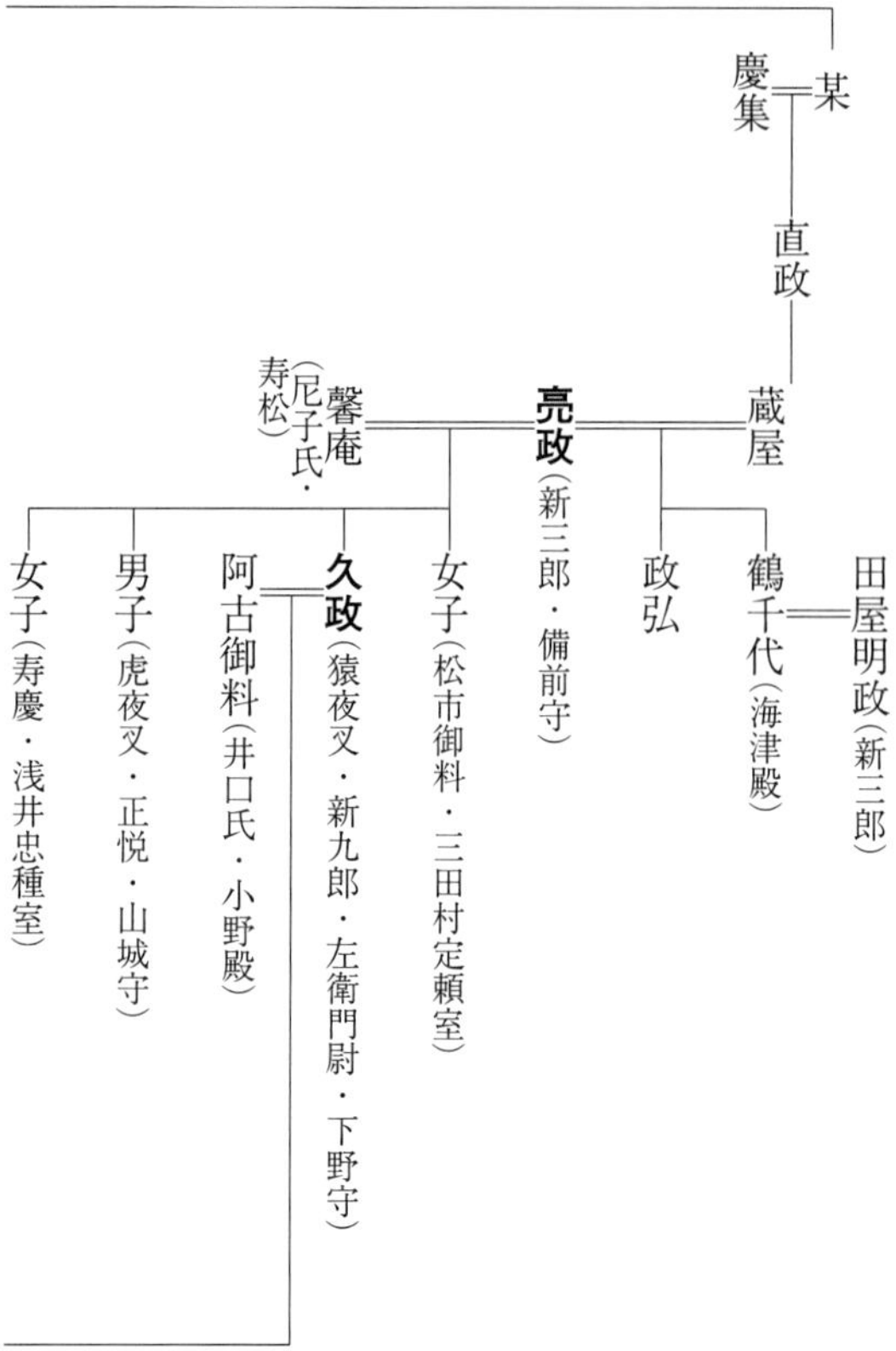
某
慶集
直政
蔵屋
亮政（新三郎・備前守）
馨庵（尼子氏・寿松）
田屋明政（新三郎）
鶴千代（海津殿）
政弘
女子（松市御料・三田村定頼室）
久政（猿夜叉・新九郎・左衛門尉・下野守）
阿古御料（井口氏・小野殿）
男子（虎夜叉・正悦・山城守）
女子（寿慶・浅井忠種室）

直種（蔵人丞）
- 政種
  - 忠種
- 亮政（直政養子）
- 女子（下坂与一室）

- 女子（京極高吉室）
- 平井定武女
- **長政**（賢政）（猿夜叉・新九郎・備前守）
- お市（織田信長妹）
  - 万福丸
  - 茶々（淀・豊臣秀吉側室）
  - 初子（京極高次室）
  - 達子（小督・徳川秀忠室）

大嶽城跡
月所丸跡
六坊跡
大野木屋敷跡
三田村屋敷跡
小谷城跡
井筒跡
福寿丸跡
観音堂跡
御屋敷跡
徳昌寺跡
山崎丸跡
金吾丸跡
山城屋敷跡
虎ヶ谷道
天徳寺跡
0
200m
遠藤屋敷跡
清水道
磯野丹波屋敷跡
真柄峠
追手道
知善院跡
追手道
堀跡
出丸跡

小　谷　城　図

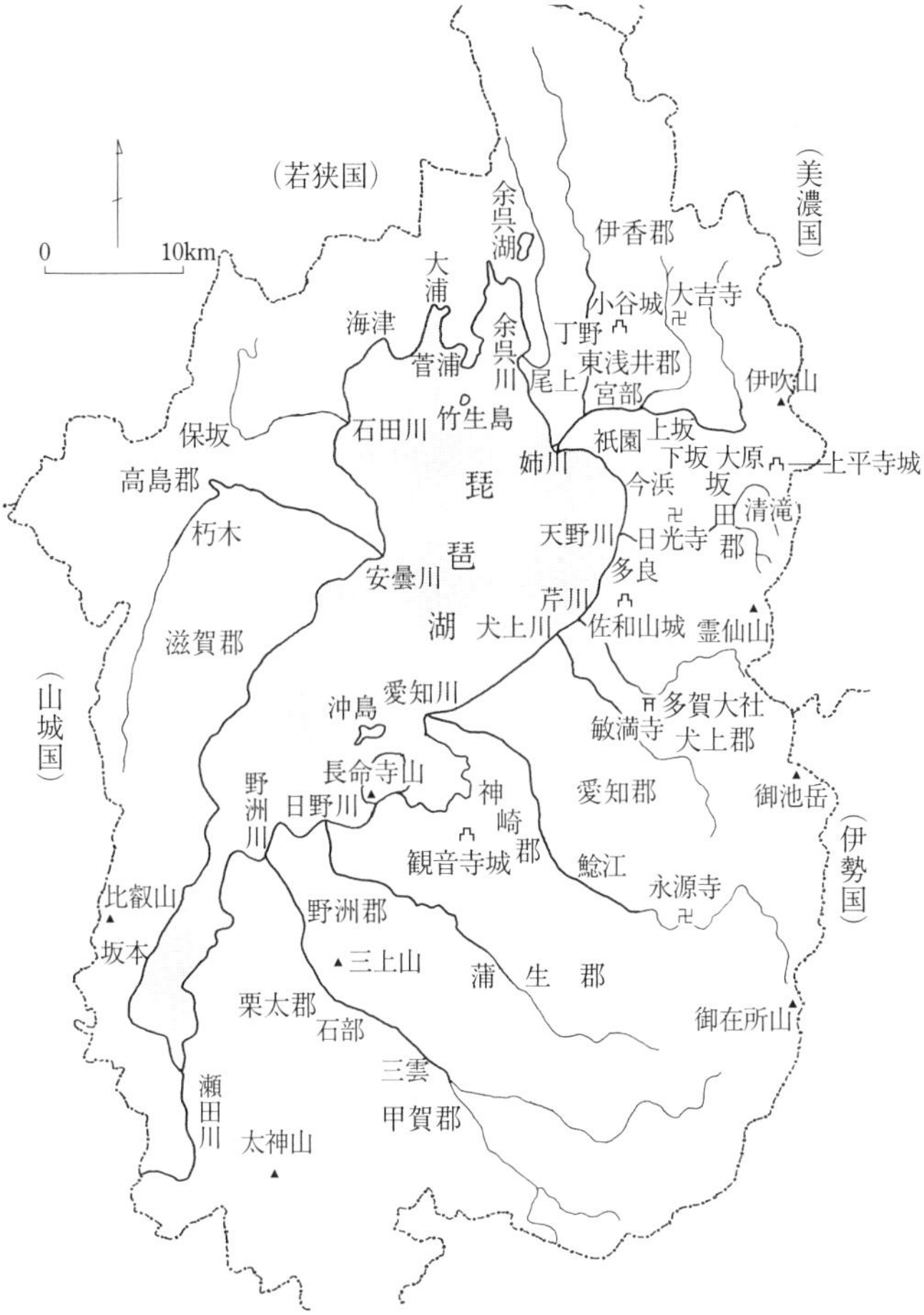
(若狭国)
(美濃国)
(山城国)
(伊勢国)
0
10km
余呉湖
伊香郡
大浦
海津
菅浦
余呉川
小谷城
丁野
大吉寺
東浅井郡
尾上
宮部
伊吹山
竹生島
石田川
保坂
祇園
上坂
姉川
下坂
大原
上平寺城
高島郡
今浜
坂田郡
清滝
琵琶湖
朽木
天野川
日光寺
多良
安曇川
芹川
犬上川
佐和山城
霊仙山
滋賀郡
愛知川
多賀大社
沖島
敏満寺
犬上郡
長命寺山
野洲川
日野川
神崎郡
愛知郡
御池岳
観音寺城
鯰江
比叡山
永源寺
坂本
野洲郡
三上山
蒲生郡
栗太郡
石部
御在所山
三雲
瀬田川
甲賀郡
太神山

近　江　全　図

略年譜

年次	西暦	事績
文明 二	一四七〇	八月四日、京極持清、没す（これにより京極氏の内紛、近江における応仁・文明の乱が始まる）
五	一四七三	九月三〇日、京極政高（政経）が近江守護となる
九	一四七七	京極高清が近江半国・飛騨守護、京極政経が出雲・隠岐守護となる
一二	一四八〇	この頃、浅井直種、清水寺に柱一本二〇貫文奉加する
一八	一四八六	八月一七日、多賀宗直、京極政経父子と結び、京極高清に反乱する
長享 元	一四八七	九月、将軍足利義尚、六角征伐へ近江に出陣する。これに京極高清・北近江奉公衆等が参陣する
延徳 二	一四九〇	八月七日、幕府、京極政経に京極高清の退治を命じ、佐々木惣領職とする。これに上坂・浅見らが参陣し、高清は四年間「牢人」する
明応 元	一四九二	一二月一四日、幕府、高清を京極惣領職とし、政経を討たせる
二	一四九三	九月二二日、高清、美濃斎藤氏の援助で復帰する
五	一四九六	五月、高清、美濃の石丸利光の反乱に、斎藤利国の要請で援軍を送る（船田合戦。浅井氏の名が『船田後記』に見える）〇一二月一三日、樋口合戦（斎藤利国が敗れ、高清「牢人」する）
八	一四九九	七月一八日、高清、上坂家信の援助で復帰（家信は京極家の執権となる）

	九	一五〇〇	三月一二日、浅井直政と浅井慶集、高島郡河上庄・海津庄の田地を竹生島弁財天へ寄進する
文亀	元	一五〇一	二月九日、浅井直政と陽徳院比丘尼惣充、浅井郡田河庄の田地を竹生島弁財天へ寄進する○六月三日、京極材宗、今浜の高清を攻める。浅井（直種）、材宗に従い討ち死にする
	二	一五〇二	伊庭貞隆、六角高頼に反乱する。高頼、材宗に高清を攻撃させる
永正	二	一五〇五	冬、京極高清と六角高頼、和議する（日光寺の和議）
	一五	一五一八	六角高頼没す。定頼が継ぐ
大永	三	一五二三	三月九日、高清の後継をめぐり（梅本坊の「公事」）、高延（高広・高明）と高慶（高佳・高吉）とが対立する。浅井亮政、浅見氏とともに京極高清・高慶・上坂方に反す。浅見氏、実権を握る
	五	一五二五	五月二四日、浅井亮政、浅見氏に反し、上坂氏と結び、京極高清を担ぐ。これにより六角定頼、北近江に出陣する○六月一九日、亮政、斎藤氏に書状を出す（亮政の初見文書、河毛文書）○九月、亮政・高清・上坂氏ら、美濃に落ちる
	六	一五二六	七～八月、亮政・高清、美濃から復帰する○七月二七日、京極氏奉行人奉書復活する
享禄	元	一五二八	八月、京極高広と高慶、対立する（内保合戦）
	四	一五三一	一月、高清・高広父子、細川晴元の要請で、浅井亮政を将軍義晴がいる高島郡に派遣する○ 四月六日、亮政、六角定頼・義晴に敗北する（箕浦合戦）
天文	二	一五三三	春、南北和睦（京極と六角の和睦。浅井亮政、南へ出頭する）。亮政、竹生島廊橋造営する
	三	一五三四	八月二〇日、亮政、京極高清・高広父子を小谷城に迎える（小谷の饗応）
	四	一五三五	正月一〇日、多賀貞隆が六角定頼についたため、亮政・京極氏は多賀氏を襲う○二月一八日、定頼、江北へ出兵する。亮政、本願寺光教と交流を持つ
	七	一五三八	春、京極高清、没す（七一歳）。高広、後を継ぐ。これにより三月、京極高慶、六角定頼と

			図り、挙兵する（佐和山合戦）○八月末、定頼、長沢に進軍する○九月一二日、亮政、小谷城に引き籠もり、定頼方の勝利が確定する○九月二一日、亮政、北郡に徳政令を出す
	九	一五四〇	七月、若狭武田氏と京極氏と六角氏の婚姻により和睦。亮政、竹生島自尊上人に出雲尼子氏への勧進を指示する
	一〇	一五四一	四月三日、高広、挙兵し、亮政と戦う
	一一	一五四二	正月六日、亮政、没す（法名救外宗護）。○八月二七日、久政、百姓中に永安寺への年貢納入を命じる（久政の初見文書、永源寺文書）
	一三	一五四四	四月六日、久政、亮政の三回忌を徳勝寺にて行う○八月、京極高広、坂田郡南部に侵攻する○九月一八日、将軍義晴、高広の退治を命ずる
	一五	一五四六	七月、浅井久政、海津で合戦する
	一八	一五四九	二月一日、現存最後の京極氏奉行人奉書、発給される
	一九	一五五〇	一一月中旬、高広、中郡へ出兵するも、敗北する○久政、新九郎から左兵衛尉へ変える
	二〇	一五五一	二月、高広、三好長慶と連合し、甲良へ出兵する○久政、長岡郷新田相論を裁定する
	二一	一五五二	正月二日、六角定頼、没す○四月中旬、高広、挙兵し、佐和山城を取る
	二二	一五五三	六～七月、久政、出雲井用水の相論を裁定する○一〇月、「北郡錯乱」○一一月、六角義賢、太尾城を落す。久政、敗北し、家臣を六角氏のもとに遣わす○一一～一二月、久政、徳政令を出す
弘治	元	一五五五	七月二三日、久政、大井用水相論の裁定をする
	三	一五五七	六～七月、富田庄の用水相論を裁定する○六角義賢、義弼（義治）へ家督を譲り、剃髪し承禎とする（弘治三年一二月～永禄元年四月）
永禄	元	一五五八	一〇月一一日、竹生島宝蔵が焼失する。久政、再建へ働く

二	一五五九	新九郎賢政（長政）、元服する（一五歳）○四月、妻（平井定武の娘）を離縁する。○織田信長、上洛し、将軍義輝に謁見する
三	一五六〇	四月、六角義賢、肥田城を水攻めする○五月、信長、桶狭間で今川義元を敗る○八月、義賢、北郡征伐へ出陣す。賢政、野良田で戦い勝利する○一〇月、久政、家督を賢政に譲る○一二月、美濃斎藤氏、六角氏と連携して侵攻する○一二月一二日、賢政、竹生島に徳政を免除する
四	一五六一	正月、賢政、新九郎から備前守へ改える。久政も左兵衛尉から下野守へ改える（家臣の多くも官途を改える）○二月、賢政、美濃斎藤義龍を攻める○三月、六角承禎・義弼、佐和山城を攻める。賢政、佐和山城を奪回、磯野員昌を入れる○閏三月九日、賢政、浅井郡内寺社に禁制を出す○四月二五日、賢政、石清水八幡に三千疋を寄進する○五月、賢政、長政へ改名する○七月、長政、太尾城を攻める○この頃（永禄二年六月〜六年）、長政、お市（織田信長の妹）と婚姻する
六	一五六三	一〇月一日、観音寺騒動（六角氏内紛、義弼が重臣の後藤氏を殺害する）○一〇月六日、長政、江南へ侵攻する。磯野員昌を佐和山城に入れる
八	一五六五	正月一一日、長政の家臣磯野員昌、多賀神社に七ケ条の掟を出す○五月一九日、松永久秀挙兵、将軍義輝自刃する○七月二八日、細川藤孝、覚慶（のち義秋、将軍義昭）を興福寺から救出する
九	一五六六	六月四日、長政、富田庄百姓中に用水の裁定状を下す○七月下旬、長政、江南に侵攻し、蒲生野で戦う○九月一日、長政、「料足掟」（撰銭令）を出す○久政の生母、竹生島に弁財天像を奉納する
一〇	一五六七	八月一五日、織田信長、美濃井口城を取り、岐阜と改める○一一月九日、信長、「決勝の綸

		旨」を下さる○一一月二一日、足利義秋、朝倉氏の一乗谷へ移る
一一	一五六八	二月二七日、長政、甲賀郡の山中氏に所領給与をもちかけるが、実現せず○四月二一日、足利義秋、越前朝倉氏の一乗谷で元服し、義昭と改名する○七月一六日、義昭、一乗谷を出発、長政の小谷城に逗留し、七月二五日、岐阜に到着、信長と対面する○八月七日、信長、上洛のため佐和山城に着き、長政と面会する○九月七日、信長、再度上洛のため岐阜を発つ○九月一三日、長政、信長に従い六角氏の本拠観音寺城を落し、同月二六日、信長、義昭を伴って入京する○一〇月一八日、義昭、将軍に任じられる○一二月一二日、長政・久政、朽木氏へ誓約を提出する
一二	一五六九	正月五日、三好三人衆、義昭を本国寺に包囲する。信長、これを平定する○正月二七日、信長、二条城の修築を始め、四月一四日、義昭を二条城に移す○一〇月一三日、信長、伊勢北畠氏平定を報告するも、同月一七日、帰国する
元亀 元	一五七〇	正月二三日、信長、義昭へ五ヵ条の条書（「殿中の掟」）を出す。また、諸国諸氏に上洛を命ずる書立・触状を出す○四月二〇日、信長、越前朝倉征伐へ出陣する○四月二五日、長政、信長に離反する○五月二一日、信長、朽木を経由して帰京し、岐阜に着く○六月一九日、信長、近江に出陣する○六月二八日、姉川の合戦（浅井・朝倉軍と織田・徳川軍が戦う）○九月一二日、本願寺顕如、信長に叛旗する○九月一六日、長政、朝倉氏とともに坂本へ出陣する（志賀宇佐山の陣）○九月二二日、長政、湖北一〇ヵ寺に回状を出す○九月二四日、長政、入京を窺う。信長、下坂本に布陣する○九～一〇月、長政、京の諸寺社に禁制を出す○一一月二一日、信長、六角承禎と和議する。信興（信長の弟）、伊勢長島の一向一揆に攻められ自殺する○一一月二八日、信長、長政に五ヵ条の朱印状を出す○一二月一三日、浅井・朝倉と織田信長、「勅命講和」する

二	一五七一	正月二日、信長、姉川・朝妻間の通行を禁じる○二月二四日、佐和山城の磯野員昌、信長に降りる○八月一二日、長政、朝倉義景に援軍を求める○八月一八日、信長、横山城に入り、二〇日、小谷城を包囲する○九月一二日、信長、比叡山を焼き討ちする
三	一五七二	一月、長政、鎌刃・横山城の攻撃に失敗する○三月五日、信長、岐阜を発ち、近江に出陣する○三月一二日、上洛する○七月七日、長政、信長の江北侵攻を察知し、朝倉義景に出兵を要請する○七月一九日、信長、江北へ出陣、二一日、小谷に着陣する。虎御前山・八相山などに築城する○七月三〇日、義景、小谷に着陣し、八月二日、山崎丸に入る○九月、信長、将軍義昭に「一七ヵ条の諫言」を示す○一〇月三日、武田信玄、遠江に侵攻し、一二月二二日、三方原に徳川家康を敗る
四	一五七三	二月、将軍義昭、信長に反し、挙兵する○三月二五日、信長、京へ出兵する○四月七日、義昭と信長、和議する。また、六角義弼（義治）を攻める○四月一二日、信玄、病没する○七月三日、義昭、再度挙兵するも、同月一八日、信長に降伏し、室町幕府滅亡する○七月二八日、天正に改元する○八月八日、信長、阿閉貞征が秀吉に降りたことを知り、近江に出陣する○八月一〇日、義景、木之本に着陣する○八月一二日、信長、大嶽城を落す○八月一三日、義景、越前に逃げる。信長、これを追撃する○八月二〇日、義景、自刃する○八月二六日、信長、虎御前山に帰城する○八月二七日、信長、小谷城を攻撃する。久政、自刃する○九月朔日、長政、自刃する○一〇月一七日、長政の嫡男万福丸、関が原で磔刑となる

参考文献

一　史　料

黒田惟信編『東浅井郡志』第四巻　東浅井郡教育会　一九二七年（一九七一年、名著出版復刻）

＊浅井氏に係わる古文書・記録等はおよそ収録されている。

坂田郡教育会編纂『改訂近江国坂田郡志』第六・七巻　一九四一年（一九七五年、日本資料刊行会復刻）

富田八右衛門『近江伊香郡志』上巻　一九五二年（一九八三年、弘文堂書店復刻）

東京大学史料編纂所編『大日本史料』第一〇編之一～一七　東京大学出版会　一九二八～八二年

＊永禄一一年八月から天正元年八月滅亡までは、これによる。

小和田哲男『江州小谷城主　浅井氏三代文書集』　浅井家顕彰会　一九七二年

＊浅井氏三代の発給文書が収集されている。

奥野高広『増訂　織田信長文書の研究』全三巻　吉川弘文館　一九六九～八八年

奥野高広・岩沢愿彦校注『信長公記』　角川書店　一九六九年

滋賀大学日本経済文化研究所史料館編纂『菅浦文書』上下巻　有斐閣　一九六〇・六七年

高橋隆三等校訂『言継卿記』　続群書類従完成会　一九九八年

高橋隆三校訂『実隆公記』　続群書類従完成会　一九七九年
中世公家日記研究会『翻刻　二水記』（『帝塚山学院短期大学研究年報』三二～三七）一九八四～八九年
竹内理三編『多聞院日記』（増補続史料大成）　臨川書店　一九七八年
石川真弘他校訂『二条宴乗記』（『ビブリア』〈天理図書館報〉五三）　一九七三年
福井県立一乗谷朝倉氏遺跡資料館古文書調査資料一『朝倉氏五代の発給文書』　二〇〇四年

二　著書・図録（必ずしも引用はしていない）

黒田惟信編『東浅井郡志』第二巻　東浅井郡教育会　一九二七年（一九七一年、名著出版復刻）
小和田哲男a『近江浅井氏』（なお、巻末に『島記録』を所収）　新人物往来社　一九七三年
b『近江浅井氏の研究』　清文堂　二〇〇五年
宮島敬一『戦国期社会の形成と展開』　吉川弘文館　一九九六年
＊浅井氏を主題とした著書は右の四点。小和田bはaの増補改訂版。宮島は第五章で、『東浅井郡志』は第六篇で扱う。『東浅井郡志』が文体は古いが、最も包括的で優れている。なお、笹川祥生『戦国武将のこころ』吉川弘文館　二〇〇四年は『浅井物語』『浅井三代記』を題材にしたものである。
赤松俊秀『古代中世社会経済史研究』　平楽寺書店　一九七二年
阿部浩一『戦国期の徳政と地域社会』　吉川弘文館　二〇〇一年
今谷明『信長と天皇』（講談社新書）　講談社　一九九二年

奥野高広『足利義昭』（人物叢書）吉川弘文館　一九六〇年
笠松宏至『日本中世法史論』東京大学出版会　一九七九年
勝俣鎮夫a『戦国法成立史論』東京大学出版会　一九七九年
　　　　b『戦国時代論』岩波書店　一九九六年
神田千里『一向一揆と戦国時代』吉川弘文館　一九九八年
喜多村俊夫『近江経済論攷』大雅堂　一九四六年
佐藤進一『花押を読む』平凡社　一九八八年
水藤真『朝倉義景』（人物叢書）吉川弘文館　一九八一年
高橋昌明『湖国の中世史』平凡社　一九八七年
立花京子『信長政権と朝廷　第二版』岩田書店　二〇〇〇年
田中克行『中世の惣村と文書』山川出版社　一九九八年
谷口克広『織田信長合戦全録』（中公新書）中央公論新社　二〇〇二年
二木謙一『武家儀礼格式の研究』吉川弘文館　二〇〇三年
西島太郎『戦国期室町幕府と在地領主』八木書店　二〇〇六年
藤木久志a『戦国社会史論』東京大学出版会　一九七〇年
　　　　b『豊臣平和令と戦国社会』東京大学出版会　一九八五年
藤田達生『日本中・近世移行期の地域構造』校倉書房　二〇〇〇年

湯浅治久『中世後期の地域と在地領主』 吉川弘文館 二〇〇二年
脇田修a『織田政権の基礎構造』 東京大学出版会 一九七五年
b『織田信長』(中公新書) 中央公論新社 一九八七年
滋賀県教育委員会『滋賀県中世城郭分布調査』六 一九八九年
伊吹町教育委員会編『京極氏の城・まち・寺』 サンライズ出版 二〇〇三年
滋賀県立安土城考古博物館『元亀争乱』 一九九六年
市立長浜城歴史博物館『竹生島宝厳寺』 一九九二年
同 右『羽柴秀吉と湖北・長浜』 一九八八年
湖北町教育委員会・小谷城址保勝会『史跡 小谷城跡』 一九八八年

三 論 文

石田善人「郷村制の形成」(『岩波講座日本歴史四』) 岩波書店 一九六三年
大音百合子「近江浅井氏発給文書に関する一考察」(『古文書研究』四一・四二合併号) 一九九五年
太田浩司a「湖北における奉公衆の動向」(『駿台史学』八三) 一九九一年
b「戦国期の京極氏家臣団」(『上平寺城跡分布調査概要報告書』伊吹町教育委員会) 二〇〇〇年

荻野三七彦「浅井長政最期の感状」(『古文書研究』三一) 一九八九年
奥野高広a「織田信長と浅井長政との握手」(『日本歴史』二四八) 一九六九年
b「血は水より濃い」(『日本歴史』五二四) 一九九二年
河内将芳「元亀期の戦争と近江の寺社」(『近世成立期の大規模合戦』) 岩田書院 二〇〇六年
北村圭弘「浅井氏の権力と小谷城の構造」(滋賀県立安土城考古博物館『紀要』一一) 二〇〇三年
木村康裕「織田政権の指出について」(『駒沢史学』四四) 一九九二年
小泉義博「朝倉義景と景鏡の感状」(『武生市史編さんだより』二六) 一九九五年
佐藤圭「朝倉氏と近隣大名の関係について」(『福井県史研究』四) 一九九六年
志賀節子「中世後期庄園村落と検断」(『歴史学研究』五六九) 一九八七年
水藤真「近江浅井氏の発給文書」(『戦国史研究』五) 一九八三年
高島緑雄「近世的用水秩序の形成過程」(『駿台史学』三九) 一九七六年
谷口克広「元亀年間における信長の近江支配体制について」(『日本歴史』四七一) 一九八七年
橋本政宣「織田信長と朝廷」(『日本歴史』四〇五) 一九八二年
長谷川裕子「中近世移行期村落における用水相論の実態とその展開」(『立教日本史論集』八) 二〇〇一年
堀新「織田信長と勅命講和」(歴史学研究会編『戦争と平和の中近世史』)

丸山幸太郎「永禄三年六角承禎条書について」（『岐阜史学』七二）　一九八〇年
青木書店　二〇〇一年
宮島敬一 a「菅浦の『惣』について」（『小金井史学』二）　一九七二年
b「戦国期における六角氏権力の性格」（『史潮』新五号）　一九七九年
c「近世農民支配の成立について（1）」（『地方史研究』一七一）　一九八一年
d「中世後期の名と村落」（『駿台史学』六二）　一九八四年
e「戦国期における地方寺社の機能と役割」（『佐賀大学教養部研究紀要』第二二巻）　一九九〇年
f「中世後期の権力と村落」（『日本村落史講座四　政治一』）　雄山閣出版　一九九一年
g「村落領主論」（『日本村落史講座一　総論』）　雄山閣出版　一九九二年
h「浅井氏権力の形成」（永原慶二編『大名領国を歩く』）　吉川弘文館　一九九三年
i「浅井長政の印判状と浅井氏発給文書」（有光友學編『戦国期　印章・印判状の研究』）　岩田書院　二〇〇六年
横山晴夫「戦国大名の支配権力の形成過程」（『國學院雑誌』五五巻二号）　一九五四年

著者略歴

一九四八年東京都生まれ
一九七一年横浜国立大学卒業
一九七八年明治大学大学院博士課程単位取得退学　博士（史学）
現在、佐賀大学経済学部教授

主要著書
戦国期社会の形成と展開　小城鍋島藩と島原の乱（編著）　伊万里市史　原始古代中世編（共著）

人物叢書　新装版

浅井氏三代

二〇〇八年（平成二十）二月一日　第一版第一刷発行
二〇一七年（平成二十九）十月十日　第一版第二刷発行

著　者　宮《みや》島《じま》敬《けい》一《いち》
編集者　日本歴史学会
代表者　藤田　覚
発行者　吉川道郎
発行所　株式会社　吉川弘文館
東京都文京区本郷七丁目二番八号
郵便番号一一三—〇〇三三
電話〇三—三八一三—九一五一〈代表〉
振替口座〇〇一〇〇—五—二四四
http://www.yoshikawa-k.co.jp/
印刷＝株式会社　平文社
製本＝ナショナル製本協同組合

ISBN978-4-642-05244-3

『人物叢書』（新装版）刊行のことば

人物叢書は、個人が埋没された歴史書が盛行した時代に、「歴史を動かすものは人間である。個人の伝記が明らかにされないで、歴史の叙述は完全であり得ない」という信念のもとに、専門学者に執筆を依頼し、日本歴史学会が編集し、吉川弘文館が刊行した一大伝記集である。

幸いに読書界の支持を得て、百冊刊行の折には菊池寛賞を授けられる栄誉に浴した。

しかし発行以来すでに四半世紀を経過し、長期品切れ本が増加し、読書界の要望にそい得ない状態にもなったので、この際既刊本の体裁を一新して再編成し、定期的に配本できるような方策をとることにした。既刊本は一八四冊であるが、まだ未刊である重要人物の伝記についても鋭意刊行を進める方針であり、その体裁も新形式をとることとした。

こうして刊行当初の精神に思いを致し、人物叢書を蘇らせようとするのが、今回の企図である。大方のご支援を得ることができれば幸せである。

昭和六十年五月

日本歴史学会

代表者　坂本太郎

日本歴史学会編集

人物叢書〈新装版〉

▽没年順に配列▽残部僅少の書目も掲載してあります。品切の節はご容赦下さい。
▽一二六〇〜二四一五円(5%税込)▽四六判・カバー装／一四四〜四八〇頁

日本武尊　上田正昭著　熊襲・蝦夷の征討に東奔西走する悲劇の皇子

聖徳太子　坂本太郎著　推理や憶測を排し透徹の史眼で描く決定版！

蘇我蝦夷・入鹿　門脇禎二著　悪逆非道の人間像を内外政治状勢の中に活写

額田王　直木孝次郎著　二人の皇子に愛された『万葉集』女流歌人の伝

持統天皇　直木孝次郎著　天武の皇后波瀾苦悩の生涯を時代の上に描く

藤原不比等　高島正人著　藤原氏繁栄の礎を築いた稀代の大政治家描く

長屋王　寺崎保広著　邸宅跡発掘と史料駆使し自尽に至る生涯描く

行基　井上薫著　架橋布施屋等社会事業史に輝く奈良時代高僧

光明皇后　林陸朗著　聖武の皇后天平のヒロイン。仏教興隆に尽す

鑑真　安藤更生著　奈良仏教・文化に感化与えた唐招提寺の開祖

藤原仲麻呂　岸俊男著　大臣から逆賊に一転、奈良朝史の秘鍵を解く

道鏡　横田健一著　空前絶後の怪僧。女帝治下の暗闘・陰謀を解く

吉備真備　宮田俊彦著　該博な学識を持つ奈良時代屈指の学者政治家

佐伯今毛人　角田文衞著　東大寺造営の主宰者。渦巻く政局と生涯照射

和気清麻呂　平野邦雄著　勝れた古代革新政治家の真面目を再評価する

桓武天皇　村尾次郎著　人材を登用し清新な政治行った延暦聖主の伝

坂上田村麻呂 新稿版　高橋崇著　征夷の英雄として名高き武将の全生涯を解明

最澄　田村晃祐著　日本天台宗の開祖。思想と行動と波瀾の生涯

円仁　佐伯有清著　最澄の高弟。天台密教を弘めた三世天台座主

伴善男　佐伯有清著　謎秘める応天門の怪火俊敏宰相の数奇な生涯

円珍　佐伯有清著　五世天台座主智証大師の生涯を克明に描く！

菅原道真　坂本太郎著　中傷にあい流謫大宰府に死す学問の神天神様

聖宝　佐伯有清著　聖徳太子の後身として崇められた気高い生涯

三善清行　所功著　『意見封事』で有名な論策家。平安初期漢学者

藤原純友　松原弘宣著　摂関家傍流の中央官人であった純友の生涯

紀貫之　目崎徳衛著　王朝歌壇の偶像から急顚落。業績検討再評価

良源　平林盛得著　叡山中興の祖。平安中期天台座主。元三大師

藤原佐理　春名好重著　三跡の一、平安中期屈指の能書家の生涯描く

紫式部　今井源衛著　源氏物語作者の生涯を社会・政治背景に浮彫

一条天皇　倉本一宏著　摂関家と協調し、王朝文化を開花させた英主

大江匡衡　後藤昭雄著　平安朝漢詩文に優れた足跡を残した名儒の伝
源　信　速水　侑著　日本浄土教の祖と仰がれる『往生要集』著者の伝
源　頼光　朧谷　寿著　大江山酒呑童子退治で有名な頼光の生涯描く
藤原道長　山中　裕著　摂関政治全盛を築き栄華の世を極めた公卿伝
藤原行成　黒板伸夫著　一代の名筆、道長政権下に活躍した貴族官僚
清少納言　岸上慎二著　枕草子の著者。学識と機智に富む稀代の才女
和泉式部　山中　裕著　摂関政治全盛時代の代表的・情熱的女流歌人
源　義家　安田元久著　天下第一武勇の士と称讃された八幡太郎の伝
大江匡房　川口久雄著　平安末期最高の知識人学者兼政治家の人間像
奥州藤原氏四代　高橋富雄著　平泉王国を建設した清衡以下四代の興亡描く
藤原頼長　橋本義彦著　悪左府―保元乱の元凶か？思想と行動を描く
藤原忠実　元木泰雄著　平安後期、落日の摂関家を担い苦闘した人生
源　頼政　多賀宗隼著　平安末の武将・歌人。平氏打倒に蹶起の実像
平　清盛　五味文彦著　朝廷の政治世界に初めて武家政権を開く生涯
源　義経　渡辺　保著　赫々たる武勲と数奇な運命。悲劇の英雄実伝
西　行　目崎徳衛著　「数奇の遁世者」の行実と特異な生涯を描く

後白河上皇　安田元久著　平氏盛衰、権謀術数もちい朝廷の存続はかる
千葉常胤　福田豊彦著　関東の名族、鎌倉幕府建設の大功労者の生涯
源　通親　橋本義彦著　平安～鎌倉の宮廷政治家・歌人の手腕と業績
畠山重忠　貫　達人著　鎌倉武士の典型。美談に富む誠実礼節の勇士
法　然　田村圓澄著　執拗な弾圧下信念に生き抜いた浄土宗の開祖
栄　西　多賀宗隼著　臨済宗開祖・茶祖。思想文化に感化を与えた名僧
北条義時　安田元久著　実朝暗殺―承久の乱に三上皇流す現実政治家
大江広元　上杉和彦著　鎌倉幕府の確立に貢献した文人政治家の生涯
北条政子　渡辺　保著　頼朝没後尼将軍と謳われた女傑の苦悩浮彫す
慈　円　多賀宗隼著　鎌倉初期の天台座主。勝れた和歌と史論残す
明　恵　田中久夫著　栂尾高山寺の開山。戒律を重視した華厳名僧
藤原定家　村山修一著　中世歌壇の大御所、二条派歌学の祖、歌論家
北条泰時　上横手雅敬著　御成敗式目の制定者。鎌倉幕府稀代の名執権
道　元　新稿版　竹内道雄著　曹洞宗の開祖。偉大な生涯と宗教思想を描く
親　鸞　赤松俊秀著　肉食妻帯を自から実践真の民衆宗教を樹立す
日　蓮　大野達之助著　余宗排撃と国難来を予言した波瀾情熱の宗祖

北条時宗　川添昭二著　蒙古襲来の真相と若き執権の実像に迫る初伝

一遍　大橋俊雄著　踊り念仏で全国遊行した鎌倉仏教時宗の宗祖

叡尊・忍性　和島芳男著　戒律再興と社会事業に献身した師弟高僧の伝

京極為兼　井上宗雄著　鎌倉期、両統対立の政界に活躍した反骨歌人

金沢貞顕　永井晋著　鎌倉末期の執権。衰えゆく幕府を支えた生涯

菊池氏三代　杉本尚雄著　肥後の名族菊池氏―南北朝期活躍の武将描く

新田義貞　峰岸純夫著　尊氏と勢威を競い、戦闘に明け暮れた武将伝

花園天皇　岩橋小弥太著　両統迭立期、公正な態度持した文徳高い天皇

赤松円心・満祐　高坂好著　円心の挙兵、満祐の将軍弑逆等その転変描く

卜部兼好　冨倉徳次郎著　徒然草で有名な中世の隠者・歌人・随筆評論家

覚如　重松明久著　本願寺を創建して真宗教団の基礎を築く名僧

足利直冬　瀬野精一郎著　父尊氏と生涯死闘を演じた波瀾の武将の実伝

佐々木導誉　森茂暁著　南北朝動乱「ばさら大名」。風雲児の生涯描く

細川頼之　小川信著　幼将軍義満を補佐し幕府の基礎固めた名宰相

足利義満　臼井信義著　南北朝を合体し大名を制圧、幕府の基礎固む

今川了俊　川添昭二著　南北朝時代の武将。和歌連歌に勝れた風流文人

上杉憲実　田辺久子著　室町前期の関東管領。足利学校再興者の初伝

一条兼良　永島福太郎著　博学宏才、中世随一の学者。東山文化併せ描く

蓮如　笠原一男著　盛んな布教活動で真宗王国築いた傑僧の生涯

宗祇　奥田勲著　室町後期の連歌師。全国に連歌を広めた生涯

万里集九　中川徳之助著　室町末期の臨済宗一山派の禅僧。文芸と生涯

三条西実隆　芳賀幸四郎著　戦国擾乱の世に公家文化守る教養高い文化人

大内義隆　福尾猛市郎著　文化愛好と貿易富力で山口王国築く戦国大名

ザヴィエル　吉田小五郎著　東洋伝道の使途、わが国最初の耶蘇会宣教師

三好長慶　長江正一著　下剋上の代表と誤解されるが文武備えた武将

武田信玄　奥野高広著　謙信と角逐し信長を畏怖せしめた戦国の名将

朝倉義景　水藤真著　信長に反抗して大敗、越前一乗谷に滅ぶ大名

浅井氏三代　宮島敬一著　信長と互角に戦った北近江の戦国大名の興亡

明智光秀　高柳光寿著　主君弑逆の原因は何か心裡を分析し謎を解く

大友宗麟　外山幹夫著　北九州の雄族キリシタン大名。波瀾・数奇描く

千利休　芳賀幸四郎著　千家流茶祖。自刃し果てる数奇な生涯と芸描く

足利義昭　奥野高広著　運命に翻弄された数奇な室町幕府最後の将軍

前田利家　岩沢愿彦著　変転・動乱の世を生き抜く加賀百万石の藩祖

長宗我部元親　山本　大著　戦国土佐の大名。南国文化築いた名将の生涯

安国寺恵瓊　河合正治著　秀吉の天下統一援けたが関ヶ原役に敗れ斬首

石田三成　今井林太郎著　秀吉に抜擢されて孤忠尽す。果して奸物か？

真田昌幸　柴辻俊六著　織豊期を必死に生き抜く、処世術と事跡検証

高山右近　海老沢有道著　改宗を肯んぜず国外に追放された切支丹大名

島井宗室　田中健夫著　織豊政権に暗躍した博多の豪商、茶人・貿易家

淀　君　桑田忠親著　秀吉の愛妾となり大坂城に君臨自滅した女傑

片桐且元　曽根勇二著　大坂の陣を前に苦悩奔走した真実と実像探る

藤原惺窩　太田青丘著　近世朱子学の開祖。文芸復興の業績と人間像

支倉常長　五野井隆史著　慶長遣欧使節を努めた仙台藩士の実像に迫る

伊達政宗　小林清治著　独眼よく奥羽を制覇し大藩築く、施政と生涯

天草時貞　岡田章雄著　島原乱の指導者。生立ちと一揆の顚末を描く

立花宗茂　中野　等著　九州柳川藩の祖。軍記による粉飾拭った実伝

佐倉惣五郎　児玉幸多著　義民惣五郎の実在を証明し事件の真相を解明

小堀遠州　森　蘊著　遠州流茶祖。歌道・書・陶芸・造庭の巨匠事蹟

徳川家光　藤井讓治著　「生まれながらの将軍」の四八年の生涯を描く

由比正雪　進士慶幹著　丸橋忠弥らと幕府転覆を企て計破れた快雄伝

林　羅山　堀　勇雄著　博識を以て家康以下三代に仕えた模範的学者

国姓爺　石原道博著　鄭成功。抗清復明の義挙に参加、温血快漢の伝

野中兼山　横川末吉著　土佐藩制確立期の大政治家。善政苛政を浮彫

隠　元　平久保　章著　招きに応じて渡来尊崇博した禅宗黄檗派の祖

酒井忠清　福田千鶴著　後世に悪者として描かれた江戸前期の政治家

朱　舜水　石原道博著　明末の大儒、水戸学に感化与えた高節帰化人

池田光政　谷口澄夫著　備前岡山藩祖。民政・文教に治績をあげた名君

山鹿素行　堀　勇雄著　日本中朝主義を提唱、儒学者・兵学者の詳伝

井原西鶴　森　銑三著　浮世草子作家の生涯を厳密な作品研究で抉る

松尾芭蕉　阿部喜三男著　最近の研究成果踏まえ作品織り成す俳聖の伝

三井高利　中田易直著　財閥三井家の始祖。元禄期に活躍した大商人

河村瑞賢　古田良一著　海運・治水事業に功遂げた江戸時代の大商人

徳川光圀　鈴木暎一著　水戸黄門で知られる二代藩主を捉え直す実伝

契　沖　久松潜一著　僧侶の身で古典を究め近世国学の先駆となる

市川団十郎　西山松之助著　成田屋初代から現十二代までの人と芸の列伝

伊藤仁斎　石田一良著　京都市井の大儒、古学を唱えた堀川学派の祖

徳川綱吉　塚本　学著　賞罰厳明・生類憐み―江戸幕府五代将軍の伝

貝原益軒　井上　忠著　江戸中期経学医学等広範に功残す福岡藩儒者

前田綱紀　若林喜三郎著　加賀藩中興の名君。藩民政典籍収集の功著大

近松門左衛門　河竹繁俊著　劇作家の氏神の素性と生涯を作品と共に描く

新井白石　宮崎道生著　近世詩壇の王者。和漢洋に亙る博学者の全伝

鴻池善右衛門　宮本又次著　大阪随一の富豪。財閥成長の事歴鮮明にする

石田梅岩　柴田　実著　〝心学〟の開祖。生涯と思想行実を巧みに描く

太宰春台　武部善人著　江戸時代を代表する儒者。―その学問と生涯

徳川吉宗　辻　達也著　江戸幕府中興の英主。享保改革の実体を究明

大岡忠相　大石　学著　大岡越前として名高い江戸中期の幕臣の実像

賀茂真淵　三枝康高著　国学の巨匠。業績・生涯を時代と共に描く力篇

平賀源内　城福　勇著　江戸中期の博物学者戯作者。奇才獄中に憤死

与謝蕪村　田中善信著　江戸時代の代表的文人画家の初の本格的伝記

三浦梅園　田口正治著　多数の驚異的哲理書著わす。近世の大思想家

毛利重就　小川國治著　藩政改革を断行した萩藩「中興の祖」の初伝

本居宣長　城福　勇著　国学の大成者。その学問・思想と業績を活写

山村才助　鮎沢信太郎著　鎖国下、世界地理学に先鞭つけた異才の業績

木内石亭　斎藤　忠著　江戸中期の奇石蒐集家日本先史学の開拓者！

小石元俊　山本四郎著　蘭学を京都に広め解剖の技術に優れた先覚者

山東京伝　小池藤五郎著　戯作浮世絵の大家、典型的通人の文芸と生涯

杉田玄白　片桐一男著　蘭学の確立発展に熱情傾け名誉遺した先覚者

塙　保己一　太田善麿著　群書類従等古典編集校刊の偉業遂ぐ盲人学者

上杉鷹山　横山昭男著　藩政改革に治績あげた米沢藩主。―封建の名君

大田南畝　浜田義一郎著　蜀山人。天明狂歌壇の王者、作品と生涯描く

小林一茶　小林計一郎著　庶民の哀歓を率直に歌いあげた異色の俳人伝

大黒屋光太夫　亀井高孝著　露領の小島に漂着十一年後送還された運命児

菅江真澄　菊池勇夫著　民俗学の先駆者となった『遊歴文人』の全生涯

島津重豪　芳　即正著　江戸後期積極的な開化政策推進した薩摩藩主

狩谷棭斎　梅谷文夫著　書誌学・金石学の基礎を築き考証学を大成す

最上徳内　島谷良吉著　江戸後期の蝦夷地探検家。北方問題に寄与大

渡辺崋山　佐藤昌介著　幕末の文人画家。蛮社の獄を招いた悲劇の伝
柳亭種彦　伊狩　章著　『田舎源氏』で空前のブーム起した旗本戯作者
香川景樹　兼清正徳著　公家歌学・尚古的歌論斥け歌壇の革新はかる
平田篤胤　田原嗣郎著　宣長の学統継ぐ国学の巨匠。精力的事蹟描く
間宮林蔵　洞　富雄著　大探検家。幕府隠密。明暗併せ描く異色の伝記
滝沢馬琴　麻生磯次著　晩年失明後も辛苦口述続けた最初の稿料作家
調所広郷　芳　即正著　幕末薩摩藩家老。財政改革の全容と生涯解明
橘　守部　鈴木暎一著　独学古典を研鑽し宣長学を批判。新境地開く
黒住宗忠　原　敬吾著　特異な宗派神道―黒住教の霊能と教祖の実伝
水野忠邦　北島正元著　天保改革を断行した悲劇宰相の業績背景活写
帆足万里　帆足図南次著　日本科学史に異彩放つ先駆者の生涯業績描く
江川坦庵　仲田正之著　太平に眠る幕閣に警鐘ならした幕末の名代官
藤田東湖　鈴木暎一著　代表的な水戸学者。熱血漢波瀾の生涯を描く
広瀬淡窓　井上義巳著　門弟三千幕末の逸材多数を輩出した大教育家
大原幽学　中井信彦著　勝れた下総の農民指導者、協同組合の創始者
島津斉彬　芳　即正著　内政外交に卓抜な英知示した開明派薩摩藩主

月　照　友松圓諦著　西郷と相抱いて薩摩潟に投身した憂国勤皇僧
橋本左内　山口宗之著　安政の大獄に散った偉大な青年の行動と事蹟
井伊直弼　吉田常吉著　開国の先覚か違勅の元凶か？時代と人物活写
吉田東洋　平尾道雄著　幕末土佐藩政改革の主役者。隠れた偉才の伝
佐久間象山　大平喜間多著　識見高邁幕末の開国論者。奔走中凶刃に斃る
真木和泉　山口宗之著　幕末尊攘派の理論的指導者。波瀾の生涯描く
高島秋帆　有馬成甫著　西洋砲術を修め率先洋式兵制と開国を唱道す
シーボルト　板沢武雄著　鎖国下西欧科学を伝えた近代日本の一大恩人
高杉晋作　梅溪　昇著　士庶混成の奇兵隊を創設した幕末の長州藩士
川路聖謨　川田貞夫著　日露和親条約締結の立役者。幕府に殉じた生涯
横井小楠　圭室諦成著　雄藩連合による開明的施策に身命捧げた先覚
山内容堂　平尾道雄著　幕末土佐の名君。詩酒奔放。大政奉還の偉功者
江藤新平　杉谷　昭著　明治初期立法の偉功者佐賀乱に敗れて刑死す
和　宮　武部敏夫著　公武合体の犠牲―家茂に嫁した数奇な皇女伝
西郷隆盛　田中惣五郎著　太っ腹で誠実、維新三傑の一。大生涯を描く
ハリス　坂田精一著　日本開国の主役―辣腕外交家の真面目を描く

森　有礼　犬塚孝明著　伊藤内閣初代文相。各界で活躍した事蹟描く
松平春嶽　川端太平著　幕末越前の名君。波瀾苦悩の生涯と政情描く
中村敬宇　高橋昌郎著　女子教育・盲唖教育を開拓した偉大な啓蒙家
河竹黙阿弥　河竹繁俊著　近世演劇の集大成者。作品解説兼ねる好伝記
寺島宗則　犬塚孝明著　幕末明治の激動期を生きた外務卿の本格的伝
樋口一葉　塩田良平著　貧窮裡に天稟を磨き忽然世を去った薄命作家
ジョセフ＝ヒコ　近盛晴嘉著　漂流渡米し受洗帰化、我国最初の新聞発刊者
勝　海舟　石井　孝著　機略縦横、不遇未完の政治家を維新期に活写
臥雲辰致　村瀬正章著　ガラ紡織機を発明し日本産業発展史に名残す
黒田清隆　井黒弥太郎著　埋もれた明治の礎石。多彩・悲劇の生涯描く
伊藤圭介　杉本　勲著　日本植物学の始祖。近代科学史上の先駆者！
福沢諭吉　会田倉吉著　広範な資料に基づく近代日本の大先覚者の伝
星　亨　中村菊男著　凶刃に斃れた明治政界偉材の怒濤・波瀾の伝
中江兆民　飛鳥井雅道著　仏学派代表と目された奇人兆民の理想と生涯
西村茂樹　高橋昌郎著　明治初期の思想家・教育者。多彩な業績紹介
正岡子規　久保田正文著　俳句・和歌の革新に不滅の偉業遂ぐ巨匠描く

清沢満之　吉田久一著　明治仏教界の明星。宗教的天才の思想と生涯
滝　廉太郎　小長久子著　「荒城の月」「箱根八里」等名曲残す天才作曲家
田口卯吉　田口　親著　近代日本建設に前人未到の足跡残した快男児
福地桜痴　柳田　泉著　非凡な才能世に容れられず才人の再評価描く
陸　羯南　有山輝雄著　徳富蘇峰らと対峙した孤高のジャーナリスト
児島惟謙　田畑　忍著　大津事件に司法権独立護持。明治法曹界巨人
荒井郁之助　原田　朗著　初代中央気象台長。自然科学の基礎築く先覚
幸徳秋水　西尾陽太郎著　社会主義から無政府主義へ。大逆事件で刑死
ヘボン　高谷道男著　幕末日本に渡来、銘記すべき業績残した恩人
石川啄木　岩城之徳著　薄命の大天才歌人。波瀾の裏面生活を浮彫す
乃木希典　松下芳男著　古武士的風格と家庭生活併せ描く将軍の実伝
岡倉天心　斎藤隆三著　日本美術の優秀性を世界に唱道した大先覚者
桂　太郎　宇野俊一著　長州藩閥のエリートが閥族政治の脱却に挑む
加藤弘之　田畑　忍著　初代東大総長。一世に感化与えた碩学の生涯
山路愛山　坂本多加雄著　明治大正期の卓越した思想家愛山の本格的伝
伊沢修二　上沼八郎著　明治教育界の大開拓者近代教育の基礎を築く

秋山真之	田中宏巳著	独自の兵学で日本海海戦に勝利した戦術家伝
前島　密	山口　修著	郵便の父。近代日本確立期、多彩に活躍の人
成瀬仁蔵	中嶌　邦著	近代女子教育に尽力した日本女子大の創立者
前田正名	祖田　修著	明治殖産興業の推進者広汎な活動克明に描く
大隈重信	中村尚美著	早大創立者。波瀾万丈の偉大な政党政治家！
山県有朋	藤村道生著	国軍建設の父、明治の元勲。絶対主義の権化
大井憲太郎	平野義太郎著	自由民権の急先鋒。労働・社会運動の先駆者
富岡鉄斎	小高根太郎著	セザンヌ・ゴッホに比すべき非凡な文人画家
大正天皇	古川隆久著	激動の明治・昭和の狭間を治めた守成の君主
津田梅子	山崎孝子著	女性解放と女子教育の開拓に精魂尽す先覚者
豊田佐吉	楫西光速著	世界的鉄製自動織機を完成。発明王・紡績王
渋沢栄一	土屋喬雄著	近代日本の発展に多大な役割演じた大実業家
有馬四郎助	三吉　明著	我国行刑史上不滅の名残すクリスチャン典獄
武藤山治	入交好脩著	鐘紡王国建設、時事新報社長等政財界に活躍
坪内逍遙	大村弘毅著	明治大正期文壇に君臨した文豪、劇作評論家
山室軍平	三吉　明著	伝道と社会事業に献身した日本救世軍司令官
南方熊楠	笠井　清著	奇行・型破りの非凡な学者。学問・業績を描く
中野正剛	猪俣敬太郎著	東条に抗し弾圧下に割腹。激動・波瀾の詳伝
河上　肇	住谷悦治著	弾圧下学問的良心守るマルクス主義経済学者
御木本幸吉	大林日出雄著	伝説化した真珠王伝を大きく書き改めた力篇
尾崎行雄	伊佐秀雄著	藩閥に抗し軍国主義と戦う、憲政の神の生涯
緒方竹虎	栗田直樹著	戦後55年体制の礎を築いた政党政治家の足跡

▽以下続刊